应用型本科经济管理类主干课程系列教材

金 融 学

杨福明　主编

经济科学出版社

图书在版编目（CIP）数据

金融学/杨福明主编 . —北京：经济科学出版社，2012.6
应用型本科经济管理类主干课程系列教材（2014.1 重印）
ISBN 978 – 7 – 5141 – 1976 – 3

Ⅰ. ①金…　Ⅱ. ①杨　Ⅲ. ①金融学 – 高等学校 – 教材
Ⅳ. ①F830

中国版本图书馆 CIP 数据核字（2012）第 114089 号

责任编辑：李　雪　刘　莎
责任校对：隗立娜
责任印制：邱　天

金　融　学

杨福明　主编

经济科学出版社出版、发行　新华书店经销
社址：北京市海淀区阜成路甲 28 号　邮编：100142
总编部电话：88191217　发行部电话：88191537
网址：www. esp. com. cn
电子邮件：esp@ esp. com. cn
北京季蜂印刷厂印装
787 × 1092　16 开　18.25 印张　430000 字
2012 年 6 月第 1 版　2014 年 1 月第 2 次印刷
ISBN 978 – 7 – 5141 – 1976 – 3　定价：42.00 元

前　　言

　　金融学作为财经类高等学校本科专业的核心课，近年来已经成为高校教学改革的一个重要对象，其教学内容不断完善，教材建设成果累累。该课程通常有两种叫法，一为货币银行学，二为金融学。货币银行学是本课程的传统名称，以货币与货币理论、信用与银行，以及金融市场、国际金融与宏观金融调控等为主要内容，注重货币银行基本原理的介绍。金融学是近年来比较流行的名称，随着社会上的"金融热"，这个名称大有取代传统货币银行学名称之趋势。很多大学的培养方案中都用"金融学"这个名称。从内容上来讲，金融学范畴比较广，其涵盖的内容除了传统货币银行学所涉及的知识外，一般还包括资本市场供给与定价、货币与宏观经济均衡、公司金融等内容。可以把这些内容分为金融宏观理论和金融微观理论两大类。其中金融微观理论所包括的公司金融、资本市场定价等内容通常是国外金融学着重研究的对象。不过，学术界对"金融学"范畴所包含的内容一直存在争议，并不统一。黄达编著的《金融学》（第二版）认为金融学的内容包括金融的范畴分析、金融的宏观分析、金融的微观分析三大部分。这也是目前的主流观点。与黄达《金融学》范畴类似的金融学教科书还有国内陈学彬主编的《金融学》、彭兴韵著的《金融学原理》。外国的金融学教科书更多分析的是微观金融运行，如美国的博迪与莫顿等著的《金融学》（第二版），主要讲微观金融运行，特别是关于金融市场。美国的米什金著的《货币金融学》（第九版）主要讲货币、银行和金融市场，属于传统货币银行学内容，国内王松奇主编的《金融学》也属于这类。

　　关于金融学教材的名称国内也有多种叫法，除了"金融学"外，还有"货币银行学"、"货币银行学原理"、"货币金融学"、"金融学概论"等。但近年来"金融学"已成为主流名称。从社会认知层面来看，不考虑学科研究，国内对"金融"这一范畴的认识，普遍还是传统货币银行学的内容。从课程本身来看，经过多年的发展，货币银行学课程不仅已有完善的体系结构，而且内容以货币银行原理为主，更适合本科层次对金融相关知识的学习。从教学实践层面来看，首先，应用型本科教学突出人才培养的应用性之特点，以面向金融行业的人才知识结构需要为目标。其次，高校经管类专业课程设置趋向更细、课时数更少。若教材内容拘泥于金融学范畴的考虑，内容包罗万象，势必导致教科书更厚，可读性差。而实际教学中基于课时数限制和教学对象的特点，不可能也不必要全部讲解，有些更是属于学术性的内容，对本科生来讲应用意义并不大。所以，出于上述考虑，本教材名称用"金融学"，但内容上以传统货币银行学范畴为主，当然也兼顾了"金融学"范畴的某些内容。

本教材的特点主要体现在下列三方面：

第一，体系紧凑，根据应用型人才教学的要求取舍内容。根据应用型本科经管类专业学生学习特点，本教材在课程基本理论体系完整的前提下力求结构合理，体系紧凑，并做到基本概念清晰，基本原理透彻。在内容取舍上，以知识点的应用性为标准，对于那些理论性太强、应用价值较小的问题尽可能不涉及或少涉及。对于应用性较强的知识点则不惜笔墨，讲精讲透。这使教材总体篇幅得到控制，并详略得当。

第二，表述精练，内容的可读性较强。一直以来，国内的教科书严肃古板，理论介绍多，联系现实少，可读性较差。本教材力求语言表述精练，特别是对于功能、作用、特点的分析，在教材中不开展，点到为止，留给课堂讲授。为了做到教材可读性，在理论分析中，不时插入一些"案例阅读与分析"作为背景资料。这些资料的选择以典型性、现实性、可读性为标准，通过阅读这些资料，一方面，加深学生对知识点的理解；另一方面，增强教材的可读性，提高学生学习兴趣。

第三，要点突出，体例编排便于复习。现在不少教科书长篇大论，要点隐藏得很深，若不细心地阅读难以把要点概括出来。本教材在编写中一方面通过表述精练，做到概念、原理突出；另一方面，在体例形式上，增加"本章导入"、"学习本章后，你将有能力"的提示语，以及"本章小结"、"关键术语"、"思考与练习"等内容，把学习要点和重要内容提炼出来，便于学生掌握要点与重点，便于复习。

上述特色是我们多年教学实践中的几点体会，并在教材编写中力求做到，究竟如何，还有待读者的评判和教学实践的检验。

本书的编写者均是具有多年高校金融学本科教学经验的教师，教材的编写体现了大家对应用型本科学生学习特点的理解和把握，尽可能做到符合教学需要。参加编写的人员有杨福明（编写第一、第二、第三章）、叶茜茜（编写第五、第六、第七章）、陈丽（编写第十一、第十二章）、毛传为（编写第九、第十章）、王宜峰（编写第四、第八章）、朱贺（编写第十三章）。全书由杨福明负责统稿总纂。

一本好的具有特色的教科书是教师多年教学经验和研究的积累，不仅能够反映学科、课程基本内容与前沿，还要能够与当前现实紧密结合，并与教学对象的层次特点相吻合。我们一直在努力。然而，学无涯，教无止境，教材中的不足甚至错漏之处，也许还存在，期待在教学实践中得到同行不吝赐教。

编　者
2012 年 7 月

目　　录

第一篇　货币与信用

第二篇　金融市场与金融体系

第三篇 货币供求与金融宏观调控

第一篇
货币与信用

第一章 货 币

➤ **本章导入**

我们人人都离不开货币,但并非人人都真正了解货币,诸如货币的本质是什么?为什么货币有不同的形态?为什么货币会贬值?货币和财富是一回事吗?等等。这些问题在学习本章后,将会得到理论上的解答。

➤ **学习本章后,你将有能力**

- ■ 认识货币的职能与本质
- ■ 弄清货币、收入、财富的异同
- ■ 理解货币形态演变的根源
- ■ 懂得货币制度的重要性及其演变的原因
- ■ 认识不同货币层次的流动性

第一节 货币的起源与演变

一、货币的起源

货币(money,currency)是随着物物交易的发展而产生的。人类社会的交易可以划分为两个时期,一个没有货币时代,人们的交易是以物易物;另一个是通过媒介工具来完成的交易。利用媒介工具是物物交易发展到一定规模和范围之后,因交易变得越来越复杂,甚至无法完成,人们寻求解决之道的结果。古典经济学家穆勒(Mill,1848)说过:"物物交易的不便如此严重,以至于如果没有某些更便于实现交换的手段,就业分工就几乎不可能推进到任何重要的程度"[①]。

---

① [美]彼得·纽曼,[美]默里·米尔盖特,[英]约翰·伊特韦尔编. 新帕尔格雷夫货币金融大辞典(第一卷),北京:经济科学出版社,2007:384.

中国古代典籍最早关于物物交易的是《易·系辞下》中提到的一些传说，相传神农氏时，"日中为市，致天下之民，聚天下之货，交易而退，各得其所"。后来随着交易规模的扩展，基于交易更顺畅的目的，人们逐渐从交易过程中认识到，用大家都愿意接受的一种物品来换取自己所需要的，交易最容易成功。这样，就从交易中筛选出一些能被大家普遍接受的商品作为交易媒介，以便利交易过程。这些物品就是一般等价物（universal equivalent），就是货币。它可以与所有商品处于等价地位，也就是能够被普遍接受的东西。贝壳是中国最早的货币之一，这可以从汉字中同价值、钱财有关的字往往含有"贝"字旁看出，如财、贫、贱、贵、买（買）、卖（賣）等。贝壳有很多种类，作为货币使用最多的是齿贝，学名叫"货贝"。贝币在夏朝就已经使用，到商代已经成为主流货币，普遍使用。商代的卜辞和青铜器铭文中有许多关于贝的记载，如"锡（赐）贝"、"赏贝"、"取贝"。

货币的产生使物物交易经济演变为货币经济，进而迈向更高级的信用经济。货币经济极大地降低了交易成本，促进了商品流经济的发展，有人认为货币的产生是人类历史上一次伟大的金融创新。

我国著名钱币学家彭信威考证，"货币"一词，在春秋战国时代，是两个不同的概念。在战国时期，"货"是指一切商品，货币商品也包括在内，直到汉代，还是被解释为实用物，并不专指货币，只有王莽时期的宝货制，是指货币。"币"字，在战国时期是指皮、帛。由于皮、帛在春秋、战国时期已经是重要的支付手段，而支付手段也是货币的一种职能，所以，"币"字就逐渐取得货币的含义。至于货币何时作为一个名词使用，还有待考证。但中国古代多用钱币一词①。

二、货币形式的演变

货币产生以后其形式随经济发展不断地演变，经历了商品货币、金属货币、信用货币，到现今的电子货币这几种形态。

（一）商品货币

商品货币（commodity money）也称为实物货币，是以某种有形物品来充当货币。实物货币是足值货币（full-bodied commodity money），就是商品本身内在价值与其代表的货币价值相一致。在中外各国历史上，商品货币种类很多，如海贝、盐、象牙、牲畜、皮革、米粟、布帛、农具甚至烟草等都充当过货币，在中国使用时间较长、影响较大的有两类：一类是贝币，另一类是谷帛。

贝币是中国最早的货币之一。它以产于南洋海域的海贝为币材。这种海贝原来是用

---

① 这里主要参考彭信威. 中国货币史. 上海：上海人民出版社，2007：5-6.

作饰物的，具有一定实用性。由于它坚固耐用，价值较高，携带方便，有天然单位，深受人民喜欢而被当做货币使用。贝的货币单位为"朋"，通常十贝或五贝为一朋，说法不一。中国使用贝币的时间很长，从殷周时期开始，至秦始皇统一中国货币后废除贝币，使用了近千余年时间。在中国云南一带，贝币一直使用到清初。在亚洲、非洲、美洲和欧洲的许多民族和国家，也都曾使用过贝币。谷帛也是中国历史上影响较大的商品货币。

但是商品货币不能很好地满足交易对货币的要求。因为商品货币大多形态、质地不等，不易分割，不便保存和携带，而且价值不稳定，所以不是理想的交易媒介。

➤ **专栏阅读与分析**

中国古代的商品货币——谷帛

谷、帛在中国历史上是两种重要的支付工具，它们的货币性在各个时代只有程度上的不同。当钱币缺乏，币制混乱或货币购买力剧烈波动时期，谷帛的货币性就马上增强，有时甚至完全取代钱币的地位。例如在王莽末年，钱币不行，民间以布帛金粟进行交易。东汉时布帛已经逐渐取得支付工具的地位。西晋时期，官吏的俸给，完全用谷帛等实物。而北魏在太和十九年用钱以前，曾有十几年间，租赋、计账、赈恤、俸给、借贷等完全是用谷帛作为价值尺度和购买手段。到了唐朝，绢帛同钱币一起成为十足的货币，用于计价、交易、借贷、税捐、俸给、劳务报酬、经费开支、赏赐、租费，甚至贿赂等也大多用绢帛支付。同时绢帛也充当了贮藏手段。

摘自：彭信威.中国货币史.上海：上海人民出版社，2007.

（二）金属货币

金属货币用金属作为货币材料，是足值货币。与商品货币相比，金属货币具有质地均匀、价值稳定、易于分割、易于储藏等优势，更适宜于充当货币。就金属货币本身发展而言，以贵金属黄金作为货币材料是金属货币发展史上的鼎盛时期。黄金作为货币材料的历史比较长，英国早在13世纪中叶就有了金币铸造，但是以黄金作为本位货币，则是在资本主义有了较大发展以后，历史上最早实行金本位制的国家是英国，开始于1816年。19世纪以后，其他欧洲国家和美国也相继实行了金本位制。1929～1933年的世界性经济危机，使欧美各国相继放弃了国内的金本位货币制度，但是直到1971年黄金才正式非货币化，从货币流通领域中退出。

中国是最早使用金属货币的国家，从春秋战国时代开始，铜铸币就已经广泛流通。在中国历史上，流通中的铸币主要是由铜、铁等贱金属铸造的，金、银主要是作为贮藏财富的工具，还有作为支付手段，例如赏赐、馈赠和贿赂。

金属充当货币材料采用过两种形式：一是秤量货币，二是铸币。

秤量货币以金属条块的形式发挥货币作用。金属货币出现后，开始是以金属条块形式流通，金属条块在使用时每次都要秤重量，鉴定成色，所以称为秤量货币。秤量货币在中国历史上使用的时间很长，典型的形态是白银。从汉代开始使用的白银，一直是以两为计算单位，以银锭为主要形式，银锭分为四种形式：一是元宝，也称马蹄银、宝银，每枚重约五十两；二是中锭，也称小元宝；三是小锭，重约一二两到三五两；四是碎银，重量在一两以下。碎银在使用时，每次都要验成色、称重量。中国的金属货币形式直到1933年国民党政府的"废两改元"币制改革，才彻底结束。

铸币是铸成一定形状并由国家印记证明其重量和成色的金属货币。铸币的出现，克服了称量货币使用时的种种不便，便利了商品交易。铸币最初形态各异。如中国历史上铸币的形状有仿造贝币而铸造的铜贝、银贝、金贝；有仿造刀状而铸造的刀币；有仿造铲状而铸造的布币等。最后铸币的形态逐渐过渡统一到圆形，因为圆形便于携带、不易磨损。中国最早的圆形铸币是战国中期的圜钱（亦称环钱）。流通全国的则是秦始皇为统一中国货币而铸造的秦半两，这种铸币为圆形，中间有方孔，一直沿用到清末。因为钱有方孔，所以，历史上称钱为"孔方兄"。西方国家金属铸币采用的是圆形无孔的形式，币面通常铸有统治者的头像。清朝末年，受流入我国的外国银圆的影响，方孔铸币被圆形无孔铸币所代替。

金属作为货币材料，特别是当流通中的货币是足值的金属铸币时，货币的价值比较稳定，能够为交换提供一个稳定的货币环境，有利于商品经济的发展。但是金属货币也有难以克服的弊端，这就是面对不断增长的经济总量来说，货币的数量却很难保持同步的增长，因为金属货币的数量受金属的贮藏和开采量的先天制约，特别是贵金属。因此在生产力急速发展时期，大量商品却往往由于货币的短缺而难以销售，引发萧条。同时金属货币在进行大额和远途交易时不便携带，也影响了金属货币的使用。

在中国历史上就曾多次出现由于金属短缺而造成的流通中铸币的不足，人们不得不用谷帛作为交易媒介，甚至回复到物物交换。

➤ 专栏阅读与分析

春秋战国时期的铜铸币

在春秋战国时期，铜铸币成为主要货币形式，按其形状可以划分为四类：布币、刀币、镮钱、蚁鼻钱。

（1）布币是由农具铲演变而来的，可能是"镈"字的同声假借字，镈是中国古代农具的名称。布币主要流通于河南、山西、陕西和河北一带。布币又有空首布、平首布之分。布币形状似铲，其布首空心可以插入木柄，故名空首布，后来演变成布首不空，成了实心扁平状，所以就称为平首布。（2）刀币是由实用的刀演变而来，原形未变，根据形状分为大小两类。大刀是齐国的货币，小刀是燕国的货币。（3）镮钱是战国时期币制的一个重要体系，是一种承上启下的货币形态。其特点是圆形，中间有一圆孔。镮钱很可能是从纺轮演变出来的。（4）蚁鼻钱，也称鬼脸钱，是在椭圆形的脸形上有阴刻文字，字中间加一个穿孔，仿佛一只蚂蚁。

摘自：彭信威. 中国货币史. 上海：上海人民出版社，2007.

（三）信用货币

信用货币是以信用方式投放市场的，包括两种形态，一种是可兑现的信用货币，另一种是不兑现的信用货币。

可兑现的信用货币也称为银行券（bank note），是商业银行发行并保证随时兑换金银货币的纸质货币，也称为代用货币（代表金银这类实质货币流通的货币形式）。银行券的发行和流通是贵金属货币无法满足日益扩大的商品流通需要的必然结果，也体现出纸制钞票终将取代贵金属铸币流通的趋势。最初，普通商业银行都可发行银行券，到19世纪，随着工业化国家中央银行体制的普遍建立，各国先后授权中央银行垄断银行券发行权。

不兑现的信用货币也称为纸币，是银行券由中央银行统一发行后，由国家强制流通的纸制货币。这种纸币不能兑换贵金属货币，以国家信用为流通保证，是一种不足值货币，是纯粹的货币符号。当今世界各国发行的纸币都是这种性质。

中国是世界上使用纸币最早的国家。公元10世纪，北宋就开始使用纸币——交子。交子最初是由商人发行的，可以兑现，后来由于商人破产，而改由官府发行。北宋以后，南宋、金、元、明等各朝代都有纸币流通，主要由官府发行，通常不能兑现。

随着信用经济的发展，银行以记录于账簿上的活期存款转账为形式的非现金支付，大大节省了流通中现金，发挥着货币作用。因此，无形的银行存款也成为信用货币的重要形式。此外，可以流通转让的商业票据也发挥着和银行存款转账支付同样的作用，也是一种信用货币。

（四）电子货币

随着计算机和信息技术发展，货币形态发生了巨大变化，从有形向无形，出现了电子货币。电子货币是利用银行卡通过电脑和电子网络进行支付的货币形式，如通过POS机付款、ATM存取现金和转账的借记卡；具有透支功能的信用卡等。电子货币的使用要借助于微电子技术和电子资金划拨系统，与传统的现金和支票支付又有较大的差别，因此人们称为"电子货币"，而利用这些电子数据进行货币支付是以持有人的银行存款为前提，并未取代银行存款，因此电子货币本质上还是一种信用货币。

货币形态演变说明了什么？

通常在教科书中对能够充当货币的某些特定物质都罗列出如下一些特征：耐用性、可储藏性、可辨认性和可分割性。但现实生活中并不总是重视"显性"的东西。各种各样不具备这些特征的物品都曾被用作货币，包括死老鼠。人们必须理解这样一种概念：尽管某种物品作为商品对你并无直接使用价值，只要别人都认为它有价值，那它就是有价值的……

总的来说，货币的演变是从具体的物品到抽象的符号，即从按重量交易的贵金属，经由贵金属加工成的铸币，到可兑换贵金属铸币的纸币，再到不兑现纸币和银行存款。但这种演变不是直线式的。例如，金匠的收据，实质上是一种支票，在17世纪的英格兰就作为支付的手段使用过，而当时纸币尚未被接受。类似地，位于太平洋的雅浦岛的货币体系在某种程度上比我们的更抽象。当地人以大石头作为货币。如果载运大石头的独木舟沉没，那些大石头仍然可以作为货币，并从一个人的账户转移到另一个人的账户上，甚至在沉没的石头找不到的时候也是这样。相反，如果一架运载黄金的飞机坠落于大洋之中，我们则将这些黄金视为我们货币体系的损失。

摘自：［美］托马斯·梅耶等著. 林宝清，洪锡熙等译. 货币、银行与经济（第六版）. 上海：上海三联书店，上海人民出版社，2007.

阅读上述资料，思考：

（1）为什么太平洋雅浦岛的石头也可以充当货币？

（2）你认为货币本质是什么？

第二节　货币的本质与职能

一、货币的本质

货币是在商品和劳务交易中被普遍接受的交易媒介，是一般等价物。关于货币的本质历来就是货币经济史上颇具争议的理论问题，不同的经济学家有不同认识，可谓莫衷一是。

重商主义的货币财富说。15世纪中叶到17世纪初，是欧洲重商主义时期。其学说认为财富就是能够变换为货币之物，金银等贵金属是社会财富的主要形态，因此，财富就是货币，货币就是财富。

名目主义的货币名目说。产生于 17 世纪末，作为反对重商主义的理论，货币名目说认为货币仅是便利交易的技术工具，仅是换取财富的票券，仅是价值符号。

货币数量说。货币数量说的早期代表人物大卫·休谟（1711～1776）认为，货币只是人们约定用以便利商品交换的一种工具，社会财富与贵金属的多寡无关。商品价格随货币数量的变动而发生正比例变动。

货币商品说。亚当·斯密（1723～1790）是这一学说的早期代表，他肯定地认为货币是一种商品，并把贵金属与货币等同，他进一步认为货币的价值是由劳动量或生产费用所决定的。

马克思对货币本质的认识也属于货币商品学说，但马克思在继承前人研究基础上，又有新的更深刻的认识，他认为货币是一种起一般等价物作用的特殊商品。货币这种商品也是劳动产物，具有使用价值和价值，但其使用价值和价值都具有二重性。马克思还认为货币是商品经济关系（生产关系）的表现形式之一。

比较来看，货币商品说的古典学派认为货币赋予商品的是价值，不是价值形式，马克思货币说则认为货币赋予商品的不是价值，而是价值形式。因为商品价值的质和量是由凝结在商品中的抽象劳动和社会必要劳动时间所决定的，货币只不过是把商品价值的质和量表现出来，所以货币是一般等价物。古典学派认为货币商品是生产的产物，只要金银从地下挖出来，就能作为货币。马克思认为货币商品是劳动的产物，更是交换的产物，即卖的产物。金银在它的生产者手中，还是一般商品，不是货币，只有通过交换，当它在其他一切商品所有者手里时，才是货币。

二、钱、货币、财富、收入的关系

日常生活中，人们常常把货币称为钱，如朋友问你：带钱了没有？这里的钱更多是指现金，也称为通货（currency）。在经济学范畴中，货币的范围不仅包括通货，还包括银行存款。在银行业发达的当今社会，利用银行活期存款转账完成的交易所占比例很大，现金交易仅占一小部分。财富是指用于价值储藏的各种财产的总和，不仅包括货币，还包括债券、股票、金银、艺术品、土地、房屋、家具和汽车等。有时人们常常会问：你一个月赚多少钱？这实际上是指收入，收入是指在某一时间段内收益的流量，而货币是一个存量概念，是某一特定时点上的一个确定的金额。

三、货币的职能

不管任何形式的货币都至少具有四项职能：交易媒介、价值标准、支付手段、财富储藏手段。

（一）交易媒介

交易媒介是货币最基本的职能，这源于货币就是为了克服物物交易的不便而被人们选择出的一种作为媒介或工具的特殊商品。货币的交易媒介功能决定于充当货币商品的普遍可接受性，表现为人们在日常交易中都愿意用自己的物品去交换那些被大家一致认定普遍接受的物品，这种物品就发挥着一般等价物的作用。在这种交易中，即使某人现在不需要一两白银，他也愿意在交换自己的物品时接受它，因为他知道当他用这些白银交换他需要的物品时对方愿意接受。交易媒介职能就是马克思所讲的流通手段职能。

（二）价值标准

货币的第二项职能是充当价值标准，就是利用货币来比较各种物品的相对价值。这就像公里是距离的测量单位那样，成为价值的计量单位。这种计量单位必须是固定的标准，如黄金、白银在中国用"两"为单位，国外用"盎司"，这种统一规定的用以衡量货币本身的计量单位，就是价格标准。很难想象，在现代社会，若没有这个价值计量单位，商店琳琅满目的商品都用不同的物品来表示其价格，如某个便利店一碗方便面的标价为6根火腿肠，另一家小卖部一碗方便面标价为10个棒棒糖，我们如何知道哪家的方便面更便宜？此外，有了货币作为价值标准，简化了会计核算。假如，一个商业企业成千上万种商品都用实物数量来做账簿记录，其会计盈亏核算几乎是不可能完成的。当所有交易都用货币作为标准在账面记录其价值，企业盈利或亏损有了统一标准尺度来核算，就容易多了。

（三）支付手段

货币的支付手段是随着信用关系的产生而派生出的功能，即货币作为未来支付的价值标准。当经济中出现借贷关系后，货币作为延期支付债务的价值标准。比如有一天你向别人买了东西，但是以后再付款，并且支付是以货币表示。这就是马克思所说的货币作为价值的单方面转移。此外，还包括交纳赋税、支付租金和工资等。货币支付手段的职能会带来两方面问题：一是货币的价值随时间而变化，到期支付的货币有时会出现贬值；二是支付手段的广泛应用，会形成债务链，链条上的某一环节出现问题，会导致整个社会的支付危机。

（四）财富储藏手段

财富储藏手段职能是货币退出流通领域被人们当做独立的价值形态和社会财富的一般代表保存起来。货币是一般等价物，谁拥有货币就等于拥有商品或服务，于是人们就认为货币是财富的一般代表。货币的这种性质，引起了人们储藏货币的欲望。货币作为财富储藏手段，严格地讲，必须是金属货币特别是金银才具有这个职能。现代信用货币，尤其是纸币从长期来看，由于容易贬值，作为财富储藏缺乏效率。有个趣闻形象地描述了这种现象，话说在一个处于恶性通货膨胀的社会，有一天一个人把一辆装满钞票的手推车推进银行。到门口时，刚好手推车被卡住进不了门，这个人就走进银行里找人帮忙。等他出来时，手推车已经不见了，但是钱都还整齐地放在地上。但是货币至少在短期内，以小数额，并且在经济正常情况下还是可以较好地发挥价值积累和财富储藏功能。

至于马克思讲的世界货币职能，其实是货币越出国境，在国际上发挥其功能，是附属性的。

第三节　货 币 制 度

一、货币制度及其要素

货币产生以后，在商品经济中发挥着不可替代的作用。自金属货币作为主流币材后，在前资本主义社会的相当长时间内货币流通比较混乱。由于缺乏严密的制度，货币私铸现象普遍，其形制、重量、成色差异很大，不同货币折算复杂，不足值货币经常充斥市场，货币贬值时有发生，导致货币流通很不稳定，不利于商品经济发展。随着资本主义经济制度的确立，货币流通领域的混乱问题，使政府认识到必须建立统一、规范的货币流通制度，才能有效地利用货币来现实经济稳定发展的目标。

货币制度是国家以法律形式规定的本国货币流通的组织形式，简称币制。货币制度一般包括下面三个基本要素：货币材料的规定；货币单位的确定；货币铸造、发行与流通的规定。

（一）货币材料的规定

由法律规定铸造货币的材料是一国货币制度的首要选择。货币币材的不同，是货币制度划分的基本标准。按照币材的不同，历史上的货币制度可以划分为：银本位制、金银复本位制、金本位制、不兑现的信用本位制四种类型。

（二）货币单位的确定

货币单位的确定包括两方面：货币单位的名称；货币单位的价值。

货币单位的名称在金属货币时代，通常就是货币金属的重量单位，如白银的"两"，英镑的"镑"。后来货币单位名称逐渐和货币重量单位脱节了，国际惯例是货币单位名称前加国名，如"元"就是通用的货币名称，美元、加元、日元等就是这样命名的。

货币单位的价值就是确定货币单位所包含的金属重量和成色。中国历史上的秦半两、汉五铢都是当时所规定的货币单位重量。在不兑现的信用货币流通条件下，货币单位的价值主要是与外国货币的比价（汇率）确定中体现出来的。

（三）货币的铸造、发行和流通程序

在金属货币流通条件下，金属货币分为本位币和辅币。

1. 本位币

本位币又称为主币，是一个国家法定的基本价格标准单位，是按照国家规定的货币金属和货币单位价值而铸造的铸币。主币是以名义价值与实际价值相一致为基本特点的一种足值货币，通常用金银等贵金属铸造。

本位币的铸造和流通一般有三项规定：

（1）本位币可以自由铸造。本位币铸造权由国家垄断，但是公民有权把货币金属块送到国家造币厂请求铸造成主币，不受数量限制；金属货币自由铸造的最大好处是有利于保持其名义价值和实际价值基本一致，使本位币能够自动调节流通中的货币需要量。这实质上是发挥了金属货币价值储藏功能的货币蓄水池作用。

（2）本位币具有无限法偿能力。使用本位币支付的金额不受数量限制，无论金额多大，对方都不能拒绝接受。

（3）规定本位币的磨损公差。为避免重量不足的铸币自由流通而导致主币贬值，金属货币制度中，一般都规定了每枚铸币磨损后实际重量与法定重量之间的差额，即磨损差额不能超过规定的最大限度。这种法律允许的磨损程度即为磨损公差。

2. 辅币

辅币是主币以下的、供零星小额交易的通货。辅币通常是用铜、铝、镍等贱金属铸造的不足值的铸币，其名义价值高于实际价值。

辅币铸造和流通也有三项规定：

（1）辅币不能自由铸造。即辅币由国家统一铸造，公民不能拿货币金属要求政府代铸辅币。由于辅币的实际价值低于其名义价值，由国家铸造，以保证铸造辅币的收入由国家垄断，另一方面限制铸造可以防止实际价值较低的辅币把实际价值较高的主币排挤出市场。

（2）辅币是有限的法偿币。规定交易中辅币支付的最高金额，如超过这一金额，对方有权拒绝接受。如美国曾经规定：用10美分以上的辅币支付时，一次支付限额为10美元。

（3）辅币可以与主币自由兑换。辅币与主币规定固定的兑换比例，可以自由兑换主币，从而保证辅币可以按它的名义价值进行流通，提高流通效率。

在不兑现的信用货币流通条件下，本位币的自由铸造取消了，磨损公差的规定改为纸币流通年限的规定，但具有无限法偿能力的规定还存在。辅币的规定仍然有效。

二、货币制度的演变

按照货币材料的不同，历史上的货币制度存在过四种类型，分别是：银本位制；金银复本位制；金本位制；不兑现信用货币制度（纸币本位制）。见图 1 - 1。

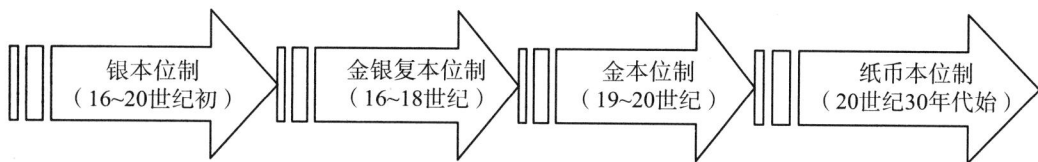

```
银本位制          金银复本位制        金本位制         纸币本位制
(16~20世纪初)  →  (16~18世纪)  →   (19~20世纪)  →  (20世纪30年代始)
```

图 1 - 1　货币制度演变

（一）银本位制

银本位制是以白银为本位货币的货币制度。银本位制是最早实行的一种货币制度，持续时间也较长。从 16 世纪开始盛行，如墨西哥、日本、印度都实行过银本位制。中国自宋代开始银铜并行，至清朝末年颁行《币制则例》（1910 年），直到 1933 年国民党政府"废两改元"，公布《银本位币铸造条例》，从法律上完善了中国的银本位制（1935 年 11 月实行"法币改革，以纸币本位制废止了银本位制"）[①]。银本位制的缺点是白银的价值不很稳定。到 19 世纪后期，由于白银开采技术提高较快，产量增多，价值下降，使得货币单位价值不能相对固定，不能满足货币制度稳定性的要求，许多国家纷纷放弃这种制度。例如，法国于 1803 年、意大利于 1865 年、印度于 1893 年、墨西哥于 1905 年都放弃银本位制，改用金银复本位制。

▷ 专栏阅读与分析

明代确立白银的货币地位

明初禁止以白银为货币，而白银却最终成了上下通行的货币。明成祖迁都北京以后，北京官员的俸粮仍要在南京支付。经办人员"将各官俸米贸易物货，卖贵贱酬，十不及一，朝廷虚费米禄，各官不得实惠"（《明英宗实录》卷二一，正统元年八月庚辰）。英宗正统元年（1436 年），户部为了克服这一弊端，决定将江南租赋改征白银、布帛，运北京发放官俸。次年，又将苏州、松江、常州三府存留的仓粮 73 万石粜成白银准折官员俸粮（《明英宗实录》卷三五，正统二年十月壬午）。这些决定等于宣布银为货币的合法化。从此国家

[①]　这里主要参考郑道平、张贵乐等主编. 货币银行学原理（第六版）. 北京：中国金融出版社，2009.

财政也日益转向以用银为重点。

摘自：《中国金融史》编写组．中国金融史．成都：西南财经大学出版社，1993：39.

（二）金银复本位制

金银复本位制是金、银同时作为本位币材料的货币制度。金银复本位制在 16~18 世纪流行于西欧各国，是资本主义发展初期最典型的货币制度。16~17 世纪，墨西哥、秘鲁的银矿和巴西的金矿先后被发现并开采，金、银产量大增，并从美洲大量流向欧洲，为金银复本位制的实行创造了条件。

金银复本位制的特点表现为：金、银币都可以自由铸造；金、银币都有无限法偿力；金银都可以自由输出、输入国境。实际上就是同时实行金本位制和银本位制。

在金银复本位制下，由于金银同时流通，需要建立金银的兑换比价，金银比价的确定有两种形式：一种是金、银按照它们的实际价值流通，两者的兑换比价随金、银的市场价格的变动而变动；另一种是国家规定金、银的比价，金、银按照它们的法定比价流通。金银兑换比价无论如何确定，实质上复本位制都是一种不稳定的货币制度。金银比价按市场确定，商品价格会由于金银市场比价的经常变动而变动，币值不稳定，从而引起交易混乱。若用法律规定金、银的比价，这又与价值规律的自发作用发生矛盾，出现"劣币驱逐良币"现象。

"劣币驱逐良币"现象是 16 世纪英国政治家与财政家托马斯·格雷欣（Thomas Gresham）最先提出的，也称为"格雷欣法则"（Gresham's Law）。"劣币驱逐良币"现象是在两种实际价值不同，但名义价值不变（法定比价）的货币流通条件下，实际价值高于名义价值的货币（良币）就会被人们熔化、收藏或输出国外而退出本国流通，而实际价值低的货币（劣币）反而作为主要流通手段充斥市场。

美国 1792 年规定金和银的法定比价为 1:15，若市场比价为 1:16，则金币就成了良币，银币成了劣币，人们会进行套利活动。首先把一个单位的金币熔成金块，拿到市场上按市场比价换回 16 个单位的白银，再把白银铸成银币，按法定价换成金币（不考虑兑换费用），就会获得 1 个单位银币的收益。如此不断循环套利，就可获得厚利。结果金币被大量熔化，直至在市场上消失，而银币大量在市场出现。反之，若法定比价保持 1:15 不变，市场比价为 1:14，则金币就成了劣币，银币成了良币，其结果是银币收敛，金币充斥市场。因此，在金银复本位制下，虽然规定金银可以同时作为本位币流通，但在某一时期，市场上实际流通的往往只是一种货币。到复本位制后期，19 世纪 70 年代银价大幅度下降，有些国家为了制止劣币驱逐良币的发生，法律规定银币不能自由铸造，这事实上是降低了银币作为本位币的地位，人们把这种制度称为跛行本位制。这实际上是一种向金本位制过渡时期的特殊货币制度。

（三）金本位制

金本位制又称为单金本位制，是以黄金作为本位币材料的货币制度。金本位制包括金币本位制、金块本位制和金汇兑本位制三种形态，但只有金币本位制是典型的金本位制。

1. 金币本位制

金币本位制是以一定重量和成色的金铸币充当本位币的金本位制。也称为金铸币本位制。金币本位制的特点表现为：

（1）金铸币可以自由铸造，自由熔化。这一机制可以自发调节流通中的货币量，保证货币价值的稳定。

（2）辅币和银行券可以自由兑换金币。这可以保证价值符号能稳定地代表一定数量的黄金，避免贬值。

（3）黄金可以自由地输出、输入国境。在金币本位制国家之间，货币汇率的决定基础是两国本位币法定含金量之比，称为"金平价"或"铸币平价"。当由于供求关系等因素导致市场汇率偏离金平价，在达到黄金输出或输入点时，黄金就会在套利机制驱动下在国际间自由流动，从而保证了各国汇率的相对稳定。

2. 金块本位制

金块本位制是国内没有金币流通的金本位制，也称为生金本位制。这种金本位制不准自由铸造金币，也不准自由流通，而由中央银行发行以黄金为准备的银行券代替金币流通。银行券规定含金量，但兑换黄金受到限制，只能在达到一定数量起点后予以兑换。如英国1925年规定银行券兑换黄金的起点为1 700英镑，大约要兑换400盎司黄金。金块本位制可以节省黄金的使用，暂时缓解了黄金短缺与经济规模不断扩大的矛盾，但不能从根本上解决货币短缺问题。

3. 金汇兑本位制

金汇兑本位制是规定银行券不能直接兑换黄金，只能兑换成某一种外汇，然后用外汇在外国兑换黄金（见图1-2）。这种货币制度也称为虚金本位制。实行金汇兑本位制的国家往往是本国经济与某一发达国家联系紧密的国家，或者是殖民地、附属国。尽管这样做可以节省黄金，但是也有一定风险，本国持有大量外汇，若该外汇发行国货币贬值，或者拒绝兑换黄金，就可能给实行金汇兑本位制的国家带来价值损失或货币流通的不稳定。19世纪末和20世纪初，许多国家实行过这种货币制度，例如，1893年印度、1903年的菲律宾、1905年的墨西哥都曾实行过金汇兑本位制。第二次世界大战后1944年开始实行的"布雷顿森林体系"实际上就是一种全球范围的金汇兑本位制。

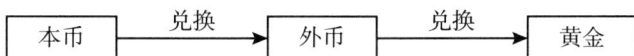

图1-2 金汇兑本位制本位币间接挂钩黄金

金汇兑本位制和金块本位制都是一种不完善的货币制度，实行的时间较短，在1929～1933年世界经济危机的冲击下彻底崩溃，这标志着金本位制度时代的结束，不兑现的信用货币制度时代来临。

（四）不兑现的信用货币制度

不兑现的信用货币制度是以不兑换黄金的纸币为本位币的货币制度。也称为纸币本位制。当今世界各国普遍实行的都是这种货币制度。这种货币制度的基本特点是：

（1）中央银行发行不兑换黄金的纸币为本位币，国家赋予纸币无限法偿能力。纸币发行与黄金等贵金属毫无联系，一般根据经济需要由中央银行控制。

（2）纸币通过信用程序投放流通领域，市场货币流通量通过银行体系的信用活动进行调节。银行信用扩张，货币流通量增加，反之，银行信用紧缩，货币流通量减少。货币流通量的调节成为国家宏观经济调控的重要手段。

（3）流通中的货币不仅指现钞，还包括银行存款。

不兑现的信用货币制度以纸为货币材料，解决了金属货币供给与经济发展之间的矛盾，节约了黄金的使用，减少了社会财富的浪费，此外，纸币还有便于携带、保管、支付等好处。

第四节　货币的流动性

一、货币范畴与流动性

现代不兑现的信用货币制度下，中央银行通过控制货币来实现宏观经济调节，那么，除了现钞和铸币等现金外，货币范畴究竟还包括哪些形式？哪些资产可以视为货币？为此，需要对货币范畴做出明确的界定，以便对货币进行准确计量。

货币是在商品和劳务交易中被普遍接受的交易媒介。按照这个定义，除了流通中的现金外，可以签发支票转账的银行活期存款也属于交易媒介，理当是货币的一部分。实际上还有一些资产在某种程度上也发挥着货币的功能，尽管它们没有现金和支票存款那样的充分流动性，但它们可以在一定条件下迅速转化为现金。经济学家一般认为，流通中的现金通货，只是货币的一部分，而不是全部，货币包含的范围要比通货大得多，因此货币可以划分为许多层次。

不同层次的货币对经济的影响可能存在较大的差别。不同国家对货币层次的划分各不相同，但其标准基本上都是按照货币的流动性来划分。所谓货币流动性就是各种金融资产转变为现金的时间和成本的大小，也称为变现性。一项金融资产的流动性越高，货币性越强；反之，流动性越低，货币性也越低。货币性就是金融资产执行货币职能的能力大小。按照货币的流动性为标准，通常把货币范畴分为通货、货币、准货币三个层次。通货就是流通中的现金；流通中现金与活期存款之和称为货币；储蓄存款、定期存款与其他存款（包括外币存款）之和称为准货币。我国通常划分为 M_0、M_1、M_2 三个层次。其中 M_0 指流通中现金，M_1 就是货币，通常称为狭义货币，主要用于购买和支付；M_2 是广义货币，主要作财富储藏之用。因此，从流动性来讲，M_0 最高，M_1 次之，M_2 最低。

二、货币的流动性指标

不同层次的货币形态流动性不同，衡量货币流动性高低的指标有两个：货币流通速度、货币流动性结构。

（1）货币流通速度。货币流通速度是指一枚货币在一定时间内作为购买手段和支付手段的次数。次数越多，货币流动性效率越高。货币流通速度在一定期间内通常认为是相对稳定的，但准确测算货币流通速度比较困难。

（2）货币流动性结构。货币流动性结构是指流动性较高的货币与流动性较低的货币余额之间的比率。也就是交易性货币余额与非交易性货币（广义货币）余额之比。通常有两个指标：M_0 与 M_2 之比；M_1 与 M_2 之比。

交易性货币余额直接作为购买手段和支付手段，非交易性货币余额更多作为财富储藏手段，因此，该比率的上升或下降就可能反映不同经济环境的变化。例如，在通货膨胀水平较高时期，这两个比率会上升较快，而通货紧缩时期，则会下降。

三、货币流动性划分的现实意义

货币是引起经济变动的一个重要因素，随着经济的发展，货币与经济的联系日益密切，货币供求的变化对国民经济的运行产生着重大的影响。调控货币供应量，使其适应经济发展的需要，已成为各国中央银行的主要任务，所以，货币按流动性划分和统计对宏观经济调控具有重要的参考意义。

一方面，对不同流动性货币层次的统计，可以观察分析国民经济的变动；另一方面，根据不同流动性资产对经济的影响程度，可以选定一组与经济变动关系最密切的货币资产，作为中央银行控制的重点，从而达到调控经济的目标。

➤ **专栏阅读与分析**

2009 年 1 月份货币供应量分析

广义货币量：M_2 余额为 49.61 万亿元，同比增长 18.79%，增幅比上年年末高 0.97 个百分点；

狭义货币量：M_1 余额为 16.52 万亿元，同比增长 6.68%，增幅比上年年

末低 2.38 个百分点;

市场货币流通量:M_0 余额为 4.11 万亿元,同比增长 12.02%。

从广义货币来看,流动性宽松之极,1 月 M_2 同比增长 18.79%,处于 5 年来的高位。但狭义货币显示的流动性并不宽裕,M_1 同比增速连续 8 个月低于 15%,处于历史最低水平。

M_2 与 M_1 增速出现超过 12 个百分点的"剪刀差",为历史最高。这表明货币更多是以定期存款等形式被居民、企业等经济主体通过银行进行"窖藏"。具体表现就是 1 月居民储蓄(主要是定期储蓄)增加 1.53 万亿元,创多年新高。

M_0 与 M_1 增速出现超过 5 个百分点的"剪刀差",并且"剪刀差"已维持 4 个月,这是近 10 年来从未出现过的。这反映出活期存款增长较慢,甚至有的部门可能出现负增长。具体表现就是 1 月企业存款(主要是活期存款)仅增加 759 亿元。

定期存款与活期存款增速一增一减的趋势,正是居民消费意愿下降、企业投资需求下降、利润减少等问题的反映。这一方面造成货币大量沉淀于银行体系,货币流通速度放慢,货币乘数降低;另一方面宽松的资金供应不能有效向实体经济领域传递,因而流向虚拟经济,短期内资产价格可能出现虚高的风险。

资料来源:流动性状况不宜盲目乐观. 中国证券报,2009 – 2 – 18.

➢ 本章小结

1. 货币是在商品和劳务交易中被普遍接受的交易媒介,是一般等价物,不同于财富、收入。货币具有交易媒介、价值标准、支付手段、财富储藏等功能。

2. 历史上货币形态经历了商品货币、金属货币、信用货币、电子货币。这种演变是基于解决货币形式与经济发展矛盾的需要。

3. 货币制度是一个国家以法律形式规定的货币流通的组织形式。货币制度包括币材的确定、货币单位的确定、货币铸造发行和流通程序三个要素。历史上货币制度大体经历了银本位制、金银复本位制、金本位制和不兑现的信用本位制四种形式。

4. 货币按照流动性不同,可以划分为 M_0、M_1、M_2 三个层次。分别代表流通中现金、狭义货币、广义货币。不同层次货币对经济的影响不同。货币流通速度、货币流动性结构是衡量货币流动性的两个指标。

➢ 关键术语

商品货币　信用货币　交易媒介　价格标准　货币制度　劣币驱逐良币法则　金本位制　货币的流动性　狭义货币　广义货币　准货币

> ## 思考与练习

1. 货币经历了哪些形态？试比较它们的特点。
2. 为什么说货币的本质是一般等价物？
3. 货币在经济生活中发挥哪些职能？请举例加以说明。
4. 货币制度主要由哪些要素构成？货币制度经历了哪几种形式？
5. 为什么会出现"劣币驱逐良币"现象？
6. 金本位制的特点及其崩溃的原因是什么？
7. 按流动性不同，货币层次划分为哪几类？

> ## 案例阅读与分析

战俘营里的货币

第二次世界大战期间，在纳粹的战俘集中营中流通着一种特殊的商品：香烟。当时的红十字会设法向战俘营提供了各种人道主义物品，如食物、衣服、香烟等。由于数量有限，这些物品只能根据某种平均主义的原则在战俘之间进行分配，而无法顾及每个战俘的特定偏好。比如有人喜欢巧克力，有人喜欢奶酪，还有人则可能更想得到一包香烟。因此战俘们有进行交换的需要。但是物物交换有时非常不方便，因为它要求交易双方恰巧都想要对方的东西。为了使交换能够顺利地进行，需要有一种充当交易媒介的商品。

那么，在战俘营中，究竟哪一种物品适合做交易媒介呢？许多战俘都不约而同地选择香烟来扮演这一角色。战俘们用香烟来进行计价和交易，如一根香肠值 10 根香烟，一件衬衣值 80 根香烟，替别人洗一件衣服则可以换得两根香烟。有了这样一种记账单位和交易媒介之后，战俘之间的交换就方便多了。

资料来源：曹艺，方凤玲主编. 货币银行学. 北京：中国人民大学出版社，2010：1.

阅读上述资料，思考下列问题：

(1) 从货币的特性来分析，香烟为什么会成为战俘营中的"货币"？
(2) 香烟属于货币形态的哪一种？

> ## 进一步学习的资源

[1] 米尔顿·弗里德曼. 货币的祸害（第一章 石币之岛）（第二章 货币之谜）. 北京：商务印书馆，2006.

[2] 彭信威著. 中国货币史（第一章 货币的发生）（第一节、第二节）. 上海：上海人民出版社，2007.

[3] 陈雨露，杨栋著. 金钱统治（第二章 币之初，性本善）. 南京：江苏文艺出版社，2011.

[4] 中国钱币博物馆. http：//www. cnm. com. cn/introduction. asp.

CHAPTER 2
第二章　信　　用

> ➤ **本章导入**

　　现代经济是信用经济，不同的信用形式和信用工具在我们生活中发挥着不可替代的作用。本章主要分析信用的本质与功能，引导你认识高利贷信用，区分不同的信用形式，识别各种信用工具的特征。

> ➤ **学习本章后，你将有能力**

- ■ 认识信用的本质特征
- ■ 理解高利贷存在的原因
- ■ 区分直接信用和间接信用的不同
- ■ 了解各种信用形式的作用
- ■ 识别主要信用工具的特征

第一节　信用的本质及功能

一、信用的产生与发展

　　信用（credit）与货币一样是一个古老的经济范畴，甚至在货币产生以前就已经存在。从根本上说，信用是和商品货币经济相联系的范畴，是在商品货币关系基础上产生的。信用表现为一种借贷行为，这种借贷行为的产生是基于经济交易双方的商品或货币在时间和空间上分布的不平衡，有调剂余缺之需要。一方由于消费或生产的目的需要交易，但暂时缺乏所要交易的等价物，另一方则正好有富余，在双方信任的前提下，通过借贷实物或者货币完成交易。借贷需求是在私有制出现后，由于财富占有不均和贫富分化的原因而产生的。最初以贫困者向富裕者以生活为目的的实物借贷为主，后来随着货币的出现，货币借贷越来越成为借贷的主要对象。

　　西方关于信用的具体记载早在公元前18世纪的古巴比伦《汉谟拉比法典》中，就有许多关于债务的条文。如其中第 89 条规定：贷谷物的利息达本金的 1/3，贷银则达 1/5；第 90 条规定，债务人如无谷物和银子还债，应以其他动产做抵押。中国古代典籍中也有不少关于借贷的记载。例如公元前 300 年，孟尝君在其封邑"薛"放债，有一年，当地歉收，很多人没有交利息，他派人催收，仍"得息十万"。①

关于信用的产生，通常认为先是实物借贷，后来过渡到货币借贷。实际上实物借贷和货币借贷两种形式是并存的，即使是在前资本主义社会，货币借贷成为了主流，但也没有完全排斥实物借贷，实物借贷仍然具有其存在的土壤。

货币作为借贷的主要对象进入经济体系后，使信用范围得以迅速扩展和延伸，并且在很大程度上扩展了货币的外延，信用成为货币供给的基础。信用的发展可以分为三个阶段：信用口头承诺阶段、信用工具化阶段、信用工具市场化阶段。

信用的口头承诺阶段主要是指在早期的信用活动中，没有证明借贷的书面凭证，即没有规范的信用工具，仅凭双方口头承诺，信用的规范性较差，缺乏保证。信用工具化阶段是借贷活动发生后双方订立比较规范的书面凭证，即信用工具。但是这些信用工具由于金融市场不发达，不能流通转让，因而信用的流动性差。随着商品货币关系的深化，金融市场获得发展，信用工具可以在金融市场流通转让，不仅信用范围得以扩大，信用效率也大大提高。信用工具市场化是信用发展的高级阶段。

二、信用的本质

信用的含义有广义和狭义之分。广义的信用，通常表现为一个伦理学范畴。主要是指参与社会和经济活动的当事人之间建立起来的以诚实守信为道德基础的践约行为，即我们通常所说的"讲信用"、"一诺千金"，它是一种普遍的处理人际关系的道德准则。狭义的信用，则是一个经济学、法学的范畴，是指在经济活动中，交易双方建立的以契约为基础的资金借贷行为。从本质上来看，信用就是以契约关系保障本金回流和增值的特殊价值运动。这也是金融学所要分析的信用。需要说明的是，许多国外出版的货币银行学教科书都没有专门阐述信用内容。

信用首先是一种债权债务性质的契约关系。信用的基本要素包括借贷双方关系人、信用标的和契约。借贷关系人为借方和贷方；信用标的是借贷关系所指向的资金或者有价物；借贷契约规定了借贷的金额、期限、利息、偿还方式等。贷方是授信人，即提供资金或有价物的债权人，借方是受信者，即接受该资金或有价物，并承担按事先约定归还本息的义务债务人。信用标的可以是商品、劳务、货币或某种金融要求权（如股票、债券）。契约是信用关系成立的依据和对双方的约束。在借贷活动中，借方和贷方根据各自的利益要求，按照契约规定的条件进行资金借贷，就是信用活动。如果双方都能够按照契约履行自己的承诺，那么他们的行为过程就是履行信用。

---

① 这里主要参考黄达编著. 金融学（第二版）. 北京：中国人民大学出版社，2009.

其次，信用活动是价值的单方面转移。信用虽然在商品交换基础上发展起来，但是商品交换是一个等价交换的过程，交换的一方在获得使用价值的同时支付对价，而信用行为则是价值首先从债权人流向债务人，债务人获得了资金的使用价值但并不同时支付对价，经过约定时期之后，债务人再把本金和利息偿还给债权人，完成价值从债务人流向债权人的过程。价值在借和还这两个环节中，都是作为一种独立的形态进行单方面的转移。

三、信用的特征

信用作为一个经济范畴，是以偿还和付息为条件的价值单方面的运动。信用的产生是商品交换和社会经济发展的结果。信用的发展见证了人类经济发展的历史，并且适应商品经济的不同发展阶段产生了不同的形式，但无论信用以什么形式表现，都有其共同的特征。

（一）信用活动以信任为基础

离开了信任，信用关系就不可能存在。信用（credit）这个词来源于拉丁文的"信任"（trust）。借方之所以愿意把物品或者货币借给贷方是基于这样一种信念：即对方会按照约定偿还所借的数额加上额外的回报。中文的"信"就有诚信的含义，即履行自己的诺言。俗语说"有借有还，再借不难"，就精辟地描述了信任对于信用行为的重要性。

（二）信用以偿还和支付利息为条件，是一种价值增值活动

借贷行为是一种使用价值的让渡，贷方把物品或者货币交付给借方的时候，让渡了物品或者货币的使用价值，这种使用价值的报酬表现为利息，因此，利息是资金使用价值的货币表现形式，即资金的价格。之所以要偿还本金是因为资金或货币的所有权并未让渡。

（三）信用表现为一种债权债务关系

信用的基本关系人是债权人和债务人。贷款者在贷出一笔资金的同时获得了一种权利，即可以要求借款人以后偿还一笔资金的权利，又称债权。借款人则承担以后偿还一笔资金的义务，又称债务。由于在经济活动中，货币被广泛地作为支付手段，所以这种债务偿还通常是用支付一定的货币金额来完成的。

（四）信用和风险密切联系

信用风险是债务人到期不能履行还本付息责任的可能性，它是金融风险的主要类型。由于授信人与受信人之间信息不对称，因而不可避免地存在信用风险。信用发展的早期主要依靠道德的约束，如果借款人到期不能偿还本息，就会丧失信誉，并且常常和社会对个人的品德评价联系起来，这个时期的信用是在自觉的基础上以社会舆论来监督

为主的。随着信用在经济生活中被广泛采用，约束信用风险的制度、法律渐渐被广泛采纳，这些制度法律能在一定程度上限制风险，但是无法消除它。

四、信用的功能

信用最基本职能是资金余缺调剂。在经济活动中，任何一个时期，不同家庭或单位的货币收支不能可能完全相等，也包括政府。按照收支对比状况，可以分为三类：收入大于支出；收入小于支出；收入等于支出。从现实经济运行来看，收入正好等于支出，应属于偶然现象，通常多数时候是收入大于支出或者收入小于支出这两种，也就是收支不平衡应是常态。所以，资金余缺调剂就成为基本需要。信用这种以契约为基础来保证本金回流和增值的价值特殊运动形式，正好能够满足这种需求。信用作为一种最古老的经济形式就说明了余缺调剂在经济活动中的普遍性和必要性。

信用的另一个职能是提供和创造流通手段和支付手段。通过信用方式可以代替现实通货发挥流通手段和支付手段，节省了通货流通量。从另一个角度看，流通中现金是中央银行发行的债务凭证，货币发行就是通过信用方式投放市场的。通过转账支付的活期存款本身就是银行的短期负债，以活期票款为基础的银行票据本身就是信用流通工具。正是由于利用了信用的流通手段和支付手段职能，才使日益扩大的经济交易能够顺利进行，促进社会生产和流通的不断发展。

第二节 高 利 贷

一、高利贷的产生条件和发展

高利贷（usury）是以取得高额利息为特征的借贷活动，其特点是利率远远超过通常的水平而且不统一。高利贷是生息资本的古老形态，是前资本主义社会占主导地位的信用形式。早在 16 世纪，英国、法国的世俗立法就允许高利贷存在了。中世纪，犹太人受到多种方式的迫害和歧视，使他们的生活机会受到严重限制，而基督教规禁令并不适用于他们，所以，许多犹太人被迫以放贷谋利为生。有些犹太人从事地位低下的典当业，有的则作为银行家向王族和宗教界人士放贷[①]。

高利贷是与前资本主义社会中农民、小手工业者占主导地位的自然经济相适应的。这些农民、小手工业者仅有少量的财产作为借款保证，经济基础十分薄弱，一旦遇到天灾人祸要维持全家生计必须借贷；当有伤病、婚丧嫁娶等重大开支时，也需要借贷。即

---

① 新帕尔格雷夫货币金融大辞典（第三卷）．北京：经济科学出版社，2000：741.

使明知利息负担很高，也不得不借。

高利贷的需求者还有一些是奴隶主或封建主。他们借贷主要是为了挥霍享受或者是维持自身统治。如皇帝为了满足自己奢侈享受借贷，或者当有叛乱谋反，动摇其政权时，不惜高息借债征讨，如中国历史上西汉景帝时为平定"七国之乱"，诸侯向关中无盐氏借"息什倍"的高利贷。

高利贷之所以能够收取高额利息，就在于借款者借贷的需求弹性很小，不是迫于生计的无奈借贷，就是不计成本、不顾后果的孤注一掷。而在金属货币流通条件下，货币供给数量有限，相对社会上极大的借贷需求来讲，这种畸形的供求关系必然决定了高额利息。

历史上高利贷信用一直都受到诟病。欧洲中世纪时高利贷就很盛行，被世俗当局和宗教当局宣布为非法，先是只针对神职人员放高利贷行为，后来扩大到包括世俗人员。《圣经》中有几处批评了利息接受行为，认为高利贷是违反上帝意旨、正义和自然法的。《古兰经》教义严厉禁止利息，禁止放高利贷。

从商业经营角度来权衡，借高利贷从事产生经营必然无利可图。因此，在资本主义经济获得发展后，高利贷信用不利于资本向实体经济流动，阻碍了资本主义生产社会化的发展。随着货币信用关系的发达，现代银行业的产生冲垮了高利贷的存在基础，信用工具代替了金属货币，经济主体形成大量货币供给，借贷资本逐渐取代高利贷资本，形成了高度发达的资本主义信用关系。

二、民间借贷与高利贷

民间借贷专指发生在个人之间、个人与企业之间、企业与企业之间的借贷，通常没有规范的借贷合同。民间借贷表现为两种形式：一种是民间自发产生的借贷组织。表现为以地域或亲缘关系组织起来的各种"会"，民间俗称做会，具体有标会、抬会、轮会、摇会、合会等。另一种形式是没有固定的组织但严格遵循借贷规则的信用行为，通常发生在邻里、亲戚或者朋友之间。在现代经济中，一些发展中国家由于存在金融抑制，金融二元化特征明显，现代化的银行与活跃的民间借贷形式并存。我国近年来在民营经济发达地区如温州、内蒙古鄂尔多斯等地民间借贷比较活跃，一度出现民间借贷链条断裂，老板"跑路"的风波，其根源就是一定程度上存在金融抑制。加之传统产业转型升级艰难，民间资本在实体经济利润微薄的困境下，寻求出路的一种选择。

民间借贷与高利贷往往交织在一起，有时两者可以相互转化。当市场资金紧张，借贷困难时，民间借贷的利率会大幅上涨，可能变为高利贷。反之，当市场资金宽松，借贷容易时，民间借贷利率又会大幅降低，高利贷可能变为普通民间借贷。但是民间借贷如果涉及吸收公众存款、集资诈骗、高利转贷、洗钱、金融传销、暴力催收等行为，就属于违法犯罪行为，这与高利贷不同。高利贷是收取高额利息的借贷，高额利息如何界定？按我国目前的法律规定：民间借贷的利率可以适当高于银行的利率，但最高不得超过银行同类贷款利率的4倍。超出此限度的，超出部分的利息法律不予保护。因此，在我国也可以认为利率超过银行同类贷款利率 4 倍的借贷属于高利贷。但要纠正一种认识，即一提到高利贷就认为都是非法的、有害的。超过银行贷款利率四倍的利息法律不予保护但并非违法的。只要是双方自愿的、正当的借贷，没有暴力胁迫、欺诈等违法行为，利率高也是市场机制使然。

民间借贷的盛衰与经济波动、货币政策调控有很大相关性。从现实来看，每当经济过热，货币政策趋紧时，民间借贷利率开始急速上涨。经济下行、货币政策放松时，民间借贷利率开始回落。民间资本发达地区，活跃的民间借贷补充了正规金融机构的不足，减轻了银根紧缩带来的收缩效应。但大量的产业资本游离于实体经济之外，参加到民间借贷中来，甚至转变为高利贷牟取暴利，会导致区域性借贷风险集中爆发，最终损害实体经济。

➤ 专栏阅读与分析

中国古代的高利贷

1. 战国末期：最后一个周"天子"周赧王经常向人借债，却无力偿还，债主来逼债，他就"上台避之，故周人名其台曰逃责（债）台"。此即"债台高筑"的典故。《管子·治国》称高利贷为：倍贷。年息高达 10 分（100%）。

2. 西汉初期：高利贷资本称为"子钱"。放贷者称为"子钱家"。西汉景帝三年（154 年），吴楚七国之乱，关于"子钱家"均不敢借，只有无盐氏借出千金，三个月后平定战乱，无盐氏获息什倍，以此富埒关中。

3. 南北朝：寺院放高利贷——抵押放款（质库）。

4. 隋唐时：公廨钱——朝廷发给官员放贷的本钱，利息作为官员津贴（官营高利贷）。

5. 北宋："京债"——京师新任官员借债赴任；北宋和南宋都有官营高利贷：抵当库。

6. 明清：规定高利贷最高利率：月息不得超过 2～3 分；年月虽多，不得过一本一利。

资料来源：叶世昌著. 中国金融史（第一卷）. 北京：中国金融出版社，2002.

第三节 信 用 形 式

信用在经济活动中表现为各种具体的形式。根据信用主体不同，可以把信用形式分为商业信用、银行信用、消费信用、国家信用和国际信用。这些信用形式互为补充，共同编织了现代经济运行体系的信用网络，发挥着资金余缺调剂之功能。这些具体形式可以归纳为两大类：直接信用和间接信用。

一、商 业 信 用

商业信用（commercial credit），是指企业之间在商品交易时卖方向买方提供的延期付款信用。商业信用的典型做法是商品赊销或预付货款。商品产生或销售企业通过赊销这种方式，促进了商品销售，并取得利润，保证生产经营的持续；购货企业则通过延期付款，解决了资金流动性不足与生产经营连续性的矛盾。所以，采用商业信用对于信用当事人双方来说是双赢。商业信用是最古老的信用形式，也是现代经济的基本信用形式之一，其他信用形式都是在商业信用基础上发展起来的。商业信用不仅在国内交易中广泛存在，在国际贸易中也经常采用。

（一）商业信用的特点

1. 商业信用以商品形态提供，是商品交换和借贷的结合体

即商品交易是商业信用发生的前提，在提供延期付款信用的同时完成商品交易过程。

2. 商业信用是一种直接信用

商业信用的关系人都是企业。在商品的赊销行为中，商品的卖方提供信用，是债权人，买方是债务人；在预付货款的交易中，商品的买方是提供信用的债权人，而卖方是使用信用的债务人。

3. 商业信用的主要工具是商业票据

商业票据是企业间证明信用关系成立的凭据和债务人履行未来偿付义务的保证。商业票据的持票人可以将票据贴现给银行获得部分资金，或者经过背书后转让给第三者用以抵偿部分债务。

（二）商业信用的局限性

商业信用在商品交易中起了资金融通和促进交易的作用，但是其本身特点决定了它固有的缺陷。

1. 信用的规模、金额有限

由于商业信用是在商品交换过程中伴生的，从单个企业来看，信用规模必然受到企业的资本额和现成生产能力的制约。

2. 商业信用的使用方向和范围有限

由于商业信用以商品交易为基础，仅存在于有商品供求关系的企业之间，比如上游企业提供给下游企业，工业品生产企业向商业企业提供，而不能反向提供；同时商业信用仅限于经常往来、互相了解的企业之间。缺乏了解和信任的企业之间无法开展。

3. 信用链条不稳定

商业信用是工商企业间互相提供的，和企业的经营风险密切相关，一旦某一环节因债务人经营不善而中断，可能导致整个信用链条的中断，引起债务危机。

随着商品经济的发展，商业信用已经不能完全满足在全社会范围内配置资源的需求，新的信用形式应运而生，如银行信用、国家信用、消费信用等。

二、银行信用

银行信用是指银行等金融机构以存款、放款、贴现等方式以货币形态提供的信用。银行信用是在商业信用基础上发展起来的一种更高层次、适用范围更广泛的信用形式，它和商业信用一起构成现代经济信用体系的主体。银行信用的基本表现形式就是存贷款。银行信用具有以下特点：

1. 银行信用以货币为借贷对象

提供信用的主体是银行等金融机构。货币作为一般等价物，没有使用范围的限制。银行面向整个社会筹集资金，能够满足各种规模的信用需求。因此，银行信用化解了商业信用以商品形态提供信用的诸多局限性。

2. 银行信用是间接信用

银行充当信用中介的角色，利用其筹集资金的能力，把资金从盈余部门引导流向赤字部门。银行信贷资金的最终来源是社会各经济单位的盈余资金，而信贷资金的使用者是有资金需求的企业和个人，银行是全社会汇集和配置资金的桥梁。

银行信用克服了商业信用的缺陷，在整个信用体系中占据了核心地位，发挥着主导作用。商业信用的发展也越来越依赖银行信用，银行的票据承兑和贴现业务将银行信用嵌入商业信用中，增加了商业信用当事人的信任度，促进了商业信用的发展。商业票据贴现还是早期商业银行发展过程中最先开展的融资业务。

三、国家信用

国家信用是指政府作为债务人或债权人，向社会公众和国外政府举债或放债的一种信用形式。国家信用具有以下特点：

（一）国家信用的主体是政府

国家信用也是一种很古老的信用方式。历史上战国时期的"周赧王躲债"故事和汉景帝平定"七国之乱"向关中无盐氏借债，都是利用了国家信用。国家信用的产生与政府的财政赤字密切相关。随着经济的发展，政府在执行公共职能过程中财政支出不断扩大，财政赤字成为现代经济的一个普遍现象。为了弥补财政赤字和暂时性的资本支出，世界各国几乎都采取了发行政府债券和向外国举债等方式筹措资金。国家信用中债权人多为银行和其他金融机构，也有企业与居民。2010 年爆发的以"欧猪五国"为代表的欧债危机就是过度利用国家信用的结果。

（二）国家信用的主要形式是发行政府债券

政府债券包括短期政府债券和中长期政府债券，统称国债，其中短期政府债券也称为国库券。国家信用的形式还有借款，通常是向外国政府借款，形成"外债"。例如在 2010 年，欧债危机中债务最严重的希腊、爱尔兰、葡萄牙和西班牙四国向德国银行借款总额超过 5 000 亿美元。

截至 2011 年第三季度欧元区部分国家政府债务率如图 2 – 1 所示。

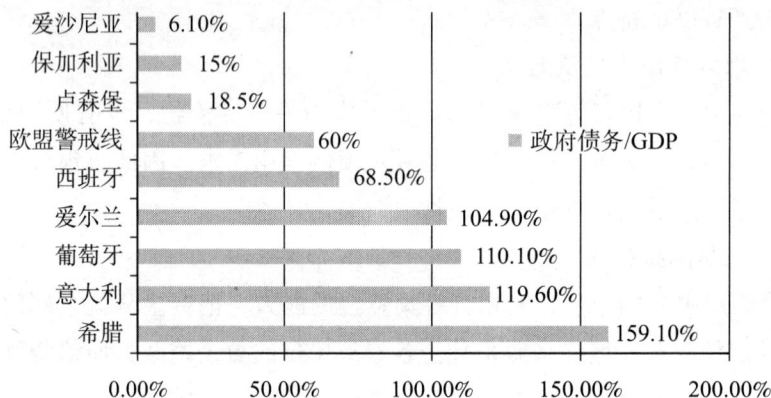

图 2 – 1　2011 年第三季度欧元区部分国家政府债务率

国家信用是以一国的政权为后盾，与国家及地区的政治经济状况密切相关，而政府间的信用又与两国政府关系密切相关。在政治平和、经济稳定的形势下，国家信用的风险比较小，政府债券的安全性和流动性较高，可以获得稳定的收益，是深受投资者青睐的投资工具。政府债券通常是金融中介机构首选的投资工具。中央银行则通过买卖政府债券进行公开市场操作，以达到调节市场货币供应量之目的。

但是当一国出现政治或经济危机，国家信用也会面临较大风险。比如欧债危机中希腊的国家信用。2012 年 2 月，国际评级机构惠誉（FITCH）首先宣布将希腊主权信用评级由"CCC"下调至"C"（该评级表明希腊短期内发生债务违约的可能性很大）。紧接着标准普尔（standard poor）也将希腊的长期主权信用评级从"CC"下调至"选择性违约"。希腊成为欧元区首个评级被正式下调至违约的成员国。

四、消费信用

消费信用是指工商企业、银行及其他金融机构为消费者提供的用于消费的信用形式。古老的高利贷其实就是一种消费信用，因为借债者多为生活处于困境的贫困人群。现代社会的消费信用是同商品、劳务特别是耐用消费品的销售紧密联系在一起的，其目的主要是通过赊销或消费贷款的形式刺激消费者进行超前消费，促进商品的销售。消费信用在西方国家已非常普遍，当前在我国也有了长足的发展。

消费信用的方式主要有以下几种：

（一）分期付款

分期付款方式是销售商提供给消费者的一种信用，用于购买耐用消费品如小汽车、家电等。消费者一般在提取货物时先支付一部分价款，称为"首付"，其余货款和利息在约定时期内分次支付（通常为按月支付），在货款付清之后，消费品的所有权转移给消费者。在这种信用方式下，销售商和消费者签订书面合同，规定信用期限、利息、每期付款金额及其他费用。在合同规定的货款付清前，消费者只有使用权，若消费者无力按期还本付息，经催缴无效，销售商有权收回该商品，折价抵消购货款项。

（二）消费贷款

消费贷款是银行和其他金融机构向消费者提供贷款用于购买耐用消费品、住房以及支付其他费用等。这种贷款与分期付款的做法比较相似，借款人也有"首付"，其余消费款项由银行贷款支付。但一般消费贷款不是交给借款人，而是由发放贷款的金融机构直接转入消费品的销售商账户，借款人按月支付本息（有每期等额还款和逐期递减还款两种方式）。

（三）信用卡

信用卡是银行或其他专门信用卡发行机构提供给消费者的赊购凭证，有规定的使用限期和限额，持卡人可凭卡在接受信用卡支付的单位购买商品或支付劳务费用。信用卡发卡银行通常每月与持卡人结算一次。持卡人如果在规定期限内付款，则可以免付利息。如逾期付款则要支付高额透支利息。我国信用卡透支利息统一按照日息万分之五收取。中国人民银行2011年年底统计显示，截至2011年第三季度，我国信用卡累计发卡量为2.68亿张。从2003年的300万张，到2011年第三季度末的2.68亿张，短短10年，信用卡发行数量增加了近90倍，中国进入了信用卡消费时代。

消费信用有效地促进了消费品的销售和生产，推动了技术进步和经济发展。对消费者个人来讲，消费信用能使人们在一定程度上暂时超越当前个人可支配收入的限制，提前享受当时购买力达不到的商品劳务。但是，由于信用消费是一种对未来收入的预支，会导致未来购买力的缩小；而且消费信用的利息开支是一笔可观的财务开支，消费者如果无节制地使用，会造成沉重的债务负担，中国台湾地区21世纪初的"卡奴"现象值得我们反思。

➤ **专栏阅读与分析**

信用卡的产生

早在 18 世纪，一些服装商就采取分期付款的方式销售衣服。他们让顾客先取走衣服，并约定在一段时间里每周付一笔钱来偿付价款。在 20 世纪初，赊销的方式已被很多零售商采用。在 20 世纪 20 年代，美国的一些商店向某些顾客发行一种作为记账消费凭证的金属卡牌，称为"现时购买，以后付账制度"（buy now，pay later system），这是一种更加灵活的赊销方式，但是这种金属卡牌只能在发行的商店使用。到第二次世界大战前，许多百货公司、通讯公司、旅行社都向首选客户发行这种延期付款信用工具（charge card），通常是作为一种吸引顾客的服务的外延，仅用于本店而且常常是免息的。1950 年，用餐者俱乐部（Diners Club）和美国运通公司联合启动了一种信用卡（charge card）是现代信用卡的雏形。次年用餐者俱乐部向 200 名顾客发行了历史上第一张信用卡（credit card），这种信用卡能在纽约的 27 个餐馆通用。1951 年纽约的富兰克林国民银行发行了一种叫做"charge it"的信用卡，可以在当地的零售店通用，零售店把货物卖给消费者后从银行得到偿付，而银行再同消费者进行结算。直到 1970 年银行业的介入使信用卡得到了迅速发展，随着信用卡业务的扩大，各发卡银行和其他发卡公司开始建立一些联盟进行交叉结算，从而实现不同银行的信用卡可以跨行结算。现在最具影响力的信用卡集团包括万事达卡（Master Card）、维萨卡（Visa Card）和美国运通（American Express）、大莱卡（Diners Club）、JCB 等国际集团，中国银联（China UnionPay）也已成为国际性信用卡组织。

资料来源：曹龙骐主编．货币银行学．北京：高等教育出版社，2000．

五、国际信用

国际信用指国与国之间的企业、经济组织、金融机构及国际经济组织提供的信用形式。国际贸易的发展和国际经济交往的日益频繁，使国际信用成为国际结算、国际资本流动的主要表现形式。

国际信用可以分为以下几种形式：

（一）国际商业信用

国际商业信用是指出口商对进口商提供的延期付款信用，即跨国的赊销。国际商业信用通常要有国际银行信用的支持，如银行对出口商或进口商提供的出口信贷。

（二）国际银行信用

国际银行信用包括出口信贷（包括卖方信贷、买方信贷）、国际银团贷款、银行发行国际债券等形式。

（三）国际金融机构贷款

国际金融机构贷款是指包括国际货币基金组织（IMF）、世界银行（World Bank）在内的国际金融机构向其成员国提供的贷款。世界银行主要通过提供和组织长期贷款和投资，解决会员国恢复和发展经济的资金需求。

（四）政府贷款

政府贷款是指国与国政府之间相互提供的信用。一般由政府出面进行借贷，贷款利率较低，期限较长，条件比较优惠，具有援助性质，但往往附带限制性条件，如要求借款国必须购买贷款提供国的商品和劳务等。

六、其他信用形式

除了上述主要信用形式外，还有一些特殊的信用形式，比如股份信用、合作信用、租赁信用。

股份信用是股份公司以发行股票的方式向社会筹集资金所体现的一种信用形式。股份信用不表现为债权债务关系，而是一种财产所有权关系，但是仍然属于信用形式。原因是：股份制的存在是以信用关系的普遍发展为前提条件。正是基于信用关系的发展，使得小额货币持有者能够通过购买股票实现投资目的，因为股票投资尽管无到期日，但可以在二级市场自由转让，收回投资，并且还有额外收益，股息或者买卖差价收益。在这个意义上股份信用类似于资金借贷，只不过股份信用没有确定的到期期限，是由投资者来决定何时收回投资。

合作信用是在一定范围内由具有共同意愿的出资人之间相互提供的信用。合作信用的组织形式是信用合作社。标准的信用合作社只针对社员提供借贷，社员入股主要是为了获得融资服务，而非盈利，所以，信用合作社经营不以盈利为目标。

租赁信用是以出租设备（大型专用性设备）收取租金的一种信用形式。租赁信用的组织形式是金融租赁公司。租赁信用典型形式是融资租赁（financial leasing），其一般的做法是承租人选好所租的设备，由出租人向供货商购入该设备，然后再出租给承租人使用，承租人定期支付租金。租赁信用是一种集融资与融物相结合的信用形式，对企业资信和担保的要求不高，所以非常适合中小企业融资。

七、直接信用与间接信用

直接信用（direct finance）和间接信用（indirect finance）是我们经常使用的一种信用分类，也称为直接金融和间接金融、直接融资和间接融资。

直接信用主要是指公司、企业或政府在金融市场利用信用工具向资金所有者融资的信用活动。其基本方式是发行股票、债券。股票和债券的发行者，通过出售股票、债券，获得货币资金；资金所有者买进股票、债券，把资金融通给这些证券的发行者。在这个过程中，货币资金的所有者和需求者之间，没有身兼债务人和债权人双重身份的中介，而是通过信用工具的买卖直接完成融资，并形成债权债务关系或者所有权关系。故名直接融资。

间接信用主要是指银行信用。在银行信用活动中，银行是信用活动的中介。银行首先以债务人的身份，从资金所有者手中筹集资金；其次，以债权人的身份，把资金贷放给资金需求者。在这个过程中，银行既是债务人又是债权人，充当了融资的媒介，而货币资金的所有者和需求者之间，并不发生直接的债权债务关系。所以，这种信用方式称为间接信用。

直接信用和间接信用共同构成全社会信用总量。我国在计划经济时期，只有间接信用没有直接信用。自20世纪80年代后期，股份制试点开始发行股票，直接信用从无到有。随着90年代初证券市场的建立，直接信用有了较快发展，间接信用所占比例从1995年的11.6%逐渐增长到2000年的27.2%，2005年又降到19.8%，按照中国人民银行2012年1~5月公布的数据计算，直接信用占比平均为26%左右（见表2-1）。可以看出，我国以银行等金融机构的间接信用为主的状况仍然没有得到改变。

表2-1　　　　　2012年1~5月直接信用和间接信用比例　　　单位：亿元

项目	2012.1	2012.2	2012.3	2012.4	2012.5
社会融资总规模	9 754	10 431	18 704	9 641	11 416
直接信用规模	2 126	2 276	6 622	2 690	2 656
间接信用规模	7 628	8 155	12 082	6 951	8 760
直接信用占比	21.8%	21.82%	35.41%	27.91%	23.27%
间接信用占比	78.2%	78.18%	64.59%	72.09%	76.73%

说明：（1）社会融资规模是指一定时期内实体经济从金融体系获得的资金总额，是增量概念。中国人民银行从2012年起按月公布社会融资规模。（2）直接信用包括：委托贷款、未贴现银行承兑汇票、企业债券、非金融企业境内股票融资。（3）间接信用包括：本外币贷款、信托贷款。

资料来源：中国人民银行网站.2012年统计数据栏目.

第四节 信 用 工 具

一、信用工具的含义及特征

信用工具是证明信用关系当事人之间债权债务关系的具有法律效力的书面凭证。在商品货币经济不发达的条件下，信用关系多以口头协议或记账方式确立，但这种信用关系缺乏规范性，容易引起纠纷，而且债权债务不能转让。信用工具的出现，一方面克服了口头信用和记账信用的缺点，促进了信用活动的规范化；另一方面，规范的信用工具便于流通转让，形成了金融市场。企业、政府在金融市场上通过发行信用工具来融资，投资者通过买卖信用工具实现投资。因此，信用工具也称为金融工具，对投资者来说就是金融资产。

信用工具一般具有如下几个特征：

（一）偿还性

偿还性是指金融工具实际存在的有效期，即从当前到偿还本金所需要的时间。信用的有偿性决定了大多数信用工具都要求还本付息，并且偿还本金有一定的期限。只付息不还本的股票和永久性债券的偿还期为无限，是特例，但可以在二级市场转让收回本金。

偿还期是一个相对的概念，不同的关系人有不同的认识。债务人所关心的是从发行到期满的全部期限，债权人所关心的是在他接受该信用工具的时候离到期还有多久。比如 ABC 公司 2000 年年初发行一笔 10 年期（2010 年年初到期）的债券，他要考虑的是整个 10 年的财务费用和资金安排，而某位投资者 2004 年年初买入这种债券，他感兴趣的是从 2004～2010 年这四年。

（二）流动性

流动性是指信用工具在不受或少受价值损失的条件下随时变现的能力。信用工具变现能力受耗费时间和交易成本两个因素的影响。变现所需要的时间越短、变现交易成本越低，该信用工具的流动性就越强，反之亦然。通常偿还期短、债务人信誉高、二级市场交易活跃的信用工具流动性比较强。

（三）安全性

安全性是指信用工具持有者收回本金及预期收益的保障程度。由于信用本身具有风险性，作为信用载体的信用工具不可避免地存在风险。主要风险有两种类型：一是信用风险，即债务人不能按约定时期还本付息的风险；二是市场风险，即市场利率波动导致信用工具市场价格变化的风险。信用工具的投资者总是希望将风险降到最低程度。

（四）收益性

资本增值的本质决定了投资者购买或持有信用工具不仅要求还本，还希望带来利润。信用工具的收益性通过收益率来反映，收益率是收益与本金的比率，通常有三种表现形式：

1. 名义收益率

又称为票面收益率，等于票面规定的每期应付利息与证券面值的比率。例如，ABC公司发行 10 年期的债券，面值 1 000 元，年利率 8%，则每张债券每年应付利息为 80元，该债券的名义收益率为 8%。

2. 即期收益率

即期收益率是票面利息与证券当期市场价格的比率。接上例，假如该债券在市场上售价为 960 元，则即期收益率为 80/960 = 8.3%。

3. 实际收益率

实际收益率是持有期间平均实际收益与买入价的比率。例如投资者在第二年年末以上述例子中市价购进一份债券，并持有到期。在他持有的 8 年中，每年除 80 元的利息外，还有年均资本利得 （1 000 - 960)/8 = 5 （元）。因此他每年的实际收益率是 （80 + 5)/960 = 8.85%。如果他持有一年后以 980 元的价格卖出，则实际收益率为 （980 - 960 + 80)/960 = 10.4%。

信用工具的四个特征之间存在着一定的联系。通常安全性与偿还期呈反向相关，偿还期越长，安全性越低；流动性和收益性也呈反向相关，流动性高的信用工具收益性相对较低。流动性和安全性则呈正向相关，一般情况下流动性高的信用工具安全性也较高。

二、信用工具的类型

信用工具按不同的标志有不同的分类方法，主要有以下几种：

（一）按融资方式可分为直接信用工具和间接信用工具

直接信用工具主要有企业发行的股票、债券、商业票据；政府发行的国债等。间接信用工具包括银行和其他金融机构发行的本票、支票、汇票、信用证、信用卡、可转让定期存单、人寿保险单等。

（二）　按偿还期限可分为短期金融工具、中长期信用工具

短期信用工具是偿还期在一年以内的各种债权债务证明，包括各种商业票据、银行票据、信用证、信用卡、国库券等。中长期信用工具指偿还期在一年以上的各种债权债务证明，包括公司债券、政府公债、股票等。

三、短期信用工具

（一）　商业票据

商业票据（commercial paper，commercial bill）是由商业信用产生的信用工具，是记载商业信用当事人间债权债务关系的书面凭证。商业票据作为受法律保护的凭证，必须记载确定的金额、期限、收付款人名称、出票人（或付款人）到期付款的承诺签名等要素。

传统的票据有本票（promissory note）和汇票（bill of exchange，draft）两种。本票和汇票的期限均不超过一年。

本票又称期票，是出票人签发的，承诺自己即期或在一定时期无条件支付确定的金额给收款人或者持票人的票据。本票的出票人就是付款人。按出票人不同可分为商业本票（trade's note）和银行本票（banker's note）两种。按是否注明收款人，分为记名本票和不记名本票，不记名本票的收款人即为持票人。

商业票据也包括商业本票（commercial paper）和商业汇票（commercial bill）两种。

商业本票是由债务人向债权人开出的支付承诺书，承诺在约定期限支付一定金额的款项给债权人。我国企业间的债权债务关系结算一般不使用商业本票，主要使用商业汇票。

商业汇票是由债权人向债务人开出的支付命令书，命令债务人在约定期限支付一定金额的款项给持票人或第三者。商业汇票由于是债权人签发的，必须经债务人承认后才能生效，债务人承认兑付的手续叫承兑（acceptance）。商业汇票按照承兑人的不同，可以分为商业承兑汇票和银行承兑汇票。如果由企业做出承兑，就是商业承兑汇票；如果由银行等金融机构做出承兑，就是银行承兑汇票。银行承兑汇票是在商业汇票的当事人中加入了银行信用保证，汇票的实际付款人还是企业，只有当实际付款人无力按期付款时，承兑银行才履行代偿义务。在我国银行实践中，承兑银行代偿汇票债务后，将把该笔款项作为汇票实际付款人的逾期贷款，一旦企业账户有款即行扣收。

商业汇票经承兑生效后可以在市场流通转让。当流通转让时要经过背书（endorsement）手续。所谓背书就是持票人（收款人）在票据到期前，在票据背面签上自己名字（签章），把票据转让给第三方或者用于支付购货款。商业汇票在这时发挥着货币流通手段和支付手段的功能，即马克思所讲的"商业货币"。

商业汇票持票人除了背书转让外，在票据到期前，还可以向银行申请贴现，以获得融资。在我国的银行业务中，主要是银行承兑汇票贴现，商业承兑汇票由于安全性和流通性原因，实践中已很少使用。

在发达国家金融市场上，有一种没有商业交易背景的商业票据，通常由大型工商企业或金融公司发行，由银行等金融机构予以贴现。这种票据与在商品交易基础上产生的传统商业票据不同，名为票据，实际上就是公司债券。我国近几年在全国银行间债券市场发行的中小企业集合票据、中期票据就是属于这种。

票据的分类结构如图2－2所示：

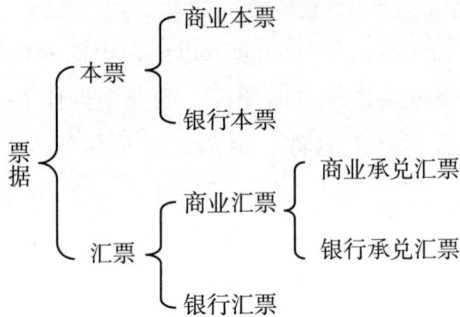

图2－2　票据分类结构

（二）银行票据

银行票据包括银行支票、银行汇票、银行本票、信用证、大额可转让存单等。

1. 银行支票

银行支票（cheque）是银行存款客户向其开户行签发的，授权该银行即期无条件支付一定金额给某一指定人或来人的支付命令书。支票按其支付方式可以分为现金支票（open cheque）和转账支票（crossed cheque），前者可用于支取现金，后者又称划线支票，只能用于转账。由于支票是由存款人自己签发，为了避免出票人开出空头支票，保证支票的可靠性，有的收款人要求付款银行对支票的付款进行保证，因此产生了保付支票。保付支票由开户银行对支票保付后，即将票款从出票人的账户转入专户以备付款。

2. 银行汇票

银行汇票是由出票银行签发的，并由银行在见票时按照实际结算金额无条件支付给收款人或者持票人的银行票据。银行汇票是银行信用的产物。我国的银行汇票是银行为客户办理异地款项汇划的一种票据结算方式。

3. 银行本票

银行本票是银行签发的，承诺自己在见票时无条件支付确定的金额给收款人或持票人的银行票据。银行本票分为定额银行本票和不定额银行本票两种，其中定额银行本票面额固定，不定额银行本票面额由出票行根据需要签发。我国银行本票作为一种票据结算方式，适用于个人、单位在同城范围内的各种款项划拨。

4. 信用证

信用证（letter of credit）是一种有条件的银行付款承诺，是在国内、国际贸易中银行用来保证买方支付能力的一种凭证。在信用证支付方式下，开证行（issuing bank）根据买方（申请人，applicant）的要求和指示，向卖方（受益人，beneficiary）开立信用证，承诺在一定期限内，凭符合信用证条款规定的单据，即期或在将来某一日期，支付一定金额给受益人。

（三）国库券

国库券（treasury bill）是国家为了弥补年度内短期收支不平衡，由财政部发行的以国家为债务人的短期信用凭证。国库券的偿还期有 3 个月、6 个月、9 个月和 1 年。国库券发行以后进入二级市场流通，是企业、机构、个人比较青睐的一种流动性和安全性都很高的投资工具，同时中央银行还可以根据货币政策的需要进行公开市场操作，调整货币供应量。

四、中长期信用工具

中长期信用工具包括公司债券、金融债券、政府债券和股票。

公司债券（corporate bond）是公司为筹集长期资金而向社会发行的承诺在一定期限偿还本金并支付利息的债务凭证。债券持有人凭借债券有权定期从发行债券的公司取得利息，到期收回本金，或到期一次取得本金和利息，但是不能参加公司的管理。政府债券（government bond）是政府为了筹集国家经济建设资金而发行的以国家为债务人的债务凭证。金融债券是银行或其他金融机构为筹集中长期资金而向社会发行的借款凭证。

股票（stock）是股份公司为筹集资金而发给投资者的入股凭证。股票持有人即股东，为公司的所有人而不是债权人，因此，股东对公司有管理监督权，同时也承担公司经营的风险和责任。按股东权益的不同，股票可分为普通股（common stock）和优先股（preferred stock）。有关股票的详细内容在第四章"金融市场"中的"资本市场"一节中介绍。

➤ 本章小结

1. 信用与货币一样，是一个古老的经济范畴，是以契约关系保障本金回流和增值的特殊价值运动。信用以信任为基础，以偿还和付息为条件，表现为一种债权债务关系，信用与风险紧密联系。信用的发展可以分为三个阶段：信用口头承诺阶段、信用工具化阶段、信用工具市场化阶段。

2. 信用的职能表现为资金余缺调剂和创造流通手段和支付手段。

3. 高利贷是生息资本的古老形态，是前资本主义社会占主导地位的信用形式。高利贷与民间借贷相伴而生，两者可以相互转化。民间借贷的盛衰与经济波动、货币政策调控有很大相关性。

4. 现代信用形式，按信用主体不同，可分为商业信用、银行信用、国家信用、消费信用、国际信用等。商业信用是现代信用制度的基础；商业信用和银行信用构成现代信用体系的主体。直接信用和间接信用是信用形式的另一种分类。我国目前仍然以间接信用为主，直接信用占比较低。

5. 借贷双方融通资金的工具称为信用工具或金融工具。任何信用都需借助于一定的信用工具来完成。信用工具按融资期限可分为短期信用工具、中长期信用工具。各种信用工具都具有偿还性、流动性、安全性和收益性四个特征。

➤ 关键术语

信用 高利贷 商业信用 银行信用 国家信用 消费信用 国际信用

直接信用 间接信用 银行本票 商业汇票 银行汇票

➤ 思考与练习

1. 信用有哪些特征？
2. 信用的职能是什么？
3. 现代信用的主要形式有哪些？
4. 简述商业信用的作用与局限性。
5. 银行信用的特点是什么？
6. 什么是信用工具？它有哪些类型？

➤ 专栏阅读与分析

"卡奴"现象

"卡奴"一词最先源于中国台湾地区，是指没有能力偿还透支信用卡的卡民。台湾金融主管部门将无力偿还银行最低还款额，且连续3个月未能还款的人定义为"卡奴"。

一、中国台湾的卡奴

据台湾媒体公布的资料，2000年台湾信用卡及现金卡数量仅有1 830万张；2005年这两种卡数量增长到4 555万张，但台湾民众收入的增加速度却滞后，因此造成卡债和卡奴大增。截至2007年，在台湾1 100万人口中，有900多万人人均拥有至少一张信用卡或现金卡，而其中约有70万出现缴款困难或濒临无力支付边缘，占全台湾人口的6%。卡奴们的平均信用卡债务金额高达120万台币。由于利滚利，不少人每月收入甚至不够支付利息，有些人一时还不起，就"拆东墙补西墙"，办多张卡。

卡奴现象也给发卡机构利益带来很大的损伤，信用卡业务的不良贷款比率也从 2004 年的 2% 上升到 2006 年的 2.4%，迫使台湾银行冲销了约 22 亿美元的信用卡和现金卡坏账。

二、中国香港的卡奴

截至 2008 年首季，香港未全数清还结欠信用卡余额高达港币 244 亿元。有调查显示，港人同一时间平均有 3 张半信用卡，少数人更多达 10 张。半数受调查者只清还部分全额，有近 30% 仅缴付最低还款额。

随着各种信用卡泛滥发行，并推出各种刺激消费的奖励措施，背负巨额信用卡债务，每月仅缴付最低还款额的持卡人越来越多。有信贷公司委托香港大学进行调查访问了 500 名 18 岁以上、曾经拖欠信用卡透支的成年人。调查发现，受访者每月平均透过信用卡消费签账达 7 000 多元，占个人入息中位数的 70%。然而半数受访者仅清还了部分全额，当中 29% 只缴付了卡数 5% 的最低还款额，不断滚存的卡数和利息加重了受访者的还款压力。据香港金融管理局统计，截至 2008 年首季度全港约有 1 150 万个信用卡账户，未全数清还之结欠余额近 244 亿元。

三、美国的卡奴

美国是一个崇尚超前消费的国家。根据洛切斯特理工学院金融教授罗伯特·曼宁的统计，2005 年近 3 亿的美国人民平均每人欠账 3.1 万美元，相当于当年 GDP 的 2/3。

信用卡已经成为美国人生活中不可或缺的一部分，从日常购物、外出旅游到餐厅付账都可用它记账，其使用频率及额度已有凌驾现金交易的趋势。截至 2005 年美国境内约有 6 000 家银行经营信用卡业务，信用卡用户约 1.85 亿。根据《华盛顿观察》的统计，75% 的家庭拥有信用卡。截至 2005 年年底，美国信用卡债务超过 8 000 亿美元，每个家庭平均拖欠信用卡款项达 7 200 美元。沉重的信用卡债务也成了影响美国人家庭生活的一个主要因素。

2006 年 1 月 4 日，VISA 信用卡公司宣布，在 2005 年圣诞节的一周内，他们的用户就用 Visa 卡刷掉了 322 亿美元，平均每一个家庭的节日信用卡债额是 9 300 美元，在过去 10 年间上涨了 115%，但并不是每个人都能及时付清这些钱。2004 年，只有 37.8%（7 000 万）的人会每月付清他们的信用卡账单，超过 3/5（62.2%）的人会欠债，有 4 400 万人每月会因为付不出最低还款额而挣扎。

四、中国大陆的卡奴

国内中老年人无法接受使用信用卡的消费习惯，信用卡的主要使用者集中在年轻人。截至 2009 年统计，35% 的信用卡使用者集中在上海、广州、深圳、北京四个大城市。银行的大力推广及信用卡市场的集中性使很多人手里都有不止 1 张信用卡。上海某调查机构对上海市内信用卡使用者开展的调查显示，有

26.4%的人承认自己每月薪水用到1元不剩,是典型的"月光族"。并且由于对消费、收入以及负债不能很好地调节,有32.5%的人担心自己会因为过度消费而步入"卡奴"行列。

资料来源:卡奴. 百度百科, http://baike. baidu. com.

阅读上述资料,思考下列问题:

(1) 你认为"卡奴"的成因是什么?

(2) 如何才能防止变成"卡奴"?

➢ 进一步学习的资源

[1] 大众汽车金融(中国)有限公司. http://www. volkswagen-finance-china. com. cn.

[2] 温州民间借贷登记服务网. http://www. wzmjjddj. com.

[3] 中国商业信用网. http://www. ccccn. org. cn.

第三章　利息和利率

> ## 本章导入

利息是信用的本质要求，计算利息需要先确定利率。利率在现代经济体系中，是经济调节的重要杠杆，也是判断投资收益的基本标准。如何计算利息，利息的本质是什么，利率如何决定，影响利率变动的因素等问题是本章所要分析的主要内容。

> ## 学习本章后，你将有能力

- ■ 认识利息的本质
- ■ 掌握利息的计算
- ■ 理解决定和影响利率的因素
- ■ 懂得利率作为经济杠杆的作用

第一节　利息的本质和利息率

一、利息的本质

利息是从属于信用的经济范畴，偿还本金和支付利息是信用的本质要求。通过资本贷出获取利息收益自古就有，比如春秋战国时期孟尝君在封地"薛"放债的记载；隋唐时朝廷给官员"公廨钱"，作为放贷的本钱，用利息补贴官员开支。货币因贷放而获得利息增值的概念已经深入人们的思想中，被认为是理所当然的事情。但利息究竟来源于哪里，也就是利息的本质，长期以来就是经济学家关心和争论的问题。

在揭示利息本质过程中，西方存在着许多理论。

（一）利息报酬说

利息报酬说由威廉·配第和约翰·洛克先后提出。17世纪英国古典政治经济学创始人威廉·配第（William Petty，1633～1687）认为，利息是债权人暂时放弃货币的使用权而获得的报酬。因为一旦信用关系成立，在约定的时间内，债权人就失去了使用贷出货币进行投资获利的机会，因此需要得到补偿。他把"暂时放弃货币的使用权分为三种情况：第一种情况是贷者可以随时收回借出的货币；第二种情况是贷者到期才能收回借出的货币；第三种情况是贷者自己急需货币，但他借出的货币尚未到期，不能收回。并认为，只有在第三种情况下贷者才应收取利息"。约翰·洛克（1632～1704）也把利息看做是贷款人获得的报酬。但是他认为贷者收取利息是因为贷款人承担了风险，即债务人到期不能偿还本金的风险。贷款人在贷出前就认识到了这种可能性，并根据违约可能性的大小来收取相应的风险报酬。

（二）资本租金说

达德利·诺思（1641～1691）把贷出货币所收取的利息看成像地主收取的租金。他认为"资本所有者常常出借他们的资金，像出租土地一样。他们从中得到叫做利息的东西，所谓利息不过是资本的租金罢了"。

（三）利息节欲说

这种观点认为利息是资本家节欲行为的报酬。英国经济学家西尼尔（Senior，1790～1864）认为，人类社会存在三种生产要素：第一要素是人类的劳动；第二要素是与人力无关的自然要素；第三种要素叫"节欲"。所谓"节欲"是指牺牲眼前的消费欲望。他认为，要扩大未来的生产，就需要更多的资本。资本来源于储蓄，储蓄又来源于节欲。因此，节欲是比资本更为基础的生产要素。资本由储蓄形成，增加储蓄就要减少人们目前的消费，这需要人们作出额外的牺牲。因此，利息就是人们牺牲自己当前消费而应得的报酬。马克思所谓的庸俗经济学就是指这类为资产阶级辩护的经济学家。节欲论曾经在18～19世纪受到广泛推崇。

（四）流动性偏好说

流动性偏好说认为利息是在一定时期内人们放弃货币流动性的报酬。流动性偏好理论是约翰·梅纳德·凯恩斯（John Maynard Keynes，1883～1946）在20世纪30年代提出的。所谓流动性偏好，就是指人们宁愿持有流动性强但不能生利的货币资产，也不愿持有其他虽能生利但较难变现资产的一种心理倾向。人们偏好流动性主要源于三种动机：交易动机、预防动机和投机动机。凯恩斯比较了债券和货币这两种形式资产认为，持有债券虽能获得一定收益，但必须在持有期间放弃货币的使用权，这不仅给持有者带来一定资金周转的不便，而且可能蒙受债券价值损失。持有货币虽不能给人们带来收益，但却具有高度灵活性，可以在任何时间方便地使用。所以，人们对货币这种资产具有偏好。别人要获取一定的货币资金，就必须以支付一定报酬为代价。利息就是货币持有人放弃货币流动性偏好的报酬。

（五）马克思的利息理论

根据马克思对利息本质阐述，利息来源于利润，是工人创造的剩余价值的一部分。马克思从借贷资本运动的全过程揭示了利息的来源和本质。他认为，利息决不是货币本身生出的果实，不是在再生产过程之外的借贷活动中产生的，也不是在购买生产要素和销售产成品的流通过程中产生的，而是工人在生产过程中创造的归货币所有者占有的剩余价值的一部分。

借贷资本家把货币作为资本贷给产业资本家后，后者把货币投入生产或流通，从而产生利润，在一个生产或流通循环完成后，产业资本家把实现的利润的一部分以利息的形式分给借贷资本家。资本和土地、劳动力共同构成生产的基本要素，在生产循环中必须得到补偿，因此资本的提供者要参与已实现的剩余价值的分配。

按照马克思的剩余价值论的观点，利息体现了借贷资本家与产业资本家共同占有剩余价值以及瓜分剩余价值的关系。它揭示了资本主义社会下的剥削关系，所以马克思的利息来源理论也称为"剥削说"。

二、利率及其种类

（一）利率的表示

利率，是利息率的简称，指一定时期内利息额与借贷本金的比率，是货币资本的价格。用公式表现为：

$$利率 = \frac{利息额}{借贷本金} \times 100\%$$

例如，王某因做生意向朋友李某借款 50 000 元，一年期，双方商定一年利息为 6 000 元。那么，这笔借款的利率就是：

$$\frac{6\ 000}{50\ 000} \times 100\% = 12\%$$

利率的表示方式有年利率、月利率、日利率。习惯上，我国利率的单位用"厘"表示，厘以上为"分"，厘以下为"毫"。其换算为：1 分 = 10 厘，1 厘 = 10 毫。

通常年利率以百分比表示，比如 6%，称为年息 6 厘。若年利率为 12%，则称为年息一分两厘，即本金 100 元，每年利息为 12 元。我国民间借贷的利率习惯用月利率，即月息。月利率以千分比表示，比如 12‰，称为月息一分两厘，即本金 1 000 元，每月利息为 12 元。日利率用万分比表示，如日息 5 厘，即表示本金 10 000 元，每日利息 5 元。日利率通常银行计息用的较多。不同期限的利率经常需要换算，其换算关系如下：

$$月利率 = 年利率 \div 12$$

$$日利率 = 年利率 \div 360$$

例如，年利率为 12%，换算为月利率就是：10‰ = 12% ÷ 12。

（二）利率的种类

1. 基准利率与市场利率

基准利率是由一国中央银行直接制定和调整的利率。基准利率在利率体系中发挥基础性作用。例如美联储控制的联邦基金利率、再贴现利率；欧盟中央银行的主要再融资操作利率；中国人民银行的存款利率、贷款利率、再贴现利率。基准利率决定着一国金融市场利率水平，是金融机构制定贷款利率、有价证券利率的依据；基准利率还表明中央银行对于当期金融市场货币供求关系的总体判断，基准利率的变化趋势引导着一国利率的总体变化方向。

市场利率是指金融市场上以货币资金供求为基础通过借贷双方竞价形成的利率。市场利率是完全由市场供求规律决定，起伏波动比较大。市场利率受基准利率的左右，基准利率的调整影响市场利率的总体水平；市场利率是金融市场借贷资金供求状况的晴雨表，反映了利率的一般水平。我国由于存在利率管制，银行存贷款利率是基准利率而不是市场利率，全国银行间同业拆借利率、全国银行间债券市场利率基本实现了利率市场化。

➢ **专栏阅读与分析**

欧洲中央银行下调主要再融资操作利率

针对欧债危机持续蔓延，欧盟经济不景气的状况，2011 年 12 月 9 日，欧盟中央银行理事会决定，将主要再融资操作利率下调 25 个基点，从 1.25% 下调至 1.00%。从 2011 年 12 月 14 日结算的相关操作开始适用这一利率。边际贷款利率下调 25 个基点，至 1.75%，从 12 月 14 日开始生效。边际存款利率下调 25 个基点，至 0.25%。

欧洲中央银行的再融资利率就是商业银行向中央银行融资的利率，商业银行可以根据这一利率向中央银行借入资金。这是中央银行执行货币政策的一种工具，用来影响银行间市场的流动性和拆借利率，并进而影响商业银行对公众的存贷款利率。欧洲央行的"主要再融资操作"（main refinancing operations）每周操作一次，根据主要再融资利率向货币市场注入期限一周的贷款，商业银行通过竞标获得。中国人民银行也有类似的操作工具：再贷款、再贴现，但并不作为最主要的流动性管理工具。

资料来源：东方财富网. 2011 - 12 - 8.

2. 名义利率和实际利率

名义利率（nominal interest rate）和实际利率（real interest rate）之分只是在通货膨胀下的利率现象。名义利率是指没有扣除通货膨胀因素的利率，实际利率则是名义利率扣除通货膨胀因素后的利率。名义利率一般大于零；实际利率根据通货膨胀率的高低，可能大于零、等于零或者小于零。名义利率和实际利率关系有两种表述方法。

$$r = \frac{1+i}{1+p} - 1 \qquad (3.1)$$

这是国际上通用的计算实际利率公式。上式中，r 是实际利率，i 是名义利率，p 是通货膨胀率。该公式的含义是，用投资者赚取一年的名义利率 i 之后拥有的金额（1 + i），除以代表当年价格水平增加量的（1 + p）。因此，实际利率表示一笔金融投资的本息收益，相对于它能购买的实际商品和劳务而言的购买力的预期变化。

公式（3.1）使用起来比较麻烦，如果公式中的各项都比较小，那么可以使用下列近似公式：实际利率 = 名义利率 - 通货膨胀率

$$r = i - p \qquad (3.2)$$

例如，某公司发行债券的票面利率为 6%，当年的通货膨胀率为 4%，则该债券的实际利率为 2%（6% - 4%）。若用公式（3.1）计算得实际利率约为 1.92%。可见，两者有一些差别。

为了弄清楚为什么可以用近似公式（3.2），我们做一简单推导，首先可以将公式（3.1）两边加上 1 得到：

$$1 + r = \frac{1+i}{1+p} \qquad (3.3)$$

再将公式（3.3）两边乘以（1 + p），得到：（1 + r）×（1 + p）= 1 + i　　　（3.4）

将公式（3.4）两边的各项开展，得到：1 + r + p +（r × p）= 1 + i

现在从公式两边减去 1 + p +（r × p），得到：r = i - p -（r × p）

由于上式中最后一项（r × p）是非常小的，可以忽略。因此，我们在计算中通常使用这个公式（3.2）。但当通货膨胀率和实际利率都较高的时候，使用公式（3.1）更符合实际。

由于经济生活中物价一成不变极为罕见，而物价上涨似乎已成为普遍趋势，因此区分和计算名义利率和实际利率对投资者作出适当的投资决策具有重要的参考意义。在通货膨胀条件下，市场上的各种利率都是名义利率，实际利率是不易被直接观察到的，但反映借款成本和贷款收益的是实际利率而不是名义利率。

实际利率对经济产生实质性影响，然而人们可操作的只有名义利率。所以一般根据对通货膨胀率的预期调整名义利率。但是人们对通货膨胀率预测的滞后性，使名义利率和通货膨胀率并不能保持同步，并且通常名义利率的调整滞后于通货膨胀率的变化。

实际利率与名义利率的比较，通常会出现三种情况：

（1）当名义利率高于通货膨胀率时，实际利率为正利率；

（2）当名义利率等于通货膨胀率时，实际利率为零；

（3）当名义利率低于通货膨胀率时，实际利率为负利率。

一般而言，只有正利率才符合价值规律的要求。当通货膨胀率大于名义利率出现负

利率时，会对经济领域产生许多不良影响，也就是通货膨胀的经济影响。这将在第十一章讲述。

2011 年 1 月～2012 年 1 月我国一年期银行存款名义利率与实际利率对比如图 3－1 所示。

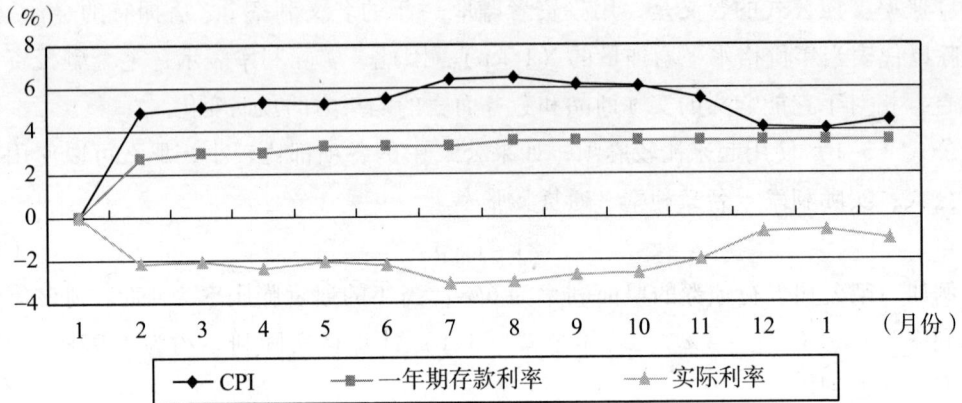

图 3－1　2011 年 1 月～2012 年 1 月名义利率与实际利率对比

3. 固定利率和浮动利率

固定利率是指在整个借贷期限内，约定的利率固定，不随资金供求状况或其他因素的变化而变化。浮动利率是借贷发生时确定一个参考利率，这个利率在借贷期限内可以随着市场利率的变化而调整。

固定利率和浮动利率各有优缺点。固定利率便于借方计算借款成本、贷方预计贷款收益，适合借款期限短、市场利率稳定的状况。当市场利率变动较大时，采用固定利率会承受较大的利率风险。当市场利率上升，借方将利率固定于市场利率下方，减少了借款成本，而贷方则损失了市场利率高于合约利率的那部分利息，承担了利率风险；当市场利率下降则刚好相反，借方要按高于市场利率的合约利率支付利息，而贷方由于市场利率的变动相对获益。浮动利率根据市场利率进行变动，减少了市场利率波动带来的风险，但是计算比较复杂，不便于预计成本和收益。浮动利率一般以银行间拆借利率为参考利率，国际上常用的有 LIBOR（伦敦银行间拆借利率）、SIBOR（新加坡银行间拆借利率）、HIBOR（香港银行间拆借利率）等。我国现在的浮动利率是商业银行、其他金融机构可以在中央银行规定的基准利率基础上按一定的幅度上下浮动的利率。

4. 长期利率和短期利率

长期利率是指期限在一年以上的利率；短期利率指期限在一年以内（包括一年）的利率。通常由于长期信用风险比短期信用风险大，所以长期利率通常要高于短期利率。

第二节　利息的计算与应用

一、单利、复利与终值

（一）单利与复利

单利（simple interest）和复利（compound interest）是两种不同的计息方法。

1. 单利

单利是指不论期限长短，只按原始本金计算利息，未支付的利息不并入本金重新计算利息。单利的计算公式为

$$I = P \cdot n \cdot r \tag{3.5}$$

$$S = P(1 + n \cdot r) \tag{3.6}$$

其中 I 表示利息，n 表示借款期限，P 表示本金，S 表示期末本利和，r 表示利息率。

例如，一笔 10 万元的借款，期限为 3 年，年利率 6%，按年计息，到期一次还本付息，单利计息。则三年应计利息为：100 000 × 6% × 3 = 18 000（元）。

2. 复利与终值

复利是指将上一期本金所生的利息加入本金在下一期一并计算利息。俗称"利滚利"。按某个约定利率采用复利方法计算的期末本利和称为终值（future value）。

例如，一笔 10 万元的借款，期限为三年，年利率 6%，按年计息，到期一次还本付息，采用复利方法计息。则利息和本利和分别为：

（1）第一年年末：

利息为　　　100 000 × 6% = 6 000（元），

本利和为　　100 000 + 6 000 = 106 000（元）；

（2）第二年将 6 000 元利息并入本金重新计算利息，到第二年年末：

利息为　　　106 000 × 6% = 6 360（元），

本利和为　　106 000 + 6 360 = 112 360（元）；

（3）第三年年末：

利息为　　　112 360 × 6% = 6 741.6（元），

本利和为　　112 360 + 6 741.6 = 119 101.6（元）。

可以看出，10 万元本金三年到期，按照复利计息，本息合计为 119 101.6 元，比单利多得 1 101.6 元。可见相同本金和利率，复利计息比单利计息要大。

在上例中，第一年年末计算的本利和为 100 000 元本金 P 在第一年年末的终值 S_1，第二年年末计算的本利和为第二年年末的终值 S_2，第三年年末计算的本利和为第三年年

末的终值 S_3，用公式可表示为：

$$S_1 = P(1+r)^1;$$
$$S_2 = P(1+r)^2;$$
$$S_3 = P(1+r)^3;$$
$$\cdots\cdots$$

以此类推，第 n 年年末的本利和为（终值）公式： $S_n = P(1+r)^n$ (3.7)

复利利息： $I = S_n - P = P[(1+r)^n - 1]$ (3.8)

其中 S_n 表示第 n 年末的本利和，就是终值，P 表示本金，I 表示复利利息，r 表示利率，n 表示计息期数。

公式（3.7）是计算终值的基本公式，从中可以推断在本金固定的条件下，利率越高，期限越长，终值越大。

复利的应用非常广泛，除了存贷款利息的计算，还常用于计算债券收益、估计证券价格等方面。

（二） 计息期间对终值的影响

上面复利计算的例子都是每年计息一次，然而在现实中，并不是所有的货币交易都是每年计息的，比如美国和英国的公司债券通常是半年计息一次的，这样计息期间变为 6 个月，一年期的债券计息期数变为 2 期，年利率也相应地要进行形式转换。

例如，ABC 公司发行面值为 1 000 元的一年期计息债券，票面利率为 10%，复利计息，到期一次还本付息。不同的计息期数下其终值分别是：

（1）如果每年计息一次，则一年后终值为： $1\,000 \times (1+10\%) = 1\,100$ （元）

（2）如果半年计息一次，则一年后终值为： $1\,000 \times (1+10\%/2)^2 = 1\,102.5$ （元）

（3）如果三个月计息一次，则一年后终值为： $1\,000 \times (1+10\%/4)^4 = 1\,103.8$ （元）

由上例可见，在相同时期内本金及年利率不变的条件下，计息期数越多，期末终值越大。用公式可表示为：

$$S = P\left(1 + \frac{r}{m}\right)^{nm} \tag{3.9}$$

其中，S 为期末终值，P 为本金，r 为年利率，n 为年数，m 为每年计息期数。

（三） 连续复利

由于计息期间是人为划定的，理论上可以继续缩短：我们可以假定每月计息一次、每周计息一次、每日计息一次、每小时计息一次、每分钟计息一次……直至 m 趋向无穷大，此时称为连续复利（continuously compounded interest），即每时每刻都在平均地计息。随着计算复利时间间隔的缩小，按复利方法计算的年利率不断增大，若计算复利的时间间隔无穷小时，一年内复利次数趋向无穷大。即当 $m \to \infty$，则 $(1+r/m)^{nm} \to e^{nr}$。

因此对本金 P 以年利率 r 连续复利计算 n 年末的终值公式为：

$$S = P \cdot e^{nr} \qquad\qquad (3.10)$$

仍以上例，如果 ABC 公司的债券用连续复利计算，则 1 年末终值为：

$$S = P \cdot e^{nr} = 1\,000 \times e^{0.1} = 1\,105.2\ （元）$$

因此，对于给定利率，在 n 年末的终值中，连续复利的终值最大。

二、现值和年金

(一) 现值

现值（present value），也称在用价值，是指未来某一数额现金流量的现在价值。现值实际上就是前面复利终值公式中，在已知终值和给定利率的条件下，要计算取得这样的终值（本利和）现在必须投入的本金。因此，现值公式就是终值公式的逆转：

$$P = \frac{S}{(1+r)^n} \qquad\qquad (3.11)$$

其中 P 为现值；S 为终值；r 为利率，也称为折现率；n 为期数。通常把 $1/(1+r)^n$ 称为折现系数。

例如，如果一年后你想要取得 10 000 元的本息收益，若现在的银行存款利率是 3.5%，现在你需要把多少钱存入银行，一年后才能正好能取出 10 000 元呢？这就是求现值的问题。

一年后终值 10 000 元的现值是　$P = S/(1+r)^n = 10\,000/(1+3.5\%) = 9\,661.84$（元）

你现在存 9 661.84 元钱，在利率为 3.5% 的条件下一年后才能取得本息共计 10 000 元，也就是说一年后 10 000 元的价值和现在的 9 661.84 元一样大。因此，现在的 1 万元钱比未来的 1 万元的价值更大，现值的概念就是基于这样一种认识。

(二) 现值公式的一般形式

上述现值公式是未来收到一次性支付的现值。现实中，经常有些投资是定期收到多次支付的现金，如债券投资的利息。其实未来多次支付的现值就是每次支付现值之和。

假如你一年后会收到投资收益 100 元，两年后收到 150 元，三年后收到 200 元。若市场利率为 4%。那么，三次收益的现值就是：

$$P = \frac{100}{(1+0.04)^1} + \frac{150}{(1+0.04)^2} + \frac{200}{(1+0.04)^3} = 412.63\ （元）$$

由此，可以得到多次支付的现值一般公式：

$$P = \frac{S_1}{(1+r)^1} + \frac{S_2}{(1+r)^2} + \cdots + \frac{S_N}{(1+r)^N} \qquad\qquad (3.12)$$

公式（3.12）可以用来计算各种有价证券的现值。从公式中可以看出，与一次性支付的状况相似，未来支付的现金流（S）较高，其现值也较高。较高的折现率（r）或者折现因子计算出的现值会较低。

（三）年金的现值

如果在一段时期内每隔相等的期限有一笔相同金额的收入或支出，则这个金额称为年金（annuity）。年金现值（present value of annuity）的计算公式为

$$P_a = A \cdot \frac{1 - [1/(1 + r)]^N}{r} \tag{3.13}$$

公式（3.13）中，P_a 表示年金现值，A 表示年金，r 表示折现率，N 表示期数。年金现值公式实际上就是现值一般公式（3.12）在每期现金流相同情况下的简化形式。用两个公式计算出的结果应该是相等的。

年金现值在计算未来资产价值、比较投资方案等方面是非常有用的工具。比如，可以计算一笔抵押贷款的现值。

例如，你想利用一笔 30 年期的按揭贷款够买房子，银行要求你未来 30 年内每年支付 7 000 元。假设抵押贷款利率为 7%，那么该笔贷款的现值，或者你现在需要的借款额应该是：

$$P_a = 7\,000 \times \frac{1 - (1/1.07)^{30}}{0.07} = 86\,863.30 \text{（元）}$$

显然，当支付现金次数很多时，用年金现值公式比现值一般公式的加总计算要简便。

（四）永续年金（perpetuity）的现值

如果年金收入一直持续到永远，则该年金称为永续年金。永续年金的现值也就是当 N 趋向无穷大时，年金的现值。在资本市场上有些证券没有到期时间，如永久性债券和股票就是永久支付利息而不偿还。永续年金的现值用公式表示为：

$$P_a = \frac{A}{r} \tag{3.14}$$

其中 P_a 表示永续年金现值，A 表示年金，r 表示利率。

第三节 决定和影响利率的因素

一、古典利率理论

古典利率理论也称为真实利率理论，流行于 19 世纪 80 年代到 20 世纪 30 年代。该理论强调非货币的实际因素在利率决定中的作用，认为利率决定于储蓄和投资的互相作用。储蓄是利率的递增函数，投资是利率的递减函数，利率的变化取决于投资流量和储

蓄流量的均衡。储蓄、投资和利率的关系可以用图 3 - 2 表示。

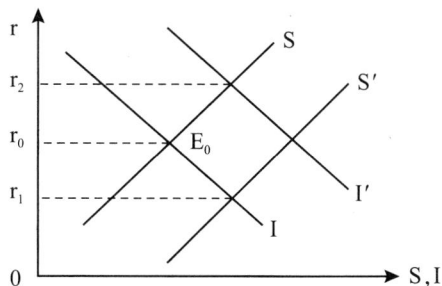

图 3 - 2 真实利率理论

图中横轴表示投资或储蓄额，纵轴表示利率，储蓄曲线是向右上方倾斜的 S 曲线，投资函数由向右下方倾斜的 I 曲线表示。投资曲线和储蓄曲线交于 E_0 点，此时投资等于储蓄，经济体系处于充分就业的均衡状态，均衡利率为 r_0。如果某些因素引起边际储蓄倾向增加，储蓄曲线从 S 右移到 S′，与 I 曲线相交点所确定的利率 r_1，即为新的均衡利率。显然可以看出，在投资不变的情况下，储蓄增加会导致利率水平下降。如果某些因素引起边际投资提高，投资曲线从 I 右移到 I′，与 S 曲线相交点所确定的利率 r_2 为新的均衡理论。同样可以看出，储蓄不变的情况下，投资增加，会导致利率的上升。

二、流动性偏好理论

凯恩斯的利率理论刚好与古典利率理论相反，他不认为利率决定于储蓄和投资的相互作用，而是决定于货币的供求数量。凯恩斯认为货币供给是外生变量，由中央银行直接控制。因此，货币供给独立于利率的变动，在图形上表现为一条垂直于横坐标的直线。货币需求是一个内生变量，决定于人们的流动性偏好。流动性偏好的动机包括交易动机、预防动机和投机动机。其中交易动机和预防动机与利率没有直接关系，而与收入呈正相关。投机动机则与利率呈负相关。

如果人们对流动性偏好增强，货币需求就增大，当货币需求大于货币供给时，利率上升，反之，当人们流动性偏好降低时，对货币需求减少，利率下降。因此，利率是由流动性偏好曲线与货币供给曲线共同决定的。如图 3 - 3 所示，货币供给曲线 M 是垂线，货币需求曲线 L 是一条从左上方向右下方倾斜的曲线，越向右，越与横轴呈平行。当货币供给线从 M_1 增加到 M_2 时，利率随之下降，与货币需求线 L 的平行部分相交时，利率将不再下降。即货币供给无论再增加多少，货币都会被人们储存起来，不会对利率产生任何影响。这就是所谓的"流动性陷阱"。在流动性陷阱区间，货币政策是完全无效的，只能依靠财政政策。

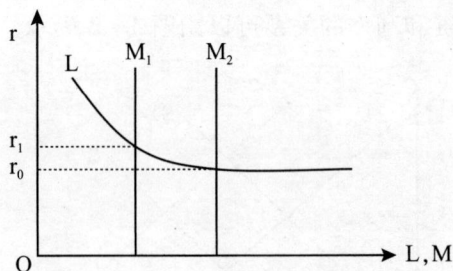

图 3 - 3　凯恩斯流动性偏好理论

　　凯恩斯流动性理论隐含的假定是，当货币供求达到均衡时，整个国民经济处于均衡状态。决定理论的所有因素均为货币因素，利率水平与实体经济部门没有任何联系。在方法论上，它从古典均衡理论的"纯实物分析"跳到"纯货币分析"的另一个极端。

三、新古典学派的可贷资金理论

　　20 世纪 30 年代后期，新古典学派批评了凯恩斯的流动偏好利率理论，对古典利率理论进行补充，提出了可贷资金学说，新古典利率理论的代表是剑桥学派的罗伯森（D. H. Robertson）和瑞典学派的俄林。可贷资金理论认为，市场利率不是单纯由投资和储蓄决定的，而是由可贷资金的供求关系决定的。可贷资金的供给来自于某期间的储蓄流量和该期间货币供给量的变动；可贷资金需求来自同一期间的投资流量和该期间人们希望保有的货币金额。用公式表示：$D_1 = I + \Delta M_D$；$S_L = S + \Delta M_S$。（见图 3 - 4）

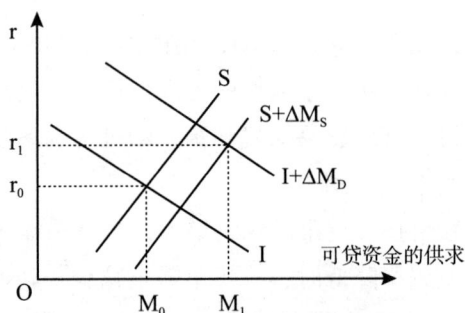

图 3 - 4　可贷资金理论

　　其中，D_1 为可贷资金需求；S_L 为可贷资金供给。ΔM_D 为该时期内货币需求的变化量；ΔM_S 为该时期内货币供应的变化量。显然，可贷资金供给与利率呈负相关关系，而可贷资金需求与利率呈正相关关系。利率就是由可贷资金供给与需求均衡决定的，即 $I + \Delta M_D = S_L = S + \Delta M_S$。

四、马克思的利率决定理论

马克思主义的利率决定理论是以剩余价值理论为基础的。马克思认为，利息是借贷资本家从职能资本家那里分割来的利润的一部分，因而利息率取决于利润率。利润总额一定时，利率越高，借贷资本家分到的剩余价值越多，当利率等于平均利润率时，职能资本家利用借贷资本从事生产就无利可图，因此平均利润率是利率的上限。利率也不可能等于零，否则借贷资本家就不会贷出资本。所以，利率只能在零和平均利润率之间摆动。马克思认为，平均利润率随技术的发展和资本有机构成的提高有下降的趋势，因此利率也有下降的趋势，但这个过程是极为缓慢的。

五、影响利率的因素

上述关于利率决定的各种理论，是西方经济学家从不同视角对决定利率水平的根本性因素的分析。从现实来看，影响利率变动的因素极为复杂，概括起来，主要有下列几方面：

（一）平均利润率

利息来源于利润，是平均利润的一部分。因此，平均利润率是决定利率的基本因素，也是利率的最高界限。

（二）借贷资金供求状况

在利润率一定的情况下，利率的高低是由借贷资金的供给和需求状况决定的。借贷资金的供给大于需求，利率下降；借贷资金的需求大于供给，利率上升。

（三）违约风险

违约风险也称为信用风险，是资金需求者按期偿还本息的可靠性。对于信用较差的借款者来说，贷方承担的违约风险高，需要通过提高利率来补偿风险成本。因此，违约风险越高，利率随之提高；反之，违约风险低，借贷利率可降低。

（四）偿还期限

一般来说，借贷的偿还期越长，贷方承担的资金损失可能性越大，要求通过利率得到补偿。因此，长期利率通常高于短期利率就是基于偿还期风险的原因。另外，偿还期越长，金融资产的流动性越低，也要通过利率获得补偿。

（五）通货膨胀率

根据名义利率与实际利率的关系，通货膨胀会降低实际利率，甚至导致实际利率为负数。因此，在确定利率时，要考虑通货膨胀对货币贬值的因素，提高名义利率。此外，在预期通货膨胀率上升时，名义利率水平也有上升趋势。总之，利率与通货膨胀率的变动具有同方向运动的趋势，要保持实际利率为正，就必须在通货膨胀时调高利率。反之，在通货膨胀下降时，利率水平也趋于下降。

（六）利率管制

当经济体系存在金融抑制的状况下，利率管制是基本表现之一。利率管制就是由货币当局直接制定官方利率或限定利率浮动界限。

（七）国际利率

在开放经济条件下，资本可以自由流动，国际利率水平对国内利率也有重要影响。当外国利率水平低于本国利率水平时，外国资本就会向本国流动，从而增加本国货币市场资金供应，导致本国利率水平降低。反之，当国外利率水平高于本国利率水平时，不仅原来进入本国的外国资本会流出，本国资本也会外流，导致本国货币市场资金供应减少，引起本国利率水平上升。

第四节 利率与经济运行

一、利率作用于经济的机制

在市场经济中，利率作为一个重要的经济杠杆，对经济运行发挥着不可替代的调节作用。这种作用主要通过如下几种机制实现。

（一）储蓄和消费—产出机制

根据经济学原理，居民收入减消费等于储蓄。一般来讲，提高利率，会促进储蓄增加，消费减少。储蓄增加会提高国民储蓄率，从而增加社会总产出。另一方面，消费减少会减少社会总需求，从而减少社会总产出。那么，利率提高是否会促进经济增长？这要看消费和储蓄各自的乘数效应。当储蓄的乘数效应大于消费的乘数效应时，储蓄增加引起的社会总产出增加额大于消费减少所引起的社会总产出减少额，提高利率具有促进经济增长的作用。反之，利率降低时，若储蓄减少引起的社会总产出减少额大于消费增加所引起的社会总产出增加额，则具有抑制经济增长的作用。当然，这种机制仅是单纯分析利率对储蓄、消费而言，没有涉及对投资、资本流动等的影响。

（二）投资—产出机制

利率高低直接影响投资成本，所以，降低利率意味着投资成本降低，从而刺激投资，促进产出增长。反之，提高利率意味着投资成本上升，从而减少投资，抑制经济增长。

（三）信贷需求—物价—经济运行

利率提高会调节经济主体的信贷需求，并进而影响社会信贷规模，信贷规模变化会影响货币供应量。所以，当市场出现通货膨胀时，提高贷款利率可以会抑制信贷需求，从而控制信贷投放，减少市场货币供应量，有利于物价稳定。反之，当出现通货紧缩时，可以降低利率以刺激信贷需求，进而增加货币供应量，促进经济增长。

（四）国际资本流动—国际收支状况

利率除了通过调节储蓄、投资影响产出外，还可以调节国际收支，从而影响经济运行。当一国出现国际收支逆差时，可以提高本国短期利率而降低长期利率，这样有利于吸引短期外资流入，同时，防止本国资本外流，鼓励长期投资，从而改善国际收支状况。

二、利率的作用

弄清了利率作用于经济运行的机制后，我们可以对利率的作用归纳如下：

（一）利率能够发挥集聚资金和引导资金流向的作用

利率变化通过调节人们的储蓄和消费结构，从而实现资金积累和集聚，例如，调高存款利率可以引导人们减少消费，增加储蓄，通过银行的信用中介功能，实现储蓄向投资转化。同时，利率作为资金成本和投资收益的参考指标，通过金融工具发行能够引导资金流向利用效率更高的行业、企业和地区，从而促进社会资源的有效配置。

（二）利率能够调节银行信贷规模和结构，促进资金使用效益的提高

在信贷市场上，贷款利率的高低直接影响企业财务费用，从而调节企业融资需求。当利率提高到一定水平时，企业经营者基于成本的考虑，会减少借款需求，从而制约银行信贷规模扩张。反之，当利率降低到一定水平时，企业会处于融资成本降低而扩大借款需求。利率还能够发挥调节信贷结构的作用。对那些需要从产业政策上扶持的行业、

企业和产品，可以实行低于市场利率的优惠利率，促进其发展。反之，对那些产业政策限制的行业、企业和产品，则实行较高的贷款利率，从而抑制信贷资金流向这些部门。此外，利率作为借贷成本，有利于促进借款人加强资金使用的管理，提高使用效益，创造更多的利润，为偿还提供保障。

（三）利率能够发挥调节货币流通和稳定物价作用

利率通过调节银行信贷规模，从而间接调节货币供应量，有利于物价稳定。同时，利率可以通过引导居民储蓄，推迟社会购买力的实现，从而调节市场需求，实现货币流通和物价的稳定。另外，利率通过发挥其结构调节功能，可以对某些行业和产品的生产予以扶持和鼓励，从而增加社会有效供给，平抑物价。

（四）利率能够发挥调节汇率的作用

由于利率水平的变动会对一国的资本流动产生影响，从而影响该国的国际收支状况，进而影响本国货币的汇率。在资本账户可自由兑换的条件下，一国货币的利率高于其他国家的利率，国际短期资本会内流，导致在外汇市场上对该国的货币需求扩大，从而提高本国货币的即期汇率，而本币的远期汇率通常会下跌。在国际收支逆差严重时，可以适当地利用利率杠杆来调节国际收支，进而间接调节本币汇率。但是在运用这个工具时会由于利率上升对国内经济产生紧缩效应，同时本币汇率上升会对国际贸易产生不利影响，所以在使用时要充分权衡利率上升带来的多种经济影响来决定。

三、利率市场化

（一）利率市场化的内涵

利率市场化是针对利率管制而言的，是指政府逐步放松对利率的直接管制，央行只控制基准利率，让市场供求决定金融资产交易的利率水平。利率作为非常重要的资金价格，应该在市场有效配置资源过程中起基础性调节作用，实现资金流向和配置的不断优化。同时，利率也是其他很多金融产品定价的参照基准。因此，利率市场化是市场经济发展过程中的必然要求。

利率市场化的目的是形成一个以中央银行基准利率为参照、市场利率为主体的多元化利率体系，从而充分发挥利率的经济杠杆功能，实现其经济调节作用。

具体来讲，利率市场化的内涵包括：

（1）金融机构有权自主决定利率。利率市场化的基本要求是体现金融机构在竞争性市场中的自主定价权。

（2）同业拆借利率和短期国债利率是市场基准利率。

（3）央行通过间接手段影响市场利率。如通过再贴现业务和公开市场业务调节市场利率。

利率市场化是对利率管制时期扭曲的利率水平进行的调整，在转变的初期往往导致实际利率水平的提高。从国际经验来看，利率市场化后将加大商业银行的竞争程度，短期内商业银行存贷利差迅速缩小，对以利差为主要收益来源的银行将形成较大冲击。另一方面，利率自由化使资金价格变动频繁，利率风险增加，影响企业的投资成本和经营效益，因此，对企业经营也带来考验。

（二）利率市场化的条件

从 20 世纪 80 年代开始，西方发达国家陆续推行了利率市场化，随后拉美、东南亚等新兴市场经济国家也开始实施利率市场化改革。在这一期间许多国家从中获益，金融效率得到了提高，资金配置得到了优化，经济、金融系统得到了改善。随着全球经济一体化的发展，放松利率管制，实现利率自由化是一个总的趋势。从世界各国的经验来看，利率市场化是一个渐进的过程，要根据本国的经济发展状况和具体条件来有步骤地进行。

利率市场化要获得成功，必须具备一些前提条件，具体包括：

1. 稳定和公平的市场竞争环境

宏观经济稳定是利率市场化改革的基础。只有在经济稳定增长，经济主体能够遵循市场规律运作，并对国家经济有乐观的预期时，才有利于推进利率市场化。其次，利率市场化是在市场竞争中运行的，因此必须要有一个公平的市场竞争环境。这样，金融机构才能通过竞争来定价，才能在竞争中形成多样化、多元化的产品和服务，形成多层次竞争格局的金融机构，才能产生相对均衡的金融资产价格。

2. 竞争比较充分、具有较强风险控制能力的金融机构

利率市场化必然加剧金融业的价格竞争，优胜劣汰的市场法则将发挥作用，利率风险凸显，风险控制能力弱的金融机构将会面临市场退出的考验。如果金融业竞争不够充分，金融机构的风险控制能力很弱，贸然实施利率市场化，将会导致整个金融业出现系统性风险，危及国家经济安全。

3. 直接融资有较大发展，金融市场运行效率高

利率市场化后，对银行业为主导的间接融资会形成较大冲击，资金脱媒现象会比较突出，若直接融资工具不够发达，金融市场效率不高，利率传导机制不灵，地下金融等各种非正规金融形式大量涌现，若监管不能及时跟进，会给金融市场带来不稳定因素。

4. 有效的金融监管制度和措施

利率市场化的实施，金融业的市场风险会更加突出，金融机构的准入退出制度必须随之配套，金融监管当局必须适应从原来的数量型、行政性监管措施向价格型、市场化监管的转变，这对监管水平和能力提出了更高的要求。此外，利率市场化后，对存款类金融机构的存款保险制度必须建立，以处置非系统性风险，最大限度稳定金融业。

5. 完善的货币政策传导机制

无论是在正常经济环境下，还是在危机时期，只有当中央银行货币政策得到充分有效的传导时，政策意图作用于金融系统和实体经济的路径才会通畅，利率市场化才能实现微观利益与宏观利益的相互协调，社会效益才能最大化，负面作用最小化。

（三）我国利率市场化进程

我国利率市场化改革的目标是，建立由市场供求决定金融机构存、贷款利率机制，央行通过运用货币政策工具来调控和引导市场利率，使市场机制在金融资源配置中发挥主导作用。利率市场化改革的最终目标是实现利率由市场供求机制决定。

我国利率市场化改革的总体思路：从货币市场起步，二级市场先于一级市场；先外币，后本币；先贷款，后存款；先长期，后短期；其中贷款利率先扩大浮动幅度，后全面放开，存款利率先放开大额长期存款利率，后放开小额和活期存款利率。但我国的利率市场化改革是一项长期复杂的工作。

从我国当前的利率市场化进程来看，已经做了下列几个阶段的改革：

1. 银行间市场拆借利率和债券利率市场化

1996 年 6 月 1 日人民银行放开了银行间同业拆借利率，1997 年 6 月放开银行间债券回购利率。1998 年 8 月，国家开发银行在银行间债券市场首次进行了市场化发债，1999 年 10 月，国债发行也开始采用市场招标形式，从而实现了银行间市场利率、国债和政策性金融债发行利率的市场化。

2. 贴现利率市场化

1998 年，人民银行改革了贴现利率生成机制，贴现利率和转贴现利率在再贴现利率的基础上加点生成，在不超过同期贷款利率（含浮动）的前提下由商业银行自定。再贴现利率成为中央银行一项独立的货币政策工具，服务于货币政策需要。

3. 人民币贷款、存款利率浮动

1998 年、1999 年人民银行连续三次扩大金融机构贷款利率浮动幅度。2004 年 1 月 1 日，人民银行再次扩大金融机构贷款利率浮动区间。商业银行、城市信用社贷款利率浮动区间扩大到 [0.9，1.7]，农村信用社贷款利率浮动区间扩大到 [0.9，2]。贷款利率浮动区间不再根据企业所有制性质、规模大小分别制定。2004 年 10 月，贷款上浮取消封顶；下浮的幅度为基准利率的 0.9 倍，还没有完全放开。与此同时，允许银行的存款利率都可以下浮，下不设底。

4. 大额长期存款利率市场化

1999 年 10 月，人民银行批准中资商业银行法人对中资保险公司法人试办由双方协商确定利率的大额定期存款（最低起存金额 3 000 万元，期限在 5 年以上不含 5 年），进行了存款利率改革的初步尝试。2003 年 11 月，商业银行、农村信用社可以开办协议存款（最低起存金额 3 000 万元，期限降为 3 年以上不含 3 年）。

5. 企业债、商业票据全部实行市场定价

随着各种票据、公司类债券的发展，特别是 OTC 市场和二级市场交易不断扩大使价格更为市场化，很多企业，特别是信用质量比较好的企业，可以选择发行票据和企业债来进行融资，其价格已经完全不受贷款基准利率的限制了。

6. 境内外币利率市场化

2000 年 9 月，放开外币贷款利率和 300 万美元（含 300 万美元）以上的大额外币存款利率；300 万美元以下的小额外币存款利率仍由人民银行统一管理。2002 年 3 月，人民银行统一了中、外资金融机构外币利率管理政策，实现中外资金融机构在外币利率政策上的公平待遇。2003 年 7 月，放开了英镑、瑞士法郎和加拿大元的外币小额存款利率管理，由商业银行自主确定。2003 年 11 月，对美元、日元、港币、欧元小额存款利率实行上限管理，商业银行可根据国际金融市场利率变化，在不超过上限的前提下自主确定。

7. 扩大商业性个人住房贷款的利率浮动范围

2006 年 8 月，浮动范围扩大至基准利率的 0.85 倍；2008 年 5 月汶川特大地震发生后，为支持灾后重建，人民银行于当年 10 月进一步提升了金融机构住房抵押贷款的自主定价权，将商业性个人住房贷款利率下限扩大到基准利率的 0.7 倍。

8. 进一步扩大存款、贷款利率浮动幅度

2012 年 6 月，中国人民银行进一步扩大了存款类金融机构存贷款利率的上下限。金融机构存款利率浮动区间的上限调整为基准利率的 1.1 倍；贷款利率浮动区间的下限调整为基准利率的 0.8 倍。2012 年 7 月，人民银行再次将贷款利率浮动区间下限调整为基准利率的 0.7 倍。

➤ 本章小结

1. 利息的本质西方经济学家有不同的认识，代表性的学说有利息报酬说、资本租金说、利息节欲说、流动性偏好说。马克思从利息的源泉着手研究利息的本质，阐明了利息的直接来源是利润，利息是剩余价值的转化形式，体现了借贷资本家和职能资本家共同剥削雇佣工人的关系。

2. 利率是借贷资金的价格。现实经济中有不同的表现，如基准利率与市场利率、名义利率与实际利率等、固定利率与浮动利率。其中，实际利率是不易被直接观察到的，反映借款成本和贷款收益的是实际利率而不是名义利率。

3. 计息的计算方法有单利和复利。利率的基本单位是"厘"，表示方法有年利率、月利率和日利率。在复利计息的基础上，派生出了连续复利、终值和现值的概念。现值和终值在计算未来资产价值、比较投资方案等方面是非常有用的工具。年金和年金现值、永续年金现值也是常用概念。

4. 西方经济学家对利率的决定有多种理论，代表性的有古典利率理论、流动性偏好理论、可贷资金理论。马克思从利息来源于剩余价值出发，认为利率是由社会平均利润率决定的，只能在平均利润率和零之间波动。

5. 影响利率的因素主要有：平均利润率、货币资金的供求、通货膨胀、偿还期限、违约风险、利率管制、国际利率水平等。

6. 利率是一个重要的经济杠杆，发挥着调节经济的重要作用。

7. 利率市场化是市场经济发展的必然要求。利率市场化改革的最终目标是实现利率由市场决定。利率市场化必须具备一些条件，如条件不具备贸然实行利率市场化，会给经济社会带来不利影响。我国的利率市场化采取渐进式改革，已有一定成绩。

➤ 关键术语

名义利率　实际利率　现值　终值　年金　古典利率理论　流动性偏好理论　可贷资金理论　利率市场化

➤ 思考与练习

1. 利息的本质是什么？

2. 名义利率和实际利率是什么关系？

3. 决定和影响利率水平的因素有哪些？

4. 利率是通过哪些机制来发挥其经济调节作用的？

5. 利率市场化改革要具备哪些条件，为什么？

6. 计算题

（1）ABC公司发行面值为1 000元的5年期债券，票面利率为10%，半年计息一次，市场收益率为12%，发行价格应为多少？

（2）甲投资者用1万元进行为期两年的投资，假定市场年利率为6%，利息按半年复利计算，计算该投资者投资的期末价值是多少？

（3）一年期存款利率为5.56%，换算成月利率是多少？

（4）活期存款利率0.36%换算成日利率是多少？

（5）本金1万元，存期2个月，年利率2.50%，单利计算的利息额是多少？复利计算的利息额是多少？

（6）预计1年后获得1.2万元收益，无风险利率为3.5%，计算当期的现值是多少？

➤ 进一步学习的资源

［1］［美］霍默·西勒著. 利率史（第四版），北京：中信出版社，2010.

［2］刘明亮，邓庆彪主编. 利息理论及应用（第一章　利息理论的起源，第二章　利息的度量）. 北京：中国金融出版社，2007.

［3］温州民间借贷登记服务网. http://www.wzmjjddj.com.

第二篇
金融市场与金融体系

CHAPTER 4

第四章 金融市场

➤ **本章导入**

　　金融市场是各类经济主体进行资金借贷和金融资产交易的渠道，金融市场的发展状况是反映一国金融发展水平的重要标志。金融市场有不同的类型，其功能各有差异。金融市场上有种类繁多的金融工具，供融资者和投资者选择。因此，有必要了解不同金融工具的特性。

➤ **学习本章后，你将有能力**

　■ 认识金融市场的内涵
　■ 懂得金融市场的功能
　■ 了解货币市场和资本市场的特征与区别
　■ 掌握主要金融工具的特性

第一节　金融市场概述

一、金融市场的概念

　　金融市场是指以金融资产为交易对象而形成的供求关系及其机制的总和。它包括如下三层含义：一是进行金融资产交易的有形和无形的场所；二是反映了金融资产的供应者和需求者之间的供求关系；三是包含了金融资产交易过程中的运行机制，其中最主要的是价格（包括利率、汇率及各种证券的价格）机制。

　　金融资产是指一切代表未来收益或资产合法要求权的凭证，亦称为金融工具。金融资产可以划分为基础性金融资产与衍生性金融资产两大类。前者主要包括债务性资产和权益性资产；后者主要包括远期、期货、期权和互换等。

二、金融市场的重要性

　　金融市场对社会经济发生着重大影响。伴随着经济全球一体化趋势的发展，经济金融化的进程也日益加剧、程度不断加深。表现为：资产金融化、融资非中介化趋向越来越明显。在这种情况下，金融业的发展所带来的影响已不仅仅局限于其产业内部，而且涉及了社会经济生活的各个层面。

金融市场是市场机制的重要组成部分。金融是现代经济的核心。经济的发展依赖于资源的合理配置，而资源的合理配置主要靠市场机制的运行来实现。金融市场在市场机制中扮演着主导和枢纽的角色，发挥着极为关键的作用。

三、金融市场的功能

金融市场作为金融资产交易的机制，从整个经济运行的角度来看，它具有如下功能：

（一）资金聚敛功能

金融市场的聚敛功能是指金融市场引导众多分散的小额资金汇聚成为可以投入社会再生产的资金集合功能。在这里，金融市场起着资金"蓄水池"的作用。在国民经济中，各部门之间、各部门内部的资金收入和支出在时间上并不总是对称的。这样，一些部门、一些经济单位在一定的时间内可能存在暂时闲置不用的资金，而另一些部门和经济单位则存在资金缺口。金融市场就提供了两者沟通的渠道。

金融市场之所以具有资金的聚敛功能，一是由于金融市场创造了金融资产的流动性；另一个原因是金融市场多样化的融资工具为资金供应者寻求合适的投资手段找到了出路。

（二）资源配置功能

金融市场的资源配置功能表现在三个方面：一是资金的配置；二是财富的再分配；三是风险的再分配。

在经济的运行过程中，拥有多余资金的部门并不一定是最有能力和机会作最有利投资的部门，现有的财产在这些盈余部门得不到有效的利用，金融市场将资金从低效率部门转移到高效率的部门，从而使一个社会的经济资源能最有效地配置在效率最高或效用最大的用途上，实现资源的合理配置和有效利用。

财富是各经济单位持有的全部资产的总价值。政府、企业及个人通过持有金融资产的方式来持有的财富。在金融市场上的资产价格发生波动时，其财富的持有数量也会发生变化，一部分人的财富量随金融资产价格的升高而增加，而另一部分人则由于金融资产价格下跌，所拥有的财富量相应减少。这样，社会财富就通过金融市场价格的波动实现了财富的再分配。

金融市场同时也是风险再分配的场所。在现代经济活动中，风险无处不在。而不同的主体对风险的厌恶程度是不同的。利用各种金融工具，厌恶风险的人可以把风险转嫁给风险厌恶程度较低的人，从而实现风险的再分配。

（三）经济调节功能

经济调节功能是指金融市场对宏观经济的调节作用。金融市场一边连着储蓄者，另一边连着投资者，金融市场的运行机制通过对储蓄者和投资者的影响而发挥作用。

首先，金融市场具有直接调节作用。在金融市场大量的直接融资活动中，投资者为了自身利益，一定会谨慎、合理地进行选择。只有符合市场需要、效益高的投资对象，才能获得投资者的青睐。而且，投资对象在获得资本后，只有保持较高的经济效益和较好的发展势头，才能继续生存并进一步扩张。这实际上是金融市场通过其特有的引导资本形成及合理配置的机制对微观经济部门产生影响，进而影响到宏观经济活动的一种自发调节机制。

其次，金融市场的存在及发展，为政府实施宏观经济间接调控创造了条件。货币政策属于调节宏观经济活动的重要经济政策，其调控工具有存款准备金政策、再贴现政策和公开市场操作等，这些政策的实施都以金融市场的存在、金融部门及企业成为金融市场的主体为前提。

（四）信息反映功能

金融市场历来被称为国民经济的"晴雨表"，是公认的国民经济信号系统。这实际上就是金融市场反映功能的写照。金融市场的反映功能表现在如下几个方面：

（1）由于证券买卖大部分都在证券交易所进行，人们可以随时通过这个有形的市场了解到各种上市证券的交易行情，并据以判断投资机会。

（2）金融市场的交易直接或间接地反映货币供应量的变动。货币供应的紧缩或放松均是通过金融市场进行的。货币政策实施时，金融市场的价格会出现波动，反映这种调节。因此，金融市场所反馈的宏观经济运行方面的信息，有利于政府部门及时制定和调整宏观经济政策。

（3）由于证券交易的需要，金融市场有大量专门人员长期从事商情研究和分析，他们每日与各类企业直接接触，能了解企业的发展动态。

（4）金融市场有收集和传播信息的网络，世界主要金融市场已连成一体，使人们可以及时了解世界各地的经济发展变化情况。

四、金融市场的类型

金融市场按照不同的标准，可以有如下分类。

（一）按市场标的物不同划分为：货币市场、资本市场、外汇市场、黄金市场和衍生金融市场

1. 货币市场

货币市场是指以期限在一年以下的金融资产交易的市场。它的主要功能是保持金融资产的流动性，以便随时转换成现实的货币。货币市场一方面满足了借款者的短期资金需求，另一方面也为暂时闲置的资金找到了出路。

货币市场一般指国库券、商业票据、银行承兑汇票、可转让定期存单、回购协议、同业拆借等短期信用工具买卖的市场。通常认为银行短期贷款也应归入货币市场的范畴。由于货币市场信用工具随时可以在二级市场上出售变现，具有很强的变现性，功能近似于货币，故称货币市场。由于该市场主要经营短期资金的借贷，故亦称短期资金市场。

货币市场一般没有正式的组织，所有交易特别是二级市场的交易几乎都是通过电讯方式联系进行的。市场交易量大是货币市场区别于其他市场的重要特征之一，巨额交易使得货币市场实际上成为一个批发市场。基于这个特点，货币市场不适合普通个人投资者，个人投资者通常通过购买货币市场基金来参与该市场。

2. 资本市场

资本市场是指期限在一年以上的金融资产交易的市场。严格来说，资本市场包括两大部分：一是银行中长期存贷款市场，另一是有价证券市场。基于习惯的认识，本章的讨论主要着眼于证券市场。

通常，资本市场主要指的是债券市场和股票市场。它与货币市场之间的区别表现为：

（1）期限的差别。资本市场上交易的金融工具均为一年以上，最长者可达数十年，有些甚至无期限，如股票等。而货币市场上一般交易的是一年以内的金融工具，最短的只有几日甚至半日。

（2）作用的不同。货币市场所融通的资金，大多用于工商企业的短期周转资金。而在资本市场上所融通的资金，大多用于企业的创建、更新、扩充设备和储存原料，政府在资本市场上筹集长期资金则主要用于兴办公共事业和保持财政收支平衡。

（3）风险程度不同。货币市场的信用工具，由于期限短，因此流动性高，价格变化幅度小，风险较小。资本市场的信用工具，由于期限长，流动性较低，价格变动幅度较大，风险也较高。

3. 外汇市场

外汇市场按其含义有广义和狭义之分。狭义的外汇市场指的是银行间的外汇交易，包括同一市场各银行间的交易、中央银行与外汇银行间以及各国中央银行之间的外汇交易活动，通常被称为批发外汇市场（wholesale market）。广义的外汇市场是指由各国中央银行、外汇银行、外汇经纪人及客户组成的外汇买卖、经营活动的总和。包括上述的批发市场以及银行同企业、个人间外汇买卖的零售市场（retail market）。外汇市场的主

要作用在于：

（1）通过外汇市场的外汇买卖和货币兑换业务，使各国间债权债务关系的货币清偿和资本的国际流动得以形成，实现购买力的国际转移。

（2）外汇市场集中了各国政府、企业、公司等主体的闲置资金，并对国际贸易中进出口商进行融资，从而加速了国际资金周转，调剂资金余缺。

（3）外汇市场拥有发达的通信设施及手段，将世界各地的外汇交易主体联成一个网络，缩短了世界各地间的远程货币收付时间，提高了资金的使用效率。

（4）进出口商利用市场中的远期外汇买卖业务，可有效地避免或减少因汇率变动带来的风险，从而促进国际贸易的发展。此外，外汇市场提供的各种外汇资金的供求信息及其价格动态，有助于各国政府和企业据以正确地进行有关决策。

4. 黄金市场

黄金市场是专门集中进行黄金买卖的场所。尽管 20 世纪 70 年代后，黄金非货币化已得到国际认可，但是，由于黄金仍是当今国际储备的基本形式之一，因此，黄金市场仍被看作金融市场的组成部分。黄金市场早在 19 世纪初就已形成，是最古老的金融市场。现在，世界上已发展到 40 多个黄金市场。其中伦敦、纽约、苏黎世、芝加哥、中国香港的黄金市场被称为五大国际黄金市场。

5. 衍生金融市场

衍生金融市场是各种衍生金融工具进行交易的市场。所谓衍生金融工具，是指由原生性金融商品或基础性金融工具创造出的新型金融工具。它一般表现为一些合约，这些合约的价值由其交易的金融资产价格决定。衍生金融工具包括通常远期合约、期货合约、期权合约、互换协议等。由于衍生金融工具在金融交易中具有套期保值防范风险的作用，因此，衍生金融工具受到投资者的青睐，其种类仍在不断增多。衍生金融工具同时也具有投机套利的功能，其交易所带来的风险不容忽视。

（二）按金融中介参与的特征划分为：直接金融市场与间接金融市场

金融市场的形成与资金的融通相联系。在经济生活中，总有资金暂时闲置者及资金短缺者同时存在，金融市场就为这两者提供互通有无的渠道。

直接金融市场指的是资金需求者直接从资金所有者那里融通资金的市场。一般是通过发行债券或股票的方式在金融市场上筹集资金。此外，发生在民间个人之间、个人与企业之间以及企业之间的借贷也属于直接金融市场的范围。间接金融市场则是通过银行等信用中介机构作为媒介来进行资金融通的市场。在间接金融市场上，资金所有者将手中的资金借给银行等信用中介机构，然后再由这些机构转贷给资金需求者。在此过程中，不管这笔资金最终归谁使用，资金所有者都将只拥有对信用中介机构的债权而不对最终使用者具有任何权利要求。

直接金融市场与间接金融市场的差别并不在于是否有金融中介机构的介入，而主要在于中介机构作用的差异。在直接金融市场上也有金融中介机构，只不过这类机构不像银行那样，它不是资金的中介，而大多是信息中介和服务中介。

（三）按市场的次序划分为：一级市场、二级市场

资金需求者将金融资产首次出售给公众时所形成的交易市场称为一级市场，也称为发行市场或初级市场。金融资产的发行主要有两种方式：一是将金融资产销售给特定的对象；二是将金融资产公开地出售给社会公众。前者称为私募发行，其发行对象一般为机构投资者；后者称为公募发行，其发行对象为社会公众。

证券发行后，各种证券在不同的投资者之间买卖流通所形成的市场即为二级市场，又称流通市场或次级市场。一级市场有两种组织形式：一种是场内市场，即证券交易所；另一种是场外市场。证券交易所是依照国家有关法律规定，经政府主管机关批准设立的证券集中竞价的有形场所。场外市场又称柜台市场或店头市场，是在证券交易所之外进行证券买卖的市场。原则上在场外交易的证券以未在证券交易所上市的证券为主。

一级市场是二级市场的基础和前提，没有一级市场就没有二级市场；二级市场是一级市场存在与发展的重要条件之一，无论从流动性上还是从价格的确定上，一级市场都要受到二级市场的影响。

第二节　货币市场

货币市场（money market）是期限在一年以内的金融工具交易的机制总称。货币市场的活动主要是为了保持资金的流动性，以便随时可以获得现实的货币。它一方面满足资金需求者的短期资金需要，另一方面也为资金盈余者的闲置资金提供获取盈利的机会。

在货币市场上交易的金融工具，一般期限较短，最短的只有一天，最长的也不超过一年，较为普遍的是3~6个月。正因为这些工具期限短，可随时变现，有较强的货币性，所以，短期金融工具又有"准货币"之称。

货币市场就其结构而言，可分为同业拆借市场、银行承兑汇票市场、商业票据市场、大额可转让定期存单市场、回购市场、短期政府债券市场等若干个子市场。

一、同业拆借市场

同业拆借市场（inter-bank offered market），也可以称为同业拆放市场，是指金融机构之间以货币借贷方式进行短期资金融通活动的市场。同业拆借主要用于弥补短期资金

的不足、票据清算的差额以及解决临时性的资金需要。同业拆借市场交易量大，能敏感地反映资金供求关系和货币政策意图，影响货币市场利率，因此，它是货币市场体系的重要组成部分，同业拆借利率具有基准利率性质。

（一）同业拆借市场的交易原理

同业拆借市场主要是银行等金融机构相互借贷存在中央银行存款账户上的准备金余额，其目的是调剂准备金头寸。一般来说，任何银行可用于贷款和投资的资金数额只能小于或等于负债额减法定存款准备金余额。然而，在银行的实际经营活动中，资金的流入和流出是经常性且不确定的，银行时时要保持在中央银行准备金存款账户上的余额恰好等于法定准备金余额是不可能的。如果准备金存款账户上的余额大于法定准备金余额，即拥有超额准备金，就意味着银行有资金闲置，就会产生机会成本；如果银行在准备金存款账户上的余额等于或小于法定准备金余额，在出现有利的投资机会，而银行又无法筹集到所需资金时，就只有放弃投资机会，或出售资产、收回贷款等。为了解决这一矛盾，有多余准备金的银行和有准备金缺口的银行之间就有了准备金的借贷的需求。这种准备金余额的借贷活动就是传统的银行同业拆借。

随着市场的发展，同业拆借市场的参与者也开始呈现出多样化的格局，交易对象也不仅限于商业银行的准备金了。还包括商业银行相互间的存款以及证券交易商和政府拥有的活期存款。拆借的目的除满足准备金要求外，还包括轧平票据交换的差额、解决临时性、季节性的资金要求等。但它们的交易原理都是相同的。

同业拆借市场资金借贷程序简单快捷，不需要担保，是信用拆借。借贷双方可以通过电话直接联系，或与市场中介人联系，在借贷双方就贷款条件达成协议后，贷款方可直接或通过代理行经中央银行的电子资金转账系统将资金转入借款方的资金账户上，数秒钟即可完成转账程序。当借款归还时，可用同样的方式划转本金和利息，有时利息的支付也可通过向贷款行开出支票进行支付。

（二）同业拆借市场的拆借期限与利率

同业拆借市场的拆借期限通常以1~2天为限，短至隔夜，多则1~2周，一般不超过1个月，当然也有少数同业拆借交易的期限接近或达到一年的。同业拆借的拆款按日计息，拆息额占拆借本金的比例为"拆息率"。拆息率每天不同，甚至每时每刻都有变化，其高低灵敏地反映着货币市场资金的供求状况。在国际货币市场上，比较典型的有代表性的同业拆借利率有三种：即伦敦银行同业拆放利率（LIBOR）、新加坡银行同业拆借利率和香港银行同业拆借利率。

二、回购市场

回购市场是指通过回购协议进行短期资金融通交易的市场。所谓回购协议（repurchase agreement），指的是在出售证券的同时，和证券的购买商签订协议，约定在一定期限后按约定价格购回所卖证券，从而获取可用资金的一种交易行为。从本质上说，回购协议是一种抵押贷款，其抵押品为证券。

（一） 回购协议交易原理

回购协议的期限从一日至数月不等。当回购协议签订后，资金获得者同意向资金供应者出售政府债券或政府机构债券以及其他债券以换取可用的资金。一般地，回购协议中所交易的证券主要是政府债券。回购协议期满时，再用可用资金做相反的交易。从表面上看，资金需求者通过出售债券获得了资金，而实际上，资金需求者是从短期金融市场上借入一笔资金。对于资金贷出者来说，它获得了一笔短期内有权支配的债券，但这笔债券到时候要按约定的数量如数交回。所以，出售债券的人实际上是借入资金的人，购入债券的人实际上是贷出资金的人。出售一方允许在约定的日期，以原来买卖的价格再加若干利息购回该证券。这时，不论该证券的价格是升还是降，均要按约定价格购回。在回购交易中，若借款或证券购回的时间为一天，则称为隔夜回购，如果时间长于一天，则称为期限回购。

金融机构之间的短期资金融通，一般可以通过同业拆借的形式解决，不一定要用回购协议的办法。有一些资金盈余部门不是金融机构，而是非金融企业、政府机构等，它们采用回购协议的办法可以避免对放款的管制。此外，回购协议的期限可长可短，比较灵活，也满足了部分市场参与者的需要。期限较长的回购协议还可以套利，即在分别得到资金和证券后，利用再一次换回之间的间隔期进行借出或投资，以获取短期利润。

还有一种逆回购协议（reverse repurchase agreement），实际上与回购协议是一个问题的两个方面。它是从资金供应者的角度出发相对于回购协议而言的。回购协议中，卖出证券取得资金的一方同意按约定期限以约定价格购回所卖出证券。在逆回购协议中，买入证券的一方同意按约定期限以约定价格出售其所买入证券。从资金供应者的角度看，逆回购协议是回购协议的逆进行。

（二） 回购利率的决定

在回购市场中，利率是不统一的，利率的确定取决于多种因素，这些因素主要有：

（1）用于回购的证券的信用度。证券的信用度越高，流动性越强，回购利率就越低，否则，利率就会高一些。

（2）回购期限的长短。一般来说，期限越长，由于不确定因素越多，因而利率也应高一些。但这并不是一定的，实际上利率是可以随时调整的。

（3）交割的条件。如果采用实物交割的方式，回购利率就会较低，如果采用其他交割方式，则利率就会相对高一些。

（4）货币市场其他子市场的利率水平。回购协议的利率水平不可能脱离货币市场其他子市场的利率水平而单独决定，否则该市场将失去其吸引力。它一般是参照同业拆借市场利率而确定的。由于回购交易实际上是一种用较高信用的证券特别是政府证券作抵押的借款方式，风险相对较小，因而利率也较低。

三、银行承兑票据市场

在商品交易活动中，售货人为了向购货人索取货款而签发的汇票（bill of exchange），经付款人在票面上承诺到期付款的"承兑"字样并签章后，就成为承兑汇票。经购货人承兑的汇票称商业承兑汇票，经银行承兑的汇票即为银行承兑汇票。由于银行承兑汇票由银行承诺承担最后付款责任，实际上是银行对企业信用的一种保证。因此，企业必须交纳一定的手续费。在银行承兑票据中，银行是第一付款人，而出票人是第二付款人。以银行承兑票据作为交易对象的市场即为银行承兑票据市场。

银行承兑汇票产生于国际贸易中。当一笔国际贸易发生时，由于出口商对进口商的信用不了解，加之没有其他的信用协议，出口方担心对方不付款或不按时付款，进口方担心对方不发货或不能按时发货，交易就很难进行。这时便需要银行信用从中作保证。一般地，进口商首先要求本国银行开立信用证，作为向国外出口商的保证。信用证授权国外出口商开出以开证行为付款人的汇票，可以是即期的也可是远期的。若是即期的，付款银行（开证行）见票付款。若是远期汇票，付款银行（开证行）在汇票正面签上"承兑"字样，填上到期日，并盖章为凭。这样，银行承兑汇票就产生了。同时，银行承兑汇票具有贴现功能，可以利用该票据的贴现功能进行融资。目前银行承兑汇票在我国银行承兑业务中已比较普遍。

四、短期政府债券市场

短期政府债券是政府部门以债务人身份承担到期偿付本息责任的期限在一年以内的债务凭证。从广义上看，政府债券不仅包括国家财政部门所发行的债券，还包括了地方政府及政府机构所发行的证券。狭义的短期政府债券则仅指国库券（treasury-bills）。一般来说，政府短期债券市场主要指的是国库券市场。

同其他货币市场信用工具相比，国库券交易具有一些较明显的投资特征。这些特征对投资者购买国库券具有很大影响。国库券的投资特征主要是：

1. 违约风险小

由于国库券是国家的债务，因而它被认为是没有违约风险的。相反，即使是信用等级很高的其他货币市场工具，如商业票据、可转让存单等，都存在一定的风险，尤其在经济衰退时期。国库券无违约风险的特征增加了对投资者的吸引力。

2. 流动性强

流动性强是指国库券能在交易成本较低及价格风险较低的情况下迅速变现。国库券之所以具有这一特征,除了其违约风险小之外,还由于它是一种在高组织性、高效率和竞争市场上交易的短期同质工具。当然,当投资者需要资金时,究竟是出卖国库券还是通过其他手段来筹集资金,很大程度上取决于其所需资金的期限及筹集资金的机会成本问题,它包括对风险的考虑、费用等从属性交易成本及报价和出价之差额所形成的成本。

3. 面额小

相对于其他货币市场票据来说,国库券的面额较小。在美国,1970年以前,国库券的最小面额为1 000美元。1970年初,国库券的最小面额升至1 000~10 000美元,目前为10 000美元。其面额远远低于其他货币市场工具的面额(大多为10万美元)。对中小投资者来说,国库券通常是他们能直接从货币市场购买的唯一有价证券。

4. 收益免税

国库券的利息收益通常免缴所得税,而其他金融工具,如商业票据投资收益必须按照规定的税率缴税。尽管国库券的名义利率没有商业票据高,但由于税收的影响,国库券的实际收益率仍有可能高于商业票据。

五、商业票据市场

商业票据是大公司为了筹措资金,以贴现的方式出售给投资者的一种无担保承诺凭证。商业票据市场则是指商业票据交易的市场。商业票据的期限一般不超过270天,大多在20~40天。

商业票据的发行无担保,仅以信誉作保证,因此商业票据的发行者一般是规模大、信誉好的大公司,而商业银行是早期商业票据的主要购买者。商业银行在该市场起着重要作用,主要是代理发行和保管商业票据、提供商业票据发行的信用额度支持等。

持有商业票据的金融机构,在资金短缺的情况下,可以将经贴现的未到期的商业票据向中央银行进行再贴现。因此,商业票据不仅与短期资金融通有关,而且成为中央银行利用再贴现来调节信用和控制货币供应量的一个重要手段。

六、大额可转让定期存单市场

大额可转让定期存单(negotiable certificates of deposits)简称CDs,是20世纪60年代金融环境变革下金融创新的产物。由于20世纪60年代市场利率上升而美国的商业银行受Q条例的存款利率上限的限制,不能支付较高的市场利率,大公司的财务主管为了增加临时闲置资金的利息收益,纷纷将资金投资于安全性较好,又具有收益的货币市场工具,如国库券、商业票据等。这样,以企业为主要客户的银行存款急剧下降。为了阻止存款外流,银行设计了大额可转让定期存单这种短期的有收益工具来吸引企业的短期资金。这种存单形式的最先发明者应归功于美国花旗银行。

同传统的定期存款相比，大额可转让定期存单具有以下几点不同：

（1）定期存款记名、不可流通转让；而大额定期存单则是不记名的、可以流通转让。

（2）定期存款金额不固定，可大可小；而可转让定期存单金额较大（通常至少为10万美元起）。

（3）定期存款利率固定；可转让定期存单利率既有固定的，也有浮动的，且一般来说比同期限的定期存款利率高。

（4）定期存款可以提前支取，提前支取时要损失一部分利息；可转让存单不能提前支取，但可在二级市场流通转让。

大额定期存单一般由较大的商业银行发行，主要是由于这些机构信誉较高，可以相对降低筹资成本，且发行规模大，容易在二级市场流通。

第三节 资 本 市 场

资本市场（capital market）是期限在一年以上的中长期金融市场，其基本功能是实现并优化投资与消费的跨时期选择。按市场工具来划分，资本市场通常由股票市场、债券市场和投资基金市场构成。

一、股票市场

股票市场也称权益市场（equity market），因为股票是一种权益工具。股票市场的组织结构可分为一级市场和二级市场。

（一）股票的概念

股票是投资者向公司提供资本后的投资入股证明和索取股息红利的凭证，是公司的所有权凭证。股东的权益在利润和资产分配上表现为索取公司对债务还本付息后的剩余收益，即剩余索取权（residual claims）；在公司破产的情况下股东通常将一无所获，但只负有限责任，即公司资产不足以清偿全部债务时，股东个人财产也不受追究。同时，股东有权投票决定公司的重大经营决策，如经理的选择、重大投资项目的确定、兼并与反兼并等，对于日常的经营活动则由经理做出决策。

股票只是现实资本的纸质复本，它本身没有价值，但它作为股本所有权的证书，代表着取得一定收入的权利，因此具有价值，可以流通转让。但股票的转让并不直接影响真实资本的运动。股票一经认购，持有者就不能要求退股，但可到二级市场上交易变现。

（二）股票种类

按照股票持有者即股东的权利不同，股票可以分为普通股、优先股。

1. 普通股（common stock）

普通股是在优先股要求权得到满足之后才参与公司利润和资产分配的股票，是公司最一般的股票，它代表着最终的剩余索取权，其股息收益上不封顶、下不保底，每一阶段的红利数额也是不确定的；普通股股东一般有出席股东大会权、表决权和选举权、被选举权等，他们通过投票来行使权益。

普通股的价格受公司的经营状况、经济政治环境、心理因素、供求关系等诸多因素的影响，其波动没有范围限制，暴涨暴跌现象屡见不鲜。因此，普通股的投资风险较大，其预期收益率高。

2. 优先股（preferred stock）

优先股是指在剩余索取权方面较普通股优先的股票。优先股在剩余索取权上的优先性首先表现在分得固定股息并且在普通股之前收取股息，其次表现为对公司剩余资产索取的优先权。但是，优先股在对公司的控制权方面劣于普通股，优先股股东通常是没有投票权的，只是在某些特殊情况下才具有临时投票权，例如，当公司发生财务困难而无法在规定时间内支付优先股股息时，优先股就具有投票权而且一直延续到支付股息为止。又如，当公司发生变更支付股息的次数、公司发行新的优先股等影响优先股东的投资利益时，优先股股东就有权投票表决。当然，这种投票权是有限的。

由于优先股股息是固定的，因此优先股的价格与公司的经营状况关系不如普通股密切，而主要取决于市场利息率，其风险小于普通股，预期收益率也低于普通股。

（三）股票的一级市场

一级市场（primary market）也称为发行市场（issuance market），是指公司直接或通过中介机构向投资者出售新发行的股票。所谓新发行的股票包括初次发行（initial public offerings，IPO）和再发行的股票，前者是公司第一次向投资者公开出售原始股，后者是在原始股的基础上增发新的股票。

一级市场的整个运作过程通常由咨询与管理、认购与销售两个阶段构成。

1. 咨询与管理

这是股票发行的前期准备阶段，发行人（公司）须听取投资银行的咨询意见并对一些主要问题做出决策，主要包括：

（1）发行方式的选择。股票发行的方式一般可分成公募和私募两类。对于再发行的股票还可以采取优先认股权（preemptive right）方式，也称配股，它给予现有股东以低于市场价格优先购买一部分新发行的股票，其优点是发行费用低并可维持现有股东在公司的权益比例不变。

（2）选定作为承销商的投资银行。公开发行股票一般都通过投资银行来进行，投资银行的这一角色称为承销商（underwriter）。许多公司都与某一特定承销商建立起牢固的关系，承销商为这些公司发行股票而且提供其他必要的金融服务。但在某些场合，公司通过竞争性招标的方式来选择承销商，这种方式有利于降低发行费用。承销商的作用除了销售股票外，事实上还为股票的信誉作担保，这是公司试图与承销商建立良好关系的基本原因。

（3）准备招股说明书。招股说明书（prospectus）是公司公开发行股票计划的书面说明，并且是投资者准备购买的依据。招股说明书必须包括财务信息和公司经营历史的陈述，高级管理人员的状况，筹资目的和使用计划，公司内部悬而未决的问题如诉讼等。

（4）发行定价。发行定价是一级市场的关键环节。如果定价过高，会使股票的发行数量减少，进而使发行公司不能筹到所需资金，股票承销商也会遭受损失；如果定价过低，则股票承销商的工作容易，但发行公司却会蒙受损失，对于再发行的股票，价格过低还会使老股东受损。

2. 认购与销售

发行公司着手完成准备工作之后即可按照预定的方案发售股票。对于承销商来说，就是执行承销合同批发认购股票，然后转售给投资者。

（四）股票的二级市场

二级市场（secondary market）也称交易市场，是投资者之间买卖已发行股票的场所。这一市场为股票创造流动性，即能够迅速脱手换取现金。二级市场的重要作用是优化控制权的配置从而保证权益合同的有效性。

二级市场通常可分为有组织的证券交易所和场外交易市场，但也出现了具有混合特型的第三市场（the third market）和第四市场（the fourth market）。

1. 证券交易所

证券交易所（stock exchange）是由证券管理部门批准的，为证券的集中交易提供固定场所和有关设施，并制定各项规则以形成公正合理的价格和有序交易的正式组织。

2. 场外交易市场

场外交易是相对于证券交易所交易而言的，凡是在证券交易所之外的股票交易活动都可称作场外交易。由于这种交易起先主要是在各证券商的柜台上进行的，因而也称为柜台交易（over-the-counter，OTC）。

场外交易市场与证交所相比，没有固定的集中的场所，而是分散于各地，规模有大有小，由自营商（dealers）来组织交易。自营商与证交所的专营商作用类似，他们自己投入资金买入证券然后随时随地将自己的存货卖给客户，维持市场流动性和连续性，因而也被称作"做市商"（market-maker），买卖差价可以看作自营商提供以上服务的收益。

创业板市场（growth enterprise market，GEM）也称二板市场，是重要的场外交易市场，指专门协助高成长的新兴公司特别是高科技公司筹资并进行资本运作的市场。创业板市场与主板市场最重要的区别在于：

（1）经营年限相对较短，可不设最低盈利要求。

（2）股本规模相对较小。如我国深圳证交所创业板股票、上市规则要求公司股本总额不少于 3 000 万元。

（3）主营业务单一，要求创业板企业只能经营一种主营业务。

（4）必须是全流通市场。

（5）主要股东最低持股量及出售股份有限制。

（6）在某些国家的资本市场中，高新技术企业在创业板市场满两年后可申请转主板上市。

3. 第三市场

第三市场是非交易所会员在交易所以外从事在交易所上市的股票交易而形成的市场。换言之，是已上市却在证券交易所之外进行交易的股票买卖市场。这种市场在美国比较典型。

4. 第四市场

许多机构投资者，进行上市股票和其他证券的交易，完全撇开经纪商和交易所，直接与对方联系，采用这种方式进行证券交易，形成了第四市场。这种市场形式也主要在美国存在。

二、债券市场

债券市场是资本市场的另一基本形态，作为债务工具，债券与权益工具有着本质的区别，因而债券市场的特点也与股票市场有所不同。

（一）债券的概念及特征

债券是政府、公司或金融机构通过借债方式筹集资金的债务凭证。债券载明发行者在指定日期支付利息并在到期日偿还本金的承诺，其要素包括期限、面值与利息、税前支付利息、求偿等级（seniority）、限制性条款、抵押与担保及选择权（如赎回与转换条款）。这些要素使得债券具有与股票不同的特征：

1. 偿还性不同

股票一般是永久性的，因而是无需偿还的；而债券是有期限的，到期日必须偿还本金，且每半年或一年支付一次利息，因而对于公司来说若发行过多的债券就可能资不抵债而破产，而公司发行越多的股票，其破产的可能性就越小。

2. 收益获取不同

股东从公司税后利润中分享股利，而且股票本身增值或贬值的可能性较大；债券持有者则从公司税前利润中得到固定利息收入，而且债券面值本身增值或贬值的可能性不大。

3. 求偿等级不同

在求偿等级上，股东的排列次序在债权人之后，当公司由于经营不善等原因破产时，债权人有优先取得公司财产的权利，其次是优先股股东，最后才是普通股股东。

4. 限制性条款涉及控制权问题

股东可以通过投票来行使对公司控制权，而债权人一般没有投票权，但他可能要求对大的投资决策有一定的发言权，这主要表现在债务合同常常包括限制经理及股东职责的条款，如在公司进行重大的资产重组时要征求大债权人的意见；另一方面在公司破产的情况下，剩余控制权将由股东转移到债权人手中，债权人有权决定是清算公司还是重组公司。

（二）债券的种类

债券的种类繁多，按发行主体不同可分为政府债券、公司债券和金融债券三大类。

1. 政府债券

政府债券是指中央政府、政府机构和地方政府发行的债券，它以政府的信誉作保证，因而通常无需抵押品，其风险在各种投资工具中是最小的。

（1）中央政府债券。中央政府债券是财政部发行的以国家财政收入为保证的债券，也称为国债。其特点为一般不存在违约风险，故又称为"金边债券"；其次是可享受税收优惠，其利息收入可豁免所得税。国债期限一般在 3 年以上；期限在 10 年以上的称为长期国债。国债首次发行之后进入二级市场，由于其有稳定的收益并且安全性较高，是非常受欢迎的投资工具。

（2）政府机构债券。在美国、日本等不少国家，除了财政部外，一些政府机构也可发行债券。这些债券的收支偿付均不列入政府预算，而是由发行单位自行负责。有权发行债券的政府机构有两种：一种是政府部门和直属企事业单位，如美国联邦住宅和城市发展部下属的政府全国抵押协会（GNMA）；另一种是虽然由政府主办却属于私营的机构，如联邦全国抵押贷款协会（FNMA）和联邦住宅抵押贷款公司（FHLMC）。这些政府有关机构或资助企业具有某些社会功能，它们通过发行债券增加信贷资金并降低融资成本，其债券最终由中央政府作后盾，因而信誉也很高。

（3）地方政府债券。在多数国家，地方政府都可以发行债券，这些债券也是由政府担保，其信用风险仅次于国债及政府机构债券，同时也具有税收豁免特征。若按偿还的资金来源可分为普通责任债券（General Obligation Bonds）和收益债券（Revenue Bonds）两大类。普通责任债券是以发行人的无限征税能力为保证来筹集资金用于提供基本的政府服务，如教育、治安、防火、抗灾等，其偿还列入地方政府的财政预算。收益债券则是为了给某一特定的盈利建设项目（如公用电力事业、自来水设施、收费公路等）筹资而发行的，其偿付依靠这些项目建成后的营运收入。地方政府债券在美国又称为市政债券（municipal bond）。

2. 公司债券

公司债券是公司为筹措营运资本而发行的债券。公司债券不管公司业绩如何都应优先支付其固定利息，否则将在破产法的裁决下寻求解决，因而其风险小于股票，但比政府债券高。根据利息计算方式不同，公司债券可分为固定利率债券和浮动利率债券。和股票相比，公司债券支付的利息可以作为费用进行税前扣除，而股息不得扣除；债券发行的手续相对简便一些，信息披露要求也比股票低；而且债券持有人没有参与公司管理的权利，不会稀释公司股东的控制权。但是公司债券一旦发行，就形成固定的财务支出，不管公司是否盈利都必须按时支付利息，并且到期一定要偿还本金；如果公司资金充裕而债券尚未到期，提前购回已发行债券也受到限制，会付出很高的成本；在市场利率波动情况下还要承担利率风险。

公司债券按有无担保品分为有担保的公司债券和无担保的公司债券。前者以公司的不动产为担保（称为抵押债券）或以有价证券为担保（称为质押债券）；后者凭信用发行，没有抵押品或质押品。无担保的公司债券的发行在数量、利息等方面受到许多限制，一般只有信誉卓著的大公司才能发行。

3. 金融债券

金融债券是银行等金融机构为筹集信贷资金而发行的债券。在西方国家，由于金融机构大多属于股份公司组织，故金融债券可纳入公司债券的范畴。

发行金融债券，表面看来同银行吸收存款一样，但由于债券有明确的期限规定，不能提前兑现，所以筹集的资金要比存款稳定得多。更重要的是，金融机构可以根据经营管理的需要，主动选择适当时机发行必要数量的债券以吸引低利率资金，故金融债券的发行通常被看做银行资产负债管理的重要手段，而且，由于银行的资信度比一般公司要高，金融债券的信用风险也较公司债券低。

三、投资基金

投资基金是通过发行基金券（基金股份或受益凭证），将投资者分散的资金集中起来，由专业管理人员分散投资于股票、债券或其他金融资产，并将投资收益分配给基金持有者的一种集合投资制度。

投资基金的特点可以归纳成如下几个方面：

（一）规模经营——低成本

投资基金将小额资金汇集起来，其经营具有规模优势，可以降低交易成本，对于筹资方来说，也可有效降低其发行费用。

（二）分散投资——低风险

投资基金可以将资金分散投到多种证券或资产上，通过有效组合最大限度地降低非系统风险。

（三）专家管理——更多的投资机会

投资基金是由具有专业化知识的人员进行管理，特别是精通投资业务的投资银行的参与，从而能够更好地利用各种金融工具，抓住各个市场的投资机会，创造更好的收益。

（四）服务专业化——方便

投资基金从发行、收益分配、交易、赎回都有专门的机构负责，特别是可以将收益自动转化为再投资，使整个投资过程轻松、简便。

第四节 衍生金融市场

衍生金融工具又称衍生证券、衍生产品，是指其价值依赖于基本标的资产价格的金融工具，如远期、期货、期权、互换等。衍生金融市场的历史虽然很短，但却因其在融资、投资、套期保值和套利行为中的巨大作用而获得了飞速的发展。

一、金融远期市场

（一）金融远期合约的定义和特征

远期合约起源于早期的商品市场。金融远期合约是指交易双方按约定的价格买卖在未来某一确定的时间交割的一定数量的某种金融资产的合约。该种金融资产称为基础金融工具，约定的价格称为交割价格，未来确定的时间称为交割日，远期合约中同意以约定的价格购买基础金融资产的一方成为多头，同意以约定的价格出售基础金融资产的一方成为空头。在远期合约到期日，交易双方必须进行实物交割，即空头交给多头规定数量的基础金融工具，多头付给空头按约定价格计算的资金。

金融远期交易具有如下显著的特征：

（1）金融远期合约是通过现代化通讯方式在场外进行的，由银行给出双向标价，直接在银行与银行之间、银行与客户之间进行。

（2）金融远期合约交易双方互相认识，而且每一笔交易都是双方直接见面，交易意味着接受参加者的对应风险。

（3）金融远期合约交易不需要保证金。金融远期合约大部分交易都会交割。

（4）金融远期合约的金额和到期日都是灵活的，有时只对合约金额最小额度做出规定。

（二）金融远期合约的种类

金融远期合约主要有远期利率协议、远期外汇合约和远期股票合约等。

远期利率协议是买卖双方同意在未来一定时间（清算日）后，以名义本金为计算基础，在到期时由一方将协定利率与参照利率之间的差额付给另一方的协议：

远期外汇合约是指双方约定在将来某一时间按约定的远期汇率买卖一定金额的某种外汇的合约。

远期股票合约是指在将来某一特定日期按特定价格交付一定数量单个股票或一篮子股票的协议。

二、金融期货市场

20 世纪 70 年代初，西方国家出现了严重的通货膨胀，固定汇率制被浮动汇率制取代，国内外经济环境和制度安排的转变使经济活动的风险增大。这种情况反映到金融市场上就是利率、汇率和证券价格的急剧波动，原有的远期交易由于其流动性差、信息不对称、违约风险高等缺陷而无法满足人们急剧增长的需要，金融期货交易应运而生。

（一）金融期货合约的定义和特征

金融期货合约是指协议双方同意在约定的将来某个日期按约定的条件（包括价格、交割地点、交割方式）买入或卖出一定标准数量的某种金融工具的标准化协议。合约中规定的价格就是期货价格。

金融期货交易具有如下显著的特征：

（1）期货合约均在交易所进行，交易双方不直接接触，而是各自跟交易所的清算部或专设的清算公司结算。

（2）期货合约的买者或卖者可在交割日之前采取对冲交易以结束其期货头寸（即平仓），而无须进行最后的实物交割。

（3）期货合约的合约规模、交割日期、交割地点等都是标准化的，即在合约上有明确的规定，无须双方再商定。交易双方所要做的是选择适合自己的期货合约，并通过交易所竞价确定成交价格。价格是期货合约的唯一变量。

（4）期货交易是每天进行结算的，而不是到期一次性进行的，买卖双方在交易之前都必须在经纪公司开立专门的保证金账户。经纪公司通常要求交易者在交易之前必须存入一定数量的保证金，这个保证金叫初始保证金。在每天交易结束时，保证金账户都要根据期货价格的升跌而进行调整，以反映交易者的浮动盈亏，这就是所谓的盯市（mark-to-market）。

（二）金融期货合约的种类

按标的物不同，金融期货可分为利率期货、外汇期货和股价指数期货。

利率期货是指标的资产价格依赖于利率水平的期货合约，如长期国债期货、短期国债期货和欧洲美元期货。

股价指数期货的标的物是股价指数。由于股价指数是一种极特殊的商品，它没有具体的实物形式，双方在交易时只能把股价指数的点数换算成货币单位进行结算，没有实物的交割。这是股价指数期货与其他标的物期货的最大区别。

外汇期货的标的物是外汇，如美元、欧元、英镑、日元等。

（三）期货市场的功能

1. 转移价格风险的功能

在日常金融活动中，市场主体常面临利率、汇率和证券价格风险（通称价格风险）。有了期货交易后，就可利用期货多头或空头把价格风险转移出去，从而实现避险目的。这是期货市场最主要的功能，也是期货市场产生的最根本原因。

2. 价格发现功能

期货价格是所有参与期货交易的人，对未来某一特定时间的现货价格的预期。不论期货合约的多头还是空头，都会依其个人所持立场或所掌握的市场资讯，对过去的价格表现加以研究后，做出买卖委托。而交易所通过电脑撮合公开竞价形成的价格即为此瞬间市场对未来某一特定时间现货价格的平均看法。这就是期货市场的价格发现功能。市场参与者可以利用期货市场的价格发现功能进行相关决策，以提高自己适应市场的能力。

（四）期货与远期的比较

期货合约与远期合约虽然都是在交易时约定在将来某一时间按约定的条件买卖一定数量的某种标的物的合约，但它们存在诸多区别，主要有：

1. 标准化程度不同

远期合约遵循契约自由原则，合约中的相关条件如标的物的质量、数量、交割地点和交割时间都是依据双方的需要确定的；期货合约则是标准化的，期货交易所为各种标的物的期货合约制定了标准化的数量、质量、交割地点、交割时间、交割方式、合约规模等条款。

2. 交易场所不同

远期合约没有固定的场所，交易双方各自寻找合适的对象；期货合约则在交易所内交易，一般不允许场外交易。

3. 违约风险不同

远期合约的履行仅以签约双方的信誉为担保，一旦一方无力或不愿履约时，另一方就得蒙受损失；期货合约的履行则由交易所或清算公司提供担保。

4. 合约双方关系不同

远期合约由交易双方直接签订，而且由于远期合约的违约风险主要取决于交易对手的信用，因此签约前通常要对对手的信誉和实力等方面作充分的了解；期货合约的履行完全不取决于对方，只取决于交易所或清算机构，在期货交易中，交易者根本无需知道对方是谁，市场信息成本很低。

5. 价格确定方式不同

远期合约的交割价格是由交易双方直接谈判并私下确定的。期货合约的价格则是在交易所中通过公开竞价或者做市商报价确定的。

6. 结算方式不同

远期合约签订后，只有到期才进行交割清算，其间均不进行结算；期货合约则是采用每日盯市制度进行每天结算。

三、金融期权市场

（一）金融期权市场概述

1973 年芝加哥期权交易所首次把期权引入有组织的交易所交易，此后期权以其独特的魅力获得了迅猛的发展。

金融期权，是指赋予其购买者在规定期限内按双方约定的价格（简称协议价格）购买或出售一定数量某种金融资产权利的合约。按期权买者的权利划分，期权可分为看涨期权和看跌期权。凡是赋予期权买者购买标的资产权利的合约，就是看涨期权；而赋予期权买者出售标的资产权利的合约就是看跌期权。

按期权买者执行期权的时限划分，期权可分为欧式期权和美式期权。欧式期权的买者只能在期权到期日才能执行期权（即行使买进或卖出标的资产的权利）。而美式期权允许买者在期权到期前的任何时间执行期权。

按照期权合约的标的资产划分，金融期权合约可分为利率期权、货币期权（或称外汇期权）、股价指数期权、股票期权和金融期货期权等。

对于期权的买者来说，期权合约赋予他的只有权利，而没有任何义务。他可以在规定期限以内的任何时间（美式期权）或期满日（欧式期权）行使其购买或出售标的资产的权利，也可以不行使这个权利。对期权的出售者来说，他只有履行合约的义务，而没有任何权利。

当期权买者按合约规定行使其买进或卖出标的资产的权利时，期权卖者必须依约相应地卖出或买进该标的资产。作为给期权卖者承担义务的报酬，期权买者要支付给期权卖者一定的费用，称为期权费或期权价格。期权费视期权种类、期限、标的资产价格的易变程度不同而不同。

（二）期权交易与期货交易的区别

1. 权利和义务

期货合约的双方都被赋予相应的权利和义务。而期权合约只赋予买方权利，卖方则无任何权利，他只有在对方履约时进行对应买卖标的物的义务。特别是美式期权的买者可在约定期限内的任何时间执行权利，也可以不行使这种权利，期权的卖者则须准备随时履行相应的义务。

2. 标准化

期货合约都是标准化的，因为它都是在交易所中交易的，而期权合约则不一定。在美国，场外交易的现货期权是非标准化的，但在交易所交易的现货期权和所有的期货期权则是标准化的。

3. 盈亏风险

期货交易双方所承担的盈亏风险都是无限的。而期权交易卖方的亏损风险可能是无限的，也可能是有限的，盈利是有限的（以期权费为限）；期权交易买方的亏损风险是有限的（以期权费为限），盈利风险可能是无限的，也可能是有限的。

4. 保证金

期货交易的买卖双方都须交纳保证金。期权的买者则无须交纳保证金，因为他的亏损不会超过他已支付的期权费，而在交易所交易的期权卖者则也要交纳保证金，这跟期货交易一样。场外交易的期权卖者是否需要交纳保证金则取决于当事人的意见。

5. 套期保值

运用期货进行的套期保值，在把风险转移出去的同时，也把可能的收益转移出去。而运用期权进行的套期保值时，只把风险转移出去而把盈利机会留给自己。

第五节　外汇市场和黄金市场

一、外汇市场

（一）外汇市场的构成

外汇市场主要由以下机构和个人组成：

1. 外汇银行（foreign exchange bank）

外汇银行又叫外汇指定银行，是指经过本国中央银行批准，可以经营外汇业务的商业银行或其他金融机构。

2. 外汇经纪人（foreign exchange broker）

外汇经纪人是指介于外汇银行之间、外汇银行和其他外汇市场参加者之间，为买卖双方接洽外汇交易而赚取佣金的中间商。

3. 顾客

在外汇市场中，凡是与外汇银行有外汇交易关系的公司或个人，都是外汇银行的客户，他们是外汇市场上的主要供求者，其在外汇市场上的作用和地位，仅次于外汇银行。

4. 中央银行

外汇市场上另一个重要的参与者是各国的中央银行。这是因为各国的中央银行都持有相当数量的外汇余额作为国际储备的重要构成部分，并承担着维持本国货币金融稳定的职责，所以中央银行经常通过购入或抛出某种外汇来对外汇市场进行干预，目的是把本国货币汇率稳定在一个所希望的水平上或幅度内，实现本国货币政策的意图。

（二）外汇市场的交易方式

外汇市场上的各种交易可按不同的标准作不同的种类划分。若按合同的交割期限或交易的形式特征来区分，可分为即期外汇交易和远期外汇交易两大类；若按交易的目的或交易的性质来区分，那么除了因国际结算、信贷融通和跨国投资等所引起的一般商业性外汇交易以外，外汇买卖还可分成套利交易、掉期交易、互换交易、套期保值交易、投机交易以及中央银行的外汇干预交易等。

1. 即期外汇交易

即期外汇交易（spot exchange transaction），又称现汇买卖，是交易双方以当时外汇市场的价格成交，并在成交后的两个营业日内办理有关货币收付交割的外汇交易。即期外汇交易是外汇市场上最常见、最普遍的买卖形式。

2. 远期外汇交易

远期外汇交易（forward transaction），又称期汇交易，是指买卖外汇双方先签订合同，规定买卖的数量、汇率和未来交割的时间，到了规定的交割日期双方再按合同规定办理货币收付的外汇交易。在签订合同时，除交纳一定的保证金外，不发生任何资金的转移。

3. 掉期交易

掉期交易（swap），又称时间套汇（time arbitrage），是指同时买进和卖出相同金额的某种外汇但买与卖的交割期限不同的一种外汇交易，进行掉期交易的目的也在于避免汇率变动的风险。

4. 套汇交易

套汇交易是套利交易在外汇市场上的表现形式之一，是指套汇者利用不同地点、不同货币在汇率上的差异进行贱买贵卖，从中套取差价利润的一种外汇交易。不过，由于目前电讯技术的高度发达，不同外汇市场上的汇率差异日益缩小，因此，套汇交易的机会已大大减少。

二、黄金市场

（一）黄金市场的特点

黄金市场是国际金融市场的重要组成部分。黄金以其稀有的自然属性和社会属性成为财富的象征，而且作为国际间的最后支付手段，执行世界货币的职能，因此黄金市场一直是国际金融市场的一个重要组成部分。

黄金市场的地位和作用取决于黄金在货币制度中的地位和作用。在典型的金本位制下，黄金市场在金融领域中起着非常重要的作用，主要表现为通过黄金市场来稳定币值以及通过黄金自由输出入来稳定汇价两个方面。随着金本位在 20 世纪 30 年代的崩溃，黄金的货币职能大为削弱，黄金市场在金融市场中的地位也逐步下降。在战后的布雷顿森林体系中，黄金市场与金融市场的联系主要靠黄金与美元的固定比价关系来维持。1976 年，牙买加协定切断了黄金与货币的固定联系，黄金逐步丧失其货币的职能，成为贵金属商品，黄金市场恢复其商品市场的本来面目。

（二）影响黄金价格的主要因素

1. 黄金供求数量的变化

黄金供求数量的变化对黄金价格的涨跌有着直接的影响。南非是世界上供应黄金最多的国家，其黄金产量的变化对黄金价格有举足轻重的影响。另外，目前世界黄金需求量呈逐年上升趋势，使得金价呈总体上升态势，但在现实黄金市场中，黄金价格的变化，取决于实际黄金市场上供求的瞬息变化。

2. 经济周期

一般情况下，经济危机时期，人们对经济前景缺乏信心，纸币信用降低，人们会抛售纸币兑换黄金，从而刺激金价上涨。反之，在经济高涨时期，众多的投资机会吸引人们抛出黄金换取纸币进行投资，从而使黄金需求减少，金价下跌。

3. 实际利率

实际利率的高低，取决于通货膨胀率与名义利率之间的关系。当实际利率为负时，即通货膨胀率高于名义利率，利息收入不足以抵消通货膨胀所带来的损失，人们对纸币的信心降低，对黄金需求增加，金价上涨；反之，当实际利率为正时，即通货膨胀率低于名义利率，金价呈下跌趋势。

4. 外汇市场变动

如果某种货币贬值，人们会抛售该种货币而购买黄金以求保值，金价就会上涨。各国货币中主要储备货币与金价的联系更为密切，因此当主要储备货币贬值后，人们选择黄金是最好的保值手段，故金价的浮动与主要储备货币的关系很大。美元作为最主要的国际储备货币，美元汇价波动时，黄金价格就相应地波动。美元疲软，金价上扬；美元坚挺，金价稳中有降。

➤ 本章小结

1. 金融市场是以金融资产为交易对象而形成的供求关系及其机制的总和。金融资产是指一切代表未来收益或资产合法要求权的凭证，亦称为金融工具。金融资产可以划分为基础性金融资产与衍生性金融资产两大类。

2. 金融市场作为金融资产交易的机制，从整个经济运行的角度来看，它提供如下功能：资金聚敛功能、资源配置功能、经济调节功能、信息反映功能。

3. 金融市场按照不同的标准，可以有不同分类。其中货币市场、资本市场是基本分类。

4. 货币市场是期限在一年以内的金融工具交易的机制总称。货币市场的活动主要是为了保持资金的流动性，以便随时可以获得现实的货币。货币市场就其结构而言，可分为同业拆借市场、银行承兑汇票市场、商业票据市场、大额可转让定期存单市场、回购市场、短期政府债券市场等若干个子市场。

5. 资本市场是期限在一年以上的中长期金融市场，其基本功能是实现并优化投资与消费的跨时期选择。按市场工具来划分，资本市场通常由股票市场、债券市场和投资基金市场构成。

6. 衍生金融工具，又称衍生证券、衍生产品，是指其价值依赖于基本标的资产价格的金融工具，如远期、期货、期权、互换等。

7. 外汇市场的交易方式包括即期外汇交易、远期外汇交易、套汇交易、掉期交易。

➤ 关键术语

金融市场　货币市场　资本市场　衍生金融市场　初级市场　次级市场
普通股　优先股　债券　金融债券　金融期货合约　金融期权合约

➤ 思考与练习

1. 金融市场的功能有哪些？
2. 按市场标的物不同，金融市场有哪些类型？
3. 比较货币市场与资本市场金融工具的区别。
4. 货币市场的金融工具有哪些？
5. 债券按照发行主体不同，有哪些种类？
6. 从性质和特征来分析，投资基金为什么适合普通投资者投资？
7. 期权交易与期货交易的区别有哪些？

➤ **进一步学习的资源**

[1] 史建平. 金融市场学 [M]. 北京：清华大学出版社，2007.

[2] 金道夫. 金钱大帝：金融市场运作入门与揭秘 [M]. 深圳：海天出版社，2012.

[3] ［西］泽维尔·维夫斯. 金融市场中的信息和学习：市场微观结构的影响 [M]. 北京：社会科学文献出版社，2012.

[4] ［美］法尔博. 债券市场入门 [M]. 北京：机械工业出版社，2009.

CHAPTER 5

第五章　商业银行

▷ **本章导入**

　　商业银行是以获取利润为目标，以经营金融资产和负债为手段的综合性、多功能的金融企业。商业银行在金融机构中经营范围最广、规模最大、地位最重要，与我们日常经济生活联系最密切。本章主要讨论商业银行的性质与职能、商业银行的业务和商业银行经营原则。

▷ **学习本章后，你将有能力**

　■ 认识商业银行的性质和职能

　■ 弄清商业银行的基本业务

　■ 理解商业银行的信用创造原理

　■ 掌握商业银行经营原则及管理理论

第一节　商业银行的性质与职能

一、商业银行的产生和发展

（一）商业银行的产生

　　商业银行的产生与发展是与商品经济的发展紧密相连的，它随着商品生产和流通的扩大而不断发展。

　　银行的萌芽——货币经营业，最早出现在意大利的威尼斯、热那亚。早在中世纪，欧洲各国的贸易已经相当繁荣，贸易发展使得各国商人的往来大大增加，市场上的货币种类日益增多，因货币的不同造成的交易困难日益突出，为了适应这一情况，有一部分人逐渐从一般商人中分离出来，专门从事货币兑换业务。这些商人被称为货币兑换商（money dealer），他们所从事的行业称为银钱业（banking）。其主要职能有：（1）铸币及货币金属的鉴定和兑换；（2）货币保管；（3）货币汇兑。随着贸易和货币流通不断扩大，货币兑换商手中逐渐积累起大量的货币，他们为了获得更多的收益，就开始利用积累起来的暂时闲置的货币，从事一些可以获得利息收入的借贷活动，于是，古老的货币经营业就发展成为办理存款、贷款和货币汇兑的银行业，具备了银行的一些本质特征。

早期的银行——中世纪意大利威尼斯等城市出现了最早从事存款、贷款和汇兑的专业机构。但它们的贷款对象主要是政府，并具有高利贷性质，普通工商业者难以从它们那里获得贷款。因此，早期的银行不能适应资本主义工商业发展需要。

现代的商业银行——以工商业贷款为主要业务的商业银行，是随着资本主义工商业的发展而产生的。最早的现代银行——英格兰银行是于 1694 年由英国政府支持下创办的股份制银行。在资本主义生产关系的产生过程中，新生的工商业资本家不能接受高利贷性质的银行业，要求相对稳定的金融组织，提供适应资本主义经济发展需要的银行业务，现代商业银行的产生就有了客观基础。在资本主义发展较早的英国，英格兰银行的成立，标志着适应资本主义生产方式的信用制度的确立和现代商业银行的产生。

我国的银行出现较晚。尽管在历史上有过票号和钱庄的存在，但它们是具有高利贷性质的早期银行，与现代商业银行相差甚远。直到 1897 年清政府在上海设立了中国通商银行，才标志着中国现代银行业的开始。

➤ 专栏阅读与分析

现代商业银行的出现

银行最早出现在什么时候呢？语言学和词源学为我们讲述了一个关于银行起源的故事。几世纪以前，古法语"banque"和意大利语"banca"意为"板凳"或"钱币兑换桌"。历史学家发现，最早的银行家出现在 2 000 年前，他们坐在小桌子旁或在商业区的商店里，从事钱币兑换活动，帮助那些来镇上旅行的人把外国货币换成当地的货币或进行票据贴现业务，为商人提供流动资金，并从中收取手续费。

最初，这些银行家可能用他们自己的资金来完成这种兑换活动。不久以后，他们便吸引存款，从有钱的顾客那里获得贷款资金，成为银行资金的重要来源。然后，他们冒着极大的风险，但以最低每年 6%、最高每月 48% 的利率向商人、货主、地主提供贷款。早期大大小小的银行多由希腊人经营。

银行业逐渐从文明古国希腊和罗马向外传到了欧洲西部和北部。中世纪时期，由于穷人贷款的利率过高，银行业受到宗教的反对。然而，随着中世纪结束，文艺复兴的到来，银行贷款或存款主要面向比较富裕的顾客，这样就缓解了宗教对银行的反对。

随着 15、16 和 17 世纪陆地贸易线不断延伸，航海能力不断提高，世界商业中心逐渐由地中海地区转移到欧洲及大不列颠岛，在那里银行业成了主要的产业。这一时期播下了工业革命的种子。工业革命需要完善发达的金融系统，特别是采用机器化大生产需要相应扩大全球贸易来吸收工业产品，需要新的支付和信贷方式。在意大利 Medici Bank 和德国 Hochstetter Bank 的带动下，能够满足这些需要的银行迅速发展。

许多年以前，欧洲人害怕因战争、偷盗或政府没收而失去他们的财产，就把有价值的东西（比如金条、钱币）交给银行保管，所以欧洲早期银行是专门从事保管业务的。那些在海上运输货物的商人发现，把别人支付的金子或银子带在身上是很危险的，因为可能会遇上海盗或风暴，可如果放在银行里就安全多了。英国亨利八世和查尔斯一世统治时期，政府大肆收敛私人金银，导致人们把金银存入金匠商店，而金匠向这些顾客签发凭证来证明他们曾存过东西。不久，因为金匠凭证比金银携带方便，又不危险，就作为钱币开始流通。金匠也提供价值鉴定服务——现在我们称之为资产评估。顾客可以让专家鉴定金、银、珠宝及其他有价值的东西，现在许多银行仍然为顾客提供这种服务。

资料来源：彼得·S·罗斯著. 刘园等译. 商业银行管理. 北京：机械工业出版社，2001：4.

（二）商业银行的发展

英格兰银行最初的贷款是建立在真正的商业行为之上，具有自偿性、期限短、流动性强等特点。然而，随着商业银行发展，特别是第二次世界大战以后，由于商品货币关系的发展对资金的需求日益多样化，对金融服务提出了新的要求，再加上电子计算机等现代化的技术设备在商业银行的广泛应用，使得商业银行经营的内容、范围及所具有的功能都在发生深刻变化。主要表现在：银行资本越来越集中、银行国际化进程的加快、银行业务范围的综合化、金融工具的不断创新和银行业务的电子化等。过去传统的银行业务分工界限已被打破，商业银行已由原来的单一性银行逐渐发展成为多功能、综合性的"金融百货公司"。

二、商业银行的性质

商业银行作为以追求利润为经营目标的金融企业，其性质可以从三个层次来理解：

1. 商业银行是企业

对照《公司法》，设立企业的条件是：具有经营所必需的自有资本；实行独立核算、依法经营、照章纳税、自负盈亏；经营目标是追求利润最大化。商业银行具备这些条件，符合企业特征。

2. 商业银行是特殊的企业

商业银行不是一般的工商企业，具有其特殊性。一般工商企业经营的对象是有一定使用价值的商品，从事的是商品生产和流通。而商业银行经营的对象是特殊商品——货币和货币资金，从事的是金融服务；此外，商业银行是运用特殊的经营手段信用来筹集资金和分配资金，它对社会经济产生的影响要远远大于一般的工商企业。

3. 商业银行是特殊的金融企业

商业银行有别于中央银行和其他金融企业。中央银行代表国家行使货币发行和金融监管等职能，只向政府和金融机构提供服务，不以盈利为目的，其性质是国家机关；保险公司、信托投资公司其他金融企业不能吸收活期存款，只能经营指定范围内的某一类金融服务。与其他金融企业相比，能够吸收活期存款（支票存款）、创造信用货币是商业银行最明显、最根本的特征。另外，现代商业银行业务具有综合性，它可以经营一切金融"零售"业务和"批发"业务，为客户提供所有的金融服务。

三、商业银行的职能

商业银行的职能是由商业银行的性质所决定的。商业银行作为经营货币信用业务的特殊企业，在国民经济中发挥着重要的作用。其职能主要表现在：

（一）信用中介

信用中介是指商业银行通过负债业务把社会上的各种闲散货币资本集中到银行，再通过资产业务把货币资本投向社会各部门。商业银行是作为货币资本的贷出者和借入者的中介人来实现货币的融通和资本投资的，并从吸收资金的成本与发放贷款利息的差额中获得利润。

通过信用中介的职能，商业银行可以把资金从盈余单位转给赤字单位，在不改变社会货币供给的前提下，提供了扩大生产和就业的机会。

通过信用中介的职能，小额货币可以转化为巨额资本，把货币从消费领域转移到生产领域，从而扩大投资，加速社会经济的发展。

通过信用中介职能，短期资本可以转化为长期资本，在价格规律的作用下，资本由低效率的部门转移到高效率的部门，从而实现产业结构的优化。

（二）支付中介

商业银行的支付中介职能是指通过存款在不同账户间的转移，商业银行代理客户完成对货款的支付和债务的偿还；在存款的基础上，为客户兑付现金，成为企业、机关和个人的货币保管者、出纳者和支付代理人。以商业银行为中心，形成了经济生活中无始无终的支付链和债权债务关系。支付中介职能大大减少了现金的使用，节约了流通费用，并加速了资金的周转，促进了经济的增长。

（三）信用创造

商业银行利用其所吸收的存款发放贷款，在支票流通和转账结算的基础上，贷款又转化为存款。在这种存款不提取现金或不完全提取现金的前提下，存款的反复贷放会在整个银行体系形成数倍于原始存款的派生存款。当然，商业银行的信用创造受一些因素的限制，这些因素包括中央银行的法定存款准备率、全社会的现金损率、商业银行的超额准备率等。商业银行的信用创造的职能，将在本章第三节中详细说明。

（四）金融服务

商业银行联系面广，信息灵通，特别是电子银行业务的发展，为商业银行的金融服务提供了条件，商业银行的咨询服务业也就应运而生。工商企业生产和流通专业化的发展，又要求把本来属于企业的货币业务转交给商业银行，如发放工资、代理支付等。在激烈的市场竞争中，商业银行也不断地开拓服务领域，从多个角度为企业和个人提供金融服务。金融服务已成为商业银行重要的职能。

四、商业银行制度

银行制度是指银行系统在经济社会中的地位、性质、功能，及其运行机制和管理方式等。由于西方各国的工业化所经历的时间和发展程度不同，商业银行产生的条件也不同，商业银行经营的范围和特点也存在着差异。因此，从经营制度划分，商业银行可以分为职能分工型银行和全能型银行。

（一）职能分工型银行制度

职能分工型银行制度是商业银行只能从事存贷款等银行业务，而不能经营证券、保险等非银行业务的银行制度。实行这种银行制度是由于商业银行经营活动早期受"商业贷款理论"的支配而一直延续下来的。这是一种古老而又比较普遍的业务制度模式。英国是实行这种制度的代表。实行职能分工型银行制度可以保证金融业的有效竞争，防止资本的过分集中和垄断，而且有利于银行经营的集约化和降低经营风险。但随着现代商业银行的发展，这种制度的缺陷也越来越明显，它限制了商业银行的发展壮大，不利于密切商业银行与企业的关系，使商业银行的经营缺乏灵活性。

（二）全能型银行制度

全能型银行制度也称综合银行制度，是指商业银行可以经营多种金融业务的制度。其最大的特点是商业银行不仅可以从事银行业务，而且可以全面经营证券、保险、投资等其他金融业务，承担金融的全面职能。在世界各国中，实行全能型银行制度的国家最典型的有德国、荷兰和卢森堡等国家。

全能型银行制度的优点在于：

（1）商业银行可以为客户提供更为广泛的金融服务，节省客户的时间和精力，为客户提供最佳的投资机会，有利于稳定客户，扩大市场份额。

（2）可以方便商业银行与客户之间的联系，增加银行对客户的全面了解，督促客户改善经营管理，及时提供各种信用和服务。

（3）能够获得"范围经济"和"规模经济"的益处。比如利用全能银行的协同效应，可以向客户交叉销售金融产品，由此不仅可以节省运营成本，从而增加盈利，也有利于分散经营风险。

但是这种银行制度下，会出现一些规模庞大的金融机构，易形成垄断，进而导致"大而不倒"（too big to fail），给金融风险防范和处置带来新的难题。

尽管如此，全能型银行制度在国际金融市场表现出了强大的生命力。特别是20世纪90年代以来的全球银行业第五次并购浪潮的兴起，使得全球银行业不断向大型化、国际化和全能化方向发展。美国政府也在金融自由化的浪潮下，于1999年11月4日美国国会正式通过了《金融服务现代化法案》，废止了在美国实行了60多年之久的《格拉斯—斯蒂格尔法》，正式完成了银行业与证券业从分业经营到混业经营的转变。因此，全能型银行制度已经成为国际银行业的发展趋势。

我国目前是世界上少数以立法的形式保留金融分业经营的国家，这是与我国金融业的现状和市场经济发展程度相适应的。但是，随着我国金融市场的不断开放，商业银行尽快适应国际金融业发展的潮流，走向全能化经营将是必然趋势。

➤ 专栏阅读与分析

美国银行业的分业经营和混业经营变迁

20世纪30年代以前，各国政府对商业银行经营活动很少给予限制，商业银行可以经营多种业务。美国也是实行混业经营的。但是，1929~1933年的经济危机期间，美国共有一万多家金融机构宣布破产，信用体系遭到毁灭性的破坏。当时，人们普遍认为，银行、证券的混业经营是引发经济危机的主要原因，认定商业银行只适宜经营短期的商业性贷款。为了防止危机的进一步发展对金融系统造成更大范围的破坏，美国于1933年通过了《格拉斯—斯帝格尔法》，将商业银行业务与投资银行业务严格分离。规定任何以吸收存款业务为主要资金来源的商业银行，不得同时经营证券投资等长期性资产业务；任何经营证券业务的银行即投资银行，不得经营吸收存款等商业银行业务。商业银行不准经营代理证券发行、包销、零售、经纪等业务，不得设立从事证券业务的分支机构。其后，美国政府又先后颁布了《1934年证券交易法》、《投资公司法》以及《1968年威廉斯法》等一系列法案。进一步加强了对银行业和证券业分业经营的管制。英国、日本等许多国家纷纷效仿。

20世纪80年代初到90年代初期，是美国金融业的逐步融合阶段。随着金融国际化趋势的不断加强，外资银行大举进入美国的金融市场，一些发达国家的所谓综合性商业银行以先进的技术手段、良好的经营信誉、优质的金融服务以及种类繁多的金融产品对美国金融市场进行着前所未有的冲击。为了保护本国银行业的利益，确保金融市场不出现大的动荡，美国政府在1980年和1982年先后通过了《取消存款机构管制和货币控制法案》和《高恩—圣杰曼存款机构法案》等有关法律；放开了存款货币银行的利率上限，从法律上允许银行业和证券业的适当融合。

从20世纪90年代中后期开始，美国金融业开始进入完全意义上的混业经营时期。经过80年代金融改革，美国金融业分业经营的经济基础逐步消失，分业经营的制度也已经不断被现实所突破。到90年代初，国际金融业并购浪潮席卷全球。这段时间的银行业的并购浪潮大大改变了国际银行业的整体格局，并表现出不同于以往并购的一些新特点：一是银行业并购的规模、金额不断扩大；二是跨行业合并成为新的热点；三是跨国界并购越来越多。在这种国际金融环境下，美国联邦储备委员会于1997年初修改了《银行持股公司法》中的个别条例，建立更有效率的银行兼并和开展非银行业务的申请和审批程序，取消了许多对银行从事非银行业务的限制，商业银行能够更加自由地从事财务和投资顾问活动、证券经纪活动、证券私募发行以及一些其他非银行业务。更加至关重要的是，美国联邦储备委员会扩大了银行持股公司附属机构可以承销和交易证券的范围，并大大减少了可能降低这些业务收益的限制。1999年11月12日，美国总统克林顿签署了《金融服务现代化法案》，由美国创立，而后被许多国家认可并效仿的金融分业经营、分业监管的时代宣告终结。在世界范围内，混业经营呈现勃勃生机，世界商业银行进入了一个崭新的历史时期。

资料来源：杨长江，张波，王一富编著. 金融学教程. 上海：复旦大学出版社，2004：139-141.

五、商业银行的组织形式

不同国家商业银行的组织形式也有差异。商业银行的组织形式主要有单一银行制、总分银行制、控股公司制（集团银行制）、连锁银行制四种。

1. 单一银行制

单一银行制是指银行业务由各自独立的商业银行来经营，法律禁止或限制银行设立分支机构的银行制度。单一银行制仅在美国历史上比较典型。

单一银行制的优点是：（1）可以限制银行间的兼并与金融垄断，缓和竞争；（2）有利于协调商业银行与地方政府的相互关系，使商业银行更适合于本地区的需要；（3）由于不受总行的牵制，管理层次少，银行的自主性较强，灵活性较大。

单一银行制的缺点是：（1）由于限制了竞争，不利于银行规模化发展和经营效率的提高；（2）单一银行制与经济的外向化发展相矛盾，人为地形成了资本的迂回流动；

（3）单一银行制的金融创新受到限制。

作为单一银行制代表的美国，在 20 世纪 70 年代后就逐渐开始放松对银行设立分支机构的限制，1997 年后《跨州银行法案》的实施，银行设立分支机构已不存在实质性限制。只是由于历史原因，美国银行的分支机构仍然有限，银行数目众多仍是美国银行的一大特点。

2. 总分银行制

总分银行制又称为分支银行制。分支银行制是指法律允许在总行之下，在国内外设立分支机构，银行总行统管下面众多分行。目前世界各国一般都采取这种银行组织形式，其中尤以英国、德国、日本等国发展最早。比如，英国最大的四家清算银行——巴克莱银行、国民西敏士银行、米特兰银行和劳合银行均各拥有 3 000 家以上分支机构，掌握着英国 80% 以上的企业与个人存款。我国目前银行的组织形式也是如此。

总分银行制的优点是：（1）经营规模大，有利于开展竞争，并获得规模效益；（2）分支行遍布各地，易于吸收存款、调剂和充分利用资金；（3）分支银行制总体上银行数目少，便于国家直接控制和管理。缺点是：总行与分支行之间管理层级多，如果总行缺乏有效的管理制度，银行管理效率会下降。

3. 控股公司制

控股公司制又称集团银行制，是指由某一银行集团成立股权公司，再由该公司控制和收购两家以上的银行所建立的一种银行制度。从立法的角度来看，控股公司拥有银行，但实际上，控股公司往往是由银行建立并受银行操纵的。一些大银行通过控股公司把许多小银行置于自己的控制之下。银行控股公司制在美国最为流行。

设立银行控股公司制的好处在于：（1）规避限制设立分支机构的法律。在不允许设立分支机构的时期，可以通过组成银行控股公司，拥有多家银行的股权，变相设立分支机构。（2）借此进入非银行业务领域。在分业经营体制下，商业银行通过设立控股公司，收购其他非银行金融机构的股权，借此进入非银行业务领域，这不失为一种有效的方法。90% 以上的美国银行隶属于银行持股公司，而 3/4 以上的银行控股公司是单银行控股公司。通过银行控股公司，银行间接地进入了投资、信托、租赁、保险、咨询和信息服务等多种非银行金融业务领域。（3）控股公司较之于其下属企业有更高的资信，并可使用一些法律禁止商业银行使用的筹资工具，这对银行等金融机构降低筹资成本、扩大融资渠道有很大好处。目前，银行持股公司已成为银行制度中越来越重要的一种组织形式。

银行控股公司制的缺点是易于形成垄断，不利于竞争。

4. 连锁银行制

连锁银行制是指由受控于同一个企业的几个银行组成的集团。在连锁制下两家或两家以上的银行表面上都保持其独立性，但所有权则为同一企业所有。连锁银行在美国中西部较为发达，只是其重要性远不如集团银行。

➤ **专栏阅读与分析**

中国的银行业

中国的史书中较早就有了有关高利贷的描述，关于官府放贷的记载也较早，但直至唐朝才有银钱业的较多记载，如经营典质业的质库、保管钱财的柜房等。北宋时期，出现了世界上最早的纸币——交子，它以铁钱为本位，主要在四川境内流通。到明清时期，钱庄、票号先后兴起，银钱业有了较大发展。但由于中国封建社会的长期停滞，中国古老的银钱业一直未能实现向现代银行的转化。

（一）现代银行的出现和初步发展

中国出现的第一家现代意义上的银行是 1845 年英国丽如银行在广东开设的分行，此后各资本主义国家的银行相继在中国开设分行。中国自办的第一家银行则是 1887 年在上海设立的中国通商银行。该银行的设立标志着中国现代银行业的产生。中国通商银行名义上是商办的，但实际上受治政府和官僚资本控制。1904 年在北京成立的官商合办的户部银行是中国最早的中央银行。1907 年设立交通银行，同为官商合办性质，1908 年户部银行改称大清银行，1912 年改组为中国银行，仍为中央银行性质的官商银行。此后，随着民族资本主义工商业的发展，私人银行业开始有了较快发展。

国民党统治时期，中国的金融业主要为官僚资本所控制。当时主要的金融机构有：国民党直接控制的"四行二局一库"，"四行"指中央银行、中国银行、交通银行和中国农民银行，"二局"指中央信托局和邮政储蓄汇业局，"一库"指中央合作金库；官商合办的"小四行"指中国通商银行、四明银行、中国实业银行和中国国货银行；间接受官僚资本控制的、属于江浙财团的"南三行"，即浙江兴业银行、浙江实业银行和上海储蓄银行；以及号称"北四行"的盐业银行、金成银行、中南银行和大陆银行。此外，还有为数众多的中小银行。

（二）改革之前的银行体制

新中国成立之前，在共产党领导下的根据地已建立了一批银行，并发行了自己的货币。1948 年 12 月 1 日，中国人民银行在石家庄成立，同时开始发行人民币。新中国成立后，接管了国民党政府设立的国家银行和官僚资本银行，建立起以中国人民银行为主体的国家银行体系。这时的银行不是独立的企业，而是计划经济下的资金调配机构。中国人民银行只是财政部下属机构，并身兼中央银行与商业银行两重职能。

（三）银行体制的改革

从 1979 年开始，中国计划经济下的银行体制开始改革，并逐渐建立起多层次的银行体制。1979 年 2 月中国农业银行恢复，随后中国银行和中国建设银行也分别从中国人民银行和财政部分设出来。1984 年 1 月 1 日，中国人民银行正式成为中央银行，同时成立中国工商银行，负责办理原由人民银行办理的全国工商信贷业务和城镇储蓄业务。至此，原来的"大一统"银行体系转化成了由中央银行和四大专业银行（非商业银行）分立的双层银行体系。1994年，三家政策性银行正式成立，四大专业银行按照市场化经营原则开始向商业银行转变。

除四大国有商业银行外，从1986年开始，国家又陆续批准恢复或新组建了一批全国性股份制商业银行，如交通银行、招商银行等，目前共有13家。此外，在原来农村、城市信用合作社的基础上，还组建了一批农村合作银行、城市合作银行。城市合作银行后纷纷改名为城市商业银行，如北京银行、上海银行等。

同时，中国银行业对外开放的步伐加快，据银监会统计，截至2011年年底，14个国家和地区的银行在华设立37家外商独资法人银行（下设245家分行）、2家合资银行（下设7家分行）、1家外商独资财务公司。另外，26个国家和地区的77家外国银行在华设立94家分行。

资料来源：李志辉．中国银行业的发展与变迁．上海：上海人民出版社，2008：9－28.

第二节 商业银行的业务

商业银行的业务包括负债业务、资产业务和中间业务三大类。

一、负债业务

负债业务是形成银行资金来源的业务，是银行开展业务经营的基础。商业银行的负债业务主要有资本金、存款和非存款负债三类（见图5－1）。

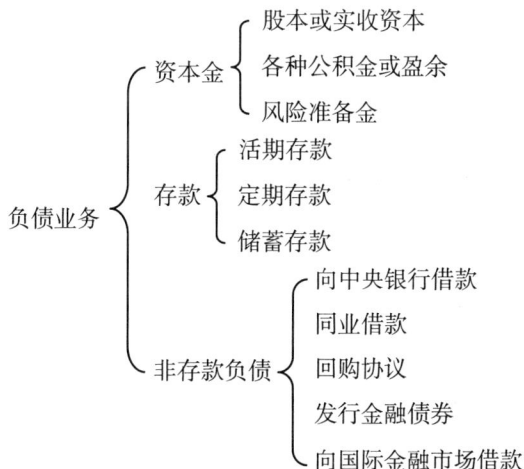

图 5－1 商业银行的负债业务

（一）资本金

商业银行资本金是银行出资者投入银行的资金和由税后留存收益转换成的投资。它代表着出资者对银行的所有权利益。资本金是商业银行得以存在的前提和基础。

商业银行资本金的构成可以有不同的分类。按资本金筹措方式，可分为产权资本（所有权资本）和债务资本。按资本形成的来源渠道，可分为外源资本和内生资本。外源资本金主要是普通股本、优先股本、资本公积的大部分和债务资本；内生资本金是商业银行通过经营活动从内部形成的盈余公积、未分配利润。按照我国银行监管部门的要求，我国银行总资本可分为核心一级资本、其他一级资本和二级资本。

1. 核心一级资本

（1）合格的实收资本或普通股：投资者按照章程或合同、协议的约定，实际投入商业银行的资本。

（2）资本公积：包括资本溢价、接受的非现金资产捐赠准备和现金捐赠、股权投资准备、外币资本折算差额、关联交易差价和其他资本公积。

（3）盈余公积：包括法定盈余公积、任意盈余公积以及法定公益金。

（4）一般风险准备：一般风险准备是根据全部贷款余额一定比例计提的，用于弥补尚未识别的可能性损失的准备。

（5）未分配利润：商业银行以前年度实现的未分配利润或未弥补亏损。

（6）少数股东资本可计入部分：在合并报表时，包括在核心资本中的非全资子公司中的少数股权，是指子公司净经营成果和净资产中不以任何直接或间接方式归属于母银行的部分。

2. 其他一级资本

（1）合格的其他一级资本工具及其溢价。

（2）少数股东资本可计入部分。

3. 二级资本

（1）合格的二级资本工具及其溢价：包括优先股、可转换债券、混合债务资本工具、长期次级债务等。

（2）超额贷款损失准备：超额贷款损失准备是指商业银行实际计提的贷款损失准备超过预期损失的部分。

（3）少数股东资本可计入部分。

4. 资本充足率

根据银监会 2012 年 6 月下发的《商业银行资本管理办法（试行）》，商业银行资本充足率不得低于最低资本要求：（1）核心一级资本充足率不得低于 5%；（2）一级资本充足率不得低于 6%；（3）资本充足率不得低于 8%。该办法自 2013 年 1 月 1 日起施行。

商业银行资本充足率计算公式：

$$资本充足率 = \frac{总资本 - 扣减项}{风险加权资产} \times 100\%$$

$$一级资本充足率 = \frac{一级资本 - 扣减项}{风险加权资产} \times 100\%$$

$$核心一级资本充足率 = \frac{核心一级资本 - 扣减项}{风险加权资产} \times 100\%$$

（二）存款业务

1. 活期存款（demand deposits）

活期存款是一般不约定期限，随时存取的一种存款形式。活期存款是银行创造存款货币的基础，它不仅有支付手段、流通手段职能，还具有流动性强、派生能力强的特征。一般情况下，银行对此规定较高的存款准备金率且把它作为经营管理重点。活期存款存取频繁，手续繁杂且成本较高，西方银行一般不支付利息，有时还收取一定额度手续费。由于活期存款使用支票提款和转账，也称为支票存款。在国外，客户与银行签订透支契约，在一定期限内可申请账户透支。在我国，活期存款通常不能透支。

2. 定期存款（time deposits）

定期存款是存入时约定期限，到期才能提取存款，或须在准备提款前若干天通知银行的一种存款形式。存款期限有3个月、6个月、9个月、1年、2年、3年、5年、10年以上不等，存期越长，利息越高。有存单形式，也有存折形式，存单不能转让，原则上不能提前支取。定期存款具有较强的稳定性、营业成本低、存款准备金率低的特点，所以资金运用率高于活期存款。

3. 储蓄存款（savings deposits）

储蓄存款是个人为积蓄货币和取得利息收入而开立的存款账户，储蓄存款又可分为活期储蓄和定期储蓄两种。活期储蓄存款，存取无一定期限，只凭存折便可提现。存折不能转让流通，存户不能透支款项。

4. 大额可转让定期存单（negotiable certificate of deposits，CDs）

大额可转让定期存单是定期存款的一种主要形式，但与前述定期存款又有所区别。可转让定期存单存款的特点是：存单面额固定，金额较大，不记姓名，利率有固定也有浮动，存期为3个月、6个月、9个月和12个月不等。存单能够流通转让，以能够满足流动性和盈利性的双重要求。

作为20世纪60年代初美国花旗银行首创的一种定期存款创新品种，可转让定期存单存款是银行为了逃避当时最高利率管制和存款准备金等规定而创设的。客户将资金按一定利率和期限存入银行取得存款单，当急需资金时可将存款单在二级流通市场上转让。美国的大额可转让定期存单期限从14天到7年不等，利率有固定或浮动两种。大额可转让定期存单有批发和零售两个市场。在零售市场，存单面额通常为10万美元以下，主要持有者是家庭和小企业。在批发市场，存单面额既有10万美元以下的，也有至少为 100 万美元面额的。这类存单的主要投资者是大公司和货币市场共同基金。在批发市场发行面额 10 万美元以下的大额可转让定期存单一方面是为了获得最高的当时利率，另一方面是大额可转让定期存单的最高保险额为 10 万美元，以此保证安全性。[①]1986 年我国交通银行首次发行大额可转让定期存单，但由于无转让市场，只是在高利率方面吸引了一部分投资者，在利率上的优势消失后，它就只作为一种定期存单存在了。1997 年，人民银行决定取消大额可转让定期存单业务。

5. 可转让支付命令存款账户（negotiable order of withdrawal accounts，NOWs）

可转让支付命令存款账户最初是美国储蓄机构面向个人和非盈利机构开立的一种使用可转让支付命令进行支付和提现的存款账户。该账户最早出现于 20 世纪 70 年代初，当时存款利率管制较严，活期存款账户不付利息但可以使用支票，储蓄存款账户有利息但不允许使用支票。为规避管制，争取客户，1972 年 5 月马萨诸塞州的武斯特消费者储蓄银行第一个创立了这种账户。该账户类似于活期帐户，但实际上却是定期存款账户。但若要付款或转帐，不是使用一般的支票，而使用可转让支付命令。该支付命令既可用来提现也可背书转让，作用无异于支票。NOW 账户兼有传统的支票存款的方便性和储蓄存款的获利性特点，对客户吸引力很大，成为银行吸收存款的一种新途径。NOW 账户最初仅限于储蓄银行开立，20 世纪 80 年代后随着金融管制放松，美国所有的存款机构都可向办理该业务。

6. 自动转账服务存款账户（automatic transfer service accounts，ATS）

这一账户与可转让支付命令存款账户类似，是在电话转账服务基础上发展而来。发展到自动转账服务时，存户可以同时在银行开立两个账户：储蓄账户和活期存款账户。银行收到存户所开出的支票需要付款时，可随即将支付款项从储蓄账户上转到活期存款账户上，自动转账，即时支付支票上的款项。

（三）非存款负债业务

1. 同业拆借

同业拆借是商业银行等金融机构之间的一种短期融资行为。包括拆入行和拆出行，其中对拆入行而言是负债业务。同业拆借具有以下特点：

（1）借款手续简便。借款可通过电话或电讯进行，拆出行通知中央银行将款项从其准备金账户转入到拆入行的账户，中央银行借记拆出行账户，贷记拆入行账户即可。通常借方无须向拆出方提供担保，甚至无须签书面协议，但期限较长的拆借，则以金融工具作抵押，一般要签书面协议。

（2）金融企业之间的借贷，安全性高。参与同业拆借的交易者都是银行、非银行金融机构，这些金融机构都是被中央银行批准从事金融活动的，信誉有保证，安全性高。

---

① 这里主要参考了《新帕尔格雷夫货币金融大辞典》（第一卷）第 324 页的词条"大额可转让定期存单"。

（3）拆借期限短。同业拆借的主要目的是为了弥补准备金头寸、联行汇差头寸不足，及解决短期或临时性周转资金需要。因此期限很短，少则数日，甚至一天或隔夜（俗称隔夜拆），多则不超过 4 个月。

（4）不必交法定存款准备金，降低银行借款成本，增加银行可用资金。

（5）拆借利率随行就市，由交易双方按市场资金供求状况自行决定，一般高于同期限同档次的存款利率，略低于向央行借款利率，比较灵敏反映市场资金供求状况的变化。

2. 回购协议

回购协议指证券持有人出售一笔证券获得资金的同时，与买方约定一定期限后按约定价格重新购回此笔证券的融资活动。

回购协议的目的与同业拆借一样，对出售方银行来讲，是为了弥补头寸短缺，或满足临时性资金周转需要，但所持证券是收益率高、长期投资的上好选择，所以，约定回购。对购买者而言则是利用暂时富余资金进行短期投资，待期限一到再卖出，获得收益。回购协议以有价证券作担保，借期可协商确定，所以是一种灵活性强、风险较低的融资渠道。

回购协议期限一般较短，从几日到几个月，最长不超过一年，有证券作担保，风险小于同业拆借，所以利率小于同业拆借利率。

3. 向中央银行借款

中央银行作为银行的银行，肩负着向银行提供最后贷款的责任，当银行在资金周转、调度过程中，发生临时性资金不足的困难时，向中央银行借款融通。向中央银行借款是银行获得资金来源的重要渠道，随着市场经济和金融市场的不断发展，银行的融资渠道、融资手段都在不断增多，但向中央银行借款仍是银行扩大信用能力，保证支付的最后手段。再贷款和再贴现是商业银行向中银央行借款的两种形式。在西方国家，票据市场很发达，主要是再贴现的形式；而在票据市场不发达的国家，则主要以再贷款为主，我国就是如此。

4. 发行金融债券

发行金融债券是银行长期借款的主要形式。在西方国家期限有 10~30 年，可将这种长期债券视为资本金。美国规定，发行长期债券的总额不得超过全部资本额加50%的累积盈余之和，20 世纪80年代美国长期债券额占资本金总额的比例约为25%。

银行发行金融债券具有以下特点：

（1）筹措资金稳定可靠。金融债券的期限在发行前就有明确约定，投资人不能提前抽回本金。所以银行筹措的资金具有较高稳定性，属于长期资金来源。

（2）银行具有主动性。发行金融债券规模、期限取决于发行银行，发行银行可主动控制，而存款则主要取决于存款人意愿，银行处于被动的地位。

（3）有较高的流动性。金融债券是一种无记名债券，信用又高，在到期前，可进入市场流通转让，具有较高的流动性。

（4）利率高于同期存款利率。金融债券的利率有固定也有浮动，不受政府对存款最高利率的限制，银行筹资成本较高。

（5）无需缴纳法定存款准备金，具有资金可用率较高的特点。

二、资产业务

资产业务是商业银行运用资金，获取经营收入的业务。按资金的运用方式划分，商业银行的资产业务可分为贷款、贴现、证券投资。

（一）贷款业务

贷款是商业银行最基本的资产业务，是商业银行的传统核心业务。目前，西方国家商业银行贷款在资产业务中的占比为50%左右，我国商业银行通常占比在80%左右。商业银行贷款业务，按照不同的标准有不同的分类。

按照期限划分，可以分为短期贷款、中期贷款、长期贷款。

按照贷款保障程度划分，可以分为信用贷款、担保贷款。担保贷款又包括抵押贷款、质押贷款、保证贷款三种。

按照贷款偿还方式划分，可以分为一次性偿还贷款和分期偿还贷款。

按照发放贷款的自主性程度划分，可以分为自营贷款、委托贷款、特定贷款。

按照贷款的质量和风险程度划分，可以分为正常贷款、关注贷款、次级贷款、可疑贷款和损失贷款。

（二）贴现

贴现是商业银行对企业提交的未到期并经承兑的商业汇票扣除一定的利息之后，给付一定额度资金的融通行为。从商业汇票的持票人来讲，贴现是以未到期的票据向银行贴付利息，取得现款的经济行为。票据贴现不仅仅是一种票据买卖行为，它实质上是一种债权债务关系的转移。贴现是银行贷款的一种特殊方式。

贴现与其他贷款方式相比，在贷款对象、还款保证、收息方式、管理办法等方面具有不同的特点：

（1）它是以持票人作为贷款的直接对象。其他贷款一般是以购货企业（付款人）为贷款对象，而票据贴现的贷款对象是持票人。

（2）它是以票据承兑人的信誉作为还款保证。贴现的票据一般要求经过承兑，而承兑人是票据的第一付款人，因而，承兑人的信誉就作为贴现的还款保证，并且银行对贴现申请人和出票人留有追索权。

（3）它是以票据的剩余期限为贷款期限。贴现的期限是从申请贴现之日起到票据到期日为止，期限较短。而其他贷款的期限都比较长。

（4）实行预收利息的方法。一般情况下，贴现票据之后银行与贴现申请人就没有联系了，所以银行在办理贴现业务时要预先扣除贴现利息。而银行发放贷款时，无论采取何种计息方法，都是在贷款发放之后收取利息。

贴现利息是持票人以未到期承兑汇票向银行申请贴现，银行同意给予现款，但银行要根据贴现率和承兑汇票的剩余天数，计算并从汇票金额中先行扣收一部分款项，这部分被从承兑汇票金额中扣收的金额就是贴现利息。实付贴现金额（贴现净额）是指汇票票面金额减去应付贴现利息后的净额，即汇票持有人办理贴现后实际得到的款项金额。按照规定，贴现利息应根据票面金额、贴现率、贴现天数计算求得。

用公式表示即为：

$$贴现利息 = 票面金额 \times 贴现率 \times 贴现期$$
$$贴现净额 = 票面金额 - 贴现利息$$

例如：汇票金额 10 000 元，到期日 2006 年 7 月 20 日，持票人于 4 月 21 日向银行申请贴现，银行年贴现利率 3.6%，则贴现利息 = 10 000 × 90 × 3.6% / 360 = 90（元），贴现净额 = 10 000 - 90 = 9 910（元），银行在贴现当日付给持票人 9 910 元，扣除的 90 元就是贴现利息。（注意：年利率折算成日利率时一年一般按 360 天计算，故要除以 360）

贴现利率一般要比贷款利率低得多，而且贴现的办理手续比贷款简单，能满足企业资金急需时的融资要求，汇票也具有较高的流通性，银行也比较愿意办理贴现业务。

（三）证券投资业务

证券投资业务是指商业银行通过买卖有价证券，从中获得利益的经营活动。银行购买有价证券主要是为了盈利，其次是为了分散风险，并保持资产流动性。银行证券投资的对象主要是政府债券、金融债券（包括中央银行票据）。

三、表外业务与中间业务

表外业务（off-the-balance-sheet Activities）是指商业银行所从事的，按照现行的会计准则不计入资产负债表内，不形成现实资产负债，但能改变损益的业务。狭义的表外业务是指那些未列入资产负债表，但同表内资产和负债业务关系密切，并在一定条件下会转变为表内资产或表内负债业务的经营活动，它们通常被称为或有资产和或有负债，在会计报表的附注中予以揭示。广义的表外业务除了包括狭义的表外业务，还包括结算、代理、咨询等无风险的经营活动，所以广义的表外业务是指商业银行从事的所有不在资产负债表内反映的业务。按《巴塞尔协议》的要求，广义的表外业务可分为两大类：一是或有债权/债务，即狭义的表外业务。包括贷款承诺、担保、金融衍生工具、投资银行业务等。二是金融服务类业务，包括：信托与咨询服务、支付与结算、代理人服务、与贷款有关的服务（如贷款组织、贷款审批、辛迪加贷款代理等）、进出口业务

（如代理行服务、贸易报单、出口保险业务等）。

商业银行中间业务是指信用业务以外的、商业银行不运用自己的资金，通过替客户办理支付和其他委托事项而收取手续费的业务，不会形成债权债务关系。中间业务是我国的一种称谓。

中间业务和表外业务都是银行业务中不计入资产负债表的项目，二者有的业务也不占用银行的资金，银行在当中充当代理人或受托人的身份；收入来源主要是服务费、手续费、管理费等。一般而言，广义的表外业务包括了中间业务（无风险的表外业务），狭义的表外业务就是有风险的表外业务。因此，中间业务更多地表现为传统的业务，而且风险较小或无风险；表外业务则更多地表现为创新的业务，风险较大，这些业务与表内的业务一般有密切的联系，在一定条件下可以转化为表内业务。

第三节 商业银行的信用创造原理

一、原始存款与派生存款

商业银行的经营活动对货币运行有极为重要的影响，这首先是因为商业银行机构多，规模大，业务广泛，是整个货币运行的最主要载体；其次，商业银行办理活期存款（支票存款），具有创造货币的功能，这被称为商业银行的存款创造，即当银行初始吸收了一笔现金存款后，经过其贷款业务经营，最终会创造出数倍于初始存款量的存款。

原始存款是指银行吸收的现金存款或中央银行对商业银行贷款所形成的存款。派生存款是指由商业银行发放贷款、办理贴现或投资等业务活动引申而来的存款。派生存款产生的过程，就是商业银行吸收存款、发放贷款，形成新的存款额，最终导致银行体系存款总量成倍增加的过程。

二、存款货币创造的条件及基本原理

（一）存款货币创造的条件

存款的初始增加要引起多倍的派生存款创造，需要具备两个基本条件，即部分准备金制度和非现金结算制度。

1. 部分准备金制度

部分准备金制度即国家以法律形式规定存款机构的存款必须按一定比例，以在中央银行存款形式留有准备的制度。对于吸收进来的存款，银行必须按一定比例提留存款准备,其余部分可以用于放款。如果是全额准备制度下,则根本排斥银行用所吸收的存款去发放贷款的可能性,银行就没有创造存款的可能。所以,部分准备金制度是银行创造信用的基本前提条件。

2. 非现金结算制度

非现金结算制度使人们能通过开出支票进行货币支付,银行之间的往来进行转账结算,无须用现金。如果不存在非现金结算,一切贷款都必须付现,则不存在派生存款,银行没有创造信用的可能。

(二)存款货币创造的原理

在说明商业银行体系创造信用时,我们假定:(1)银行的客户将其全部货币收入都存入银行,而不提取现金;(2)银行按照法定的存款准备金比率提取存款准备金,不保留超额准备金。设法定存款准备金比率为20%。

假设甲银行接收了客户 A 的现金存款 10 000 元。它必须按照规定提取现金准备 2 000 元,以应付客户提现的需要,其余 8 000 元则为可贷出部分。经过接受存款和发放贷款这两次交易以后,甲银行的资产负债情况如表 5 - 1 所示:

表 5 - 1　　　　　　　　甲银行的资产负债表　　　　　　　　单位:元

资　产		负　债	
准备金	2 000	客户 A 活期存款	10 000
贷款与投资	8 000		
总　计	10 000	总　计	10 000

假定甲银行将 8 000 元贷给客户 B,B 以此向 C 购买商品,C 将收到的 8 000 元存入乙银行。乙银行在保留20%的准备金,即 1 600 元后将其余的金额全部贷出,乙银行的资产负债情况如表 5 - 2 所示:

表 5 - 2　　　　　　　　乙银行的资产负债表　　　　　　　　单位:元

资　产		负　债	
准备金	1 600	客户 C 活期存款	8 000
贷款与投资	6 400		
总　计	8 000	总　计	8 000

假定乙银行将 6 400 元贷给客户 D,而 D 又全部用来购买 E 的商品,E 将收到的 6 400 元全部以活期存款的形式存入丙银行,丙银行依法留出20%即 1 280 元,并将其余的 5 120 元全部贷出,此时丙银行的资产负债情况如表 5 - 3 所示:

表5－3 　　　　　　　　　丙银行的资产负债表 　　　　　　　　　单位：元

资　　产		负　　债	
准备金	1 280	客户 E 活期存款	6 400
贷款与投资	5 120		
总　计	6 400	总　计	6 400

丙银行将 5 120 元贷给 F，F 又用于购买……这一存款、贷款过程可以无限地继续下去。从整个银行体系来看，会形成数倍于原始存款的派生存款额（见表 5－4）。

表5－4 　　　　　　　　　整体银行体系的派生过程 　　　　　　　　　单位：元

存款转存次数	存款账户余额	存款准备金（20%）	银行可发放贷款余额
甲银行（第一次）	10 000	2 000	8 000
乙银行（第二次）	8 000	1 600	6 400
丙银行（第三次）	6 400	1 280	5 120
……	……	……	……
总　计	50 000	10 000	40 000

上述原始存款、派生存款总额、法定准备金率之间的数量关系，可以用公式表示如下：

$$D = B \cdot \frac{1}{r_d} \tag{5.1}$$

D 表示包括原始存款在内的派生存款总额；B 表示原始存款；r_d 表示法定存款准备金率。其中 $1/r_d$ 是存款扩张乘数。前面例子中，存款扩张乘数是 5 倍（1/20%），原始存款额为 10 000 元，理论上可计算出包括原始存款在内的派生存款总额为 50 000 元。其中，40 000 元为派生存款增加额。若 r_d 降为 10%，则存款乘数扩张至 10 倍；若 r_d 提高到 25%，则存款乘数缩减到 4 倍。显然，存款准备金率越高，存款扩张的倍数越小；反之，存款准备金率越低，存款扩张的倍数越大。

现在来看存款收缩的过程。前面的假定不变，甲银行原来的资产负债情况如表 5－5所示：

表5－5 　　　　　　　　　甲银行原来的资产负债情况 　　　　　　　　　单位：元

资　　产		负　　债	
准备金	20 000	客户 A 活期存款	10 000
贷款与投资	80 000	其他活期存款	90 000
总　计	100 000	总　计	100 000

若客户 A 动用在甲银行的存款 10 000 元，那么甲银行的准备金和活期存款各减少 10 000 元，这样其准备金率下降，低于法定准备金率，为此甲银行必须收缩贷款来恢复到法定准备金率。甲银行以现有的活期存款 90 000 元，应保持 18 000 元的准备金，而准备金只有 10 000 元，尚缺 8 000 元需补足。假设甲银行向客户 B 收回贷款 8 000 元，这样资产方贷款少了 8 000 元，而准备金增加了 8 000 元，准备金比率恢复到 20% 的法定准备金率。此时甲银行的资产负债情况如表 5 – 6 所示：

表 5 – 6　　　　　　　　　甲银行的资产负债情况　　　　　　　　单位：元

资　　产		负　　债	
准备金	18 000	活期存款	90 000
贷款与投资	72 000		
总　计	90 000	总　计	90 000

如果甲银行准备金所增加的 8 000 元是客户 B 从乙银行提款来偿还甲银行贷款所造成的，那么乙银行也将减少贷款来达到法定存款准备金率要求。这样，与存款扩张的过程相对称，经过各银行的辗转提存，存款将以几何级数减少。即最终存款减少额为最初减少额的 $1/r_d$ 倍。

三、制约存款货币创造的因素

整个商业银行体系创造存款货币的能力并不是无限的，这是因为存款货币的创造，不仅要受法定准备率的制约，而且还要受现金漏损率、超额准备率等因素的影响。

（一）法定存款准备率对存款货币创造的制约

中央银行规定法定存款准备率的目的，就是要限制商业银行创造存款货币的能力。例如，在法定准备率为 10% 的情况下，商业银行吸收 20 万元的活期存款，则必须至少保持 2 万元的法定准备金，其他部分才能用于放款。设 K 为商业银行体系创造存款的乘数，则 $K = 1/r_d$。所以，整个商业银行体系创造存款货币的数量受法定准备率的制约，其倍数与存款准备率是一种倒数关系。

（二）现金漏损率对存款货币创造的制约

前面假定，银行的存款中无提取现金的现象，实际上这在现实生活中并不存在，多数存款户总会有提现行为，即现金漏损。所谓现金漏损，是指银行存款中的提现现象，即总有一部分存款被客户以现金形式提取，流出银行系统。现金漏损与活期存款总额之比称为现金漏损率，也称提现率，一般以 c 来表示。这个比率高，说明流出银行的现金就多，银行系统的现金储备相应减少，所创造的派生存款也相应减少。反之，提现率较低，说明流出银行的现金较少，银行系统的现金储备也较多，所创造的派生存款就相对多些。所以，现金漏损率对商业银行存款货币创造的制约与法定准备率具有同等的影响，是制约商业银行信用创造能力的一个重要因素。当把现金漏损问题考虑进去后，商业银行体系创造存款的扩张乘数公式可以修正为：

$$K = \frac{1}{r_d + c} \tag{5.2}$$

（三）超额准备率对存款货币创造的制约

为安全和应付意外之需，银行实际拥有的存款准备金总是大于法定准备金的，这种差额称为超额准备金。超额准备金与活期存款总额的比率，称为超额准备率，一般用 r_e 来表示。

超额准备率的变化对商业银行信用创造的影响，同法定准备率和现金漏损率具有同等作用。如果超额准备率提高，则银行信用扩张的能力缩小；如果超额准备率降低，则银行信用扩张的能力提高。当再把超额准备金的因素考虑进去后，商业银行体系创造存款的扩张乘数公式可以进一步修正为：

$$K = \frac{1}{r_d + c + r_e} \tag{5.3}$$

（四）定期存款准备金对存款货币创造的制约

在商业银行的存款中，既有企业等经济行为主体持有的活期存款，也有其持有的定期存款。当活期存款被转为定期存款时，银行对定期存款（D_t）也要按一定的法定准备率（r_t）提取准备金。定期存款（D_t）同活期存款（D_d）也会保持一定的比例关系，当令 $t = D_t/D_d$ 时，则：

$$r_t \cdot D_t/D_d = r_t \cdot t \tag{5.4}$$

由于按 $r_t \cdot t$ 所提取的准备金是用于支持定期存款所需要的，尽管它仍保留在银行手中，但它却不能去支持活期存款的进一步创造，故 $r_t \cdot t$ 对活期存款乘数 K 的影响，可视同为法定存款准备率的进一步提高。因此，对商业银行体系创造存款的扩张乘数公式，又可进一步修正为：

$$K = \frac{1}{r_d + c + r_e + r_t \cdot t} \tag{5.5}$$

以上只是分析了存款货币创造过程中若干可测性因素对存款乘数 K 的影响，但就实际情况来说，银行能否多贷，不仅取决于银行的意愿，还要看企业是否需要贷款。在经济停滞和预期利润率下降的情况下，即使银行愿意多贷，企业也可能不要求贷款，从而可能的派生存款规模并不一定能够实现。

第四节　商业银行的经营原则与管理

一、商业银行的经营原则

商业银行作为经营货币信用业务的特殊企业，要生存发展，就要以追求利润为核心目标，但必须以保证自身经营安全为前提，同时，还必须保持资产负债的流动性。因此，商业银行必须以满足上述要求为基本经营原则，即讲求安全性、流动性和盈利性三者的统一。

（一）安全性原则

1. 安全性原则的内涵

安全性是指商业银行的资产、收入、信誉以及所有经营和生存发展条件免遭损失的可靠性程度。

商业银行之所以必须坚持安全性原则，是因为商业银行的经营与一般工商企业经营不同，其自有资金比重很低，主要依靠吸收客户存款或对外借款来开展经营。而在资金运用过程中，由于种种原因，存在着信用风险、利率风险等诸多风险，如果本金和利息不能按时足额收回，必然会削弱乃至丧失银行的清偿力，危及银行本身的安全。严重者可能会导致商业银行的破产倒闭，甚至会破坏整个国民经济的正常运转。因此，对于商业银行经营管理来说，坚持安全性原则具有重要意义。

2. 影响银行安全性的因素

影响商业银行安全性的因素主要来源于商业银行的风险。主要有以下几个方面：

（1）信用风险。信用风险是银行面临的最主要风险，是指银行客户或交易对手无力履约而给银行带来的资金损失风险。

（2）流动性风险。流动性风险是指银行缺乏足够的现金应付客户提款要求或正常借款需求而给银行带来损失的可能性。流动性风险是银行高负债经营条件下所面临的一项特有风险。

（3）市场风险。市场风险是指由于金融市场的一些重要变量如利率、汇率等变动使银行资产和负债的头寸面临损失的风险。

（4）操作风险。操作风险是由于商业银行内部控制、信息系统缺陷及公司治理机制失效而造成的风险。

（二）流动性原则

1. 流动性原则的内涵

流动性是指商业银行能够随时应付客户提存、满足必要贷款需求的能力。包含两层含义：一是资产的流动性，就是商业银行的全部资产能够随时得到偿付或者在不发生损失的前提下迅速变现的能力；二是负债的流动性，即商业银行能够根据需要以较低的成本随时获得资金的能力。商业银行经营初期的流动性，主要是指资产的流动性，随着负债管理理论的发展，负债的流动性对商业银行业务经营越来越重要，商业银行也开始重视负债流动性的管理。

2. 坚持流动性原则的必要性

商业银行保持必要的流动性，源于其资金来源的性质和业务经营的特点。

（1）从商业银行的资金来源来说，绝大部分是客户的存款，存款是以能够按时提取和随时开出支票保证支付为前提的，具有不稳定性。为此，商业银行必须保持较高的流动性，以满足客户随时提取存款的需要。

（2）从商业银行业务经营特点来说，存款的不断存取，形成了一个相对稳定的余额，商业银行可以用于发放贷款和投资。但由于存款的存取和贷款的需求，完全取决于客户的意愿，带有很大的不规则性，商业银行很难做出准确的判断。为此，商业银行就必须从资产和负债两个方面均保持一定的流动性，以满足客户对存款和贷款的需求。

（三）盈利性原则

1. 盈利性原则的意义

追求利润最大化是商业银行经营目标，是否盈利及盈利水平的高低是评价和衡量商业银行经营效益的基本标准。盈利能力越强，获利水平越高，从而增强商业银行的实力，提高商业银行的信誉和抗风险的能力。

2. 影响商业银行盈利的主要因素

从业务经营管理来讲，影响商业银行盈利的主要因素有：

（1）资产损益。商业银行盈利主要来自盈利性资产的收益。因此，资产的收益是决定或影响银行盈利的首要因素，而银行资产收益的高低取决于盈利性资产的规模、结构和银行利率水平等因素。同时，银行经营过程中的风险又可能造成资产的损失。

（2）资金成本。商业银行为了取得资金必须付出一定的代价，即银行资金成本。银行资金成本由两部分组成：利息成本和非利息成本。利息成本是直接支付给资金提供者的报酬；非利息成本则是银行围绕组织资金而花费的各项业务开支。因此，商业银行应采取措施控制资金成本，保证银行利润的实现。

（3）其他业务收入。随着商业银行经营范围的不断扩大，商业银行除了传统的贷款、投资业务收入外，各项中间业务、表外业务收入在商业银行经营收入中的比重不断提高，已经成为影响商业银行盈利水平的一个重要因素。

（四）"三性"原则的关系及其协调

安全性、流动性和盈利性是商业银行经营管理过程中必须严格遵守的三个重要原则。从根本上讲"三性"原则是统一的，但在实践中"三性"原则又是相互矛盾的。因此，正确处理和协调"三性"原则之间的关系是现代商业银行经营管理的核心问题。

1. "三性"原则的关系

安全性、流动性、盈利性原则之间存在着密切的关系。其中，安全性是前提，只有保证银行资金安全无损，才能保证流动性和盈利性的实现；流动性是条件和保证，只有保证银行资金足够的流动性，实现正常周转，银行的各项业务活动才能顺利进行；盈利性是总目标，只有实现一定的盈利，商业银行才能不断增强自身的实力，为商业银行经营规模的不断扩大创造条件。

（1）"三性"原则的统一性。首先，安全性与流动性之间具有统一性。流动性越强的资产，其安全性越高；反之，流动性弱的资产，风险越大，其安全性越差。其次，安全性与盈利性之间也具有统一性。从银行经营目标要求来看，要增加盈利，必须以安全经营为前提，如果出现资金的大量损失，必然会影响到银行的盈利水平，甚至会威胁到银行的生存；同时，银行盈利水平的提高，使银行的经营实力增强，抗风险的能力也必然增强，这就为银行的安全经营创造了物质条件。

（2）"三性"原则的矛盾性。首先，在银行经营实践中，安全性与盈利性之间存在矛盾。安全性要求商业银行扩大现金资产，减少高风险、高盈利资产，而盈利性则要求商业银行尽量减少现金资产，扩大盈利性资产。其次，流动性与盈利性之间的矛盾。流动性强的资产如现金资产和在中央银行存款比重越大，银行的支付能力就越强，但盈利能力就越低；反之，流动性弱的资产，盈利水平则较高。这种矛盾关系要求商业银行管理者必须对"三性"原则进行协调。

2. "三性"原则关系的协调

协调三原则之间的关系，主要体现在商业银行资产负债业务的经营管理过程中。正确的做法是：在对资金来源和资产规模及各种资产的风险、收益、流动性进行全面预测和权衡的基础上，首先考虑安全性，在保证安全的前提下，围绕流动性加强银行的经营管理，增强资金实力，提高服务质量，只有这样，才能很好地实现安全性和盈利性相结合的目标。

二、商业银行业务管理

商业银行在做好业务经营的同时，还必须加强业务管理，商业银行业务管理的内容包括资产负债管理、流动性管理和风险管理。

（一）资产负债管理

商业银行资产负债管理包括资产负债管理理论和资产负债管理方式。

1. 资产负债管理理论

资产负债管理理论是商业银行资产负债管理实践的指导思想。商业银行资产负债管理理论是随着银行实力的变化和经济、金融、法律环境的变化而不断发展的。资产负债管理理论经历了资产管理理论、负债管理理论和资产负债综合管理理论三个阶段。

（1）资产管理理论。资产管理理论是以商业银行资产的流动性为管理重点的传统管理思想。认为银行业务管理的重点是如何把所筹集到的资金恰当地分配在现金、证券投资、贷款、贴现等银行资产上，以实现"三性"的统一。该理论主要流行于20世纪60年代以前商业银行经营的初级阶段。主要经历了商业贷款理论（真实票据论）、资产转换理论、预期收入理论几个发展阶段。

（2）负债管理理论。负债管理理论是以负债为经营重点来解决银行流动性和盈利性之间矛盾的管理思想，其理论核心是主张银行向金融市场借入资金来保持流动性，以扩展资产，增加银行收益。该理论产生于20世纪60年代以后，西方各国经济快速增长，金融创新工具不断丰富的背景下。其代表性理论主要是购买理论和销售理论。

（3）资产负债综合管理理论。资产负债综合管理理论是20世纪70年代末80年代初西方商业银行开始采用的银行业务管理的基本思想。该理论在总结资产管理和负债管理的经验教训，结合现代商业银行经营环境变化的基础上，形成比较系统、科学的银行经营管理方法，它代表了国际商业银行经营管理的先进水平。资产负债管理理论认为，银行的经营管理不能偏重于某一方面，有效的银行管理应该是根据经济情况的变化，通过资产结构和负债结构的共同调整，通过资产、负债两方面的统一协调管理，才能实现经营总方针的要求，达到预定的经营管理目标。

2. 资产负债管理方式

资产负债管理的目的在于形成一种经营战略，并采取措施将银行的资产负债表整合成一个整体，使之实现"三性"原则的要求。

（1）利率套期保值。在资产负债管理战略实施过程中，银行面对的最难对付的、对净收益影响最大的就是利率风险。因为利率变化改变了银行的资产和负债的价值，也改变了银行的净值，从而影响着银行的资产负债表和损益表。因此，防范利率风险的目标在于银行的收益在扣除税收和其他成本开支后的净收益免受利率波动的侵蚀。其基本管理战略就是采用利率套期保值。通常采用的方式是利率敏感性缺口管理（gap management）和持续期（duration）管理。具体方法和应用在商业银行经营管理中有详尽介绍，这里不再赘述。

（2）资产负债比例管理。资产负债比例管理是资产负债管理的一种形式。其基本思想是：通过监管部门规定一系列监控、监测比例指标，来控制资产和负债的各类结构比例，从而保证银行在安全性和流动性的基础上追求盈利性。如规定银行资本充足率不得低于8%；贷款余额与存款余额比率不得超过75%；流动性资产余额与流动性负债余额的比例不得低于25%；等等。

（二）流动性管理

流动性是银行的生命线，流动性管理是商业银行管理的基本内容。银行流动性管理的主要内容就是现金资产。商业银行的现金资产主要包括库存现金、存放在中央银行款项、存放同业款项和托收中的现金四个部分。现金资产是无收益或低收益的，持有过多的现金资产会降低其经营效益；但若现金资产不足，银行又可能面临支付风险。所以，现金资产不能过多，也不能过少，要保持在适当水平。

银行流动性管理的方法有两种：一是静态方法。主要是运用一些流动性比例指标来衡量其流动性风险。如我国银监会2006年试行的《商业银行风险监管核心指标》。二是动态方法。主要是流动性缺口（liquidity gap）法。就是预测银行未来一段时间内的流动性需求和流动性供给之间的差额，进而匡算出该期间的流动性缺口。若缺口为正，表明该期间流动性需求大于供给，流动性不足；缺口为负，表明流动性需求小于流动性供给，流动性充足。正缺口需要动用现金资产储备或者借入新的资金来填补；负缺口需要寻求资金运用途径，减少非盈利性资产占用。流动性管理在我国银行被称为资金头寸的匡算与调度。因此，银行流动性管理就是通过调度资金头寸，既满足营运需要又不致形成资金的闲置，尽可能使流动性缺口保持最小。

（三）风险管理

作为高收益与高风险并存的金融企业，风险管理是银行管理的重要内容。按照银行风险的成因及《巴塞尔协议》对风险的分类，银行的风险主要包括：信用风险、流动性风险、市场风险、操作风险等。银行风险管理方法可以分为两类：一是风险衡量与识别方法。最常用的计量方法是Var技术，还有《巴塞尔协议II》提出的计量银行信用风险监管资本的内部评级法，等等。二是风险防范和处置方法。包括各类风险的事前防范、事中控制和事后处置方法。例如利率风险管理中的缺口管理和持续期管理。

➤ 本章小结

1. 商业银行是经营货币信用业务的特殊金融企业。商业银行在金融机构中经营范围最广、规模最大、地位最重要。

2. 商业银行具有信用中介、支付中介、信用创造和金融服务的功能。职能分工型银行制度和全能型银行制度是现代银行制度的两种基本的形态。

3. 商业银行的业务可以分为三类：负债业务、资产业务、中间业务。

4. 负债业务是商业银行形成资金来源的业务。商业银行的资金来源可以分为银行资本和银行负债两大类。银行资本分为核心一级资本、其他一级资本、二级资本。银行负债由各项存款和非存款负债构成。

5. 资产业务是商业银行赖以盈利的业务，主要包括各项贷款、贴现、证券投资。

6. 中间业务是不占用银行资金，银行主要通过充当代理或受托人的身份提供服务，获取手续费的业务。中间业务是我国的称谓，通常就是指无风险的表外业务。广义的表外业务除了包括中间业务外，还包括有风险的或有资产和或有负债业务。

7. 商业银行在经营管理中要贯彻安全性、流动性、盈利性的"三性"原则。"三性"原则既是矛盾的，又是统一的。处理和协调"三性"原则的关系是现代商业银行经营管理的核心问题。

8. 在商业银行发展的历程中，西方商业银行的经营管理理论经历了资产管理、负债管理、资产负债综合管理三个阶段。

➤ 关键术语

资本充足率　同业拆借　贴现　表外业务　中间业务　银行控股公司制
NOW_s账户　派生存款　存款乘数　现金漏损率　资产负债综合管理

➤ 思考与练习

1. 商业银行的性质是什么？它与其他金融机构的区别何在？

2. 比较职能分工型银行制度和全能型银行制度的优缺点。

3. 简述商业银行的资产业务和负债业务的主要种类。

4. 商业银行的组织形式有哪些类型？

5. 商业银行经营的"三性"原则是什么？它们相互之间的关系应该怎样把握？

6. 阐述商业银行创造派生存款的一般原理及其制约因素。

7. 假设某一商业银行的资产负债表如下：

某商业银行的资产负债表

单位：元

资　　产		负　　债	
准备金	10 000	存款—现金	50 000
贷款	40 000		

（假定存款客户不提现，不转存定期存款）

a. 此时存款货币扩张倍数是多少？存款货币总量又是多少？

b. 如果中央银行将法定存款准备金率确定为10%，该银行拥有的超额准备金是多少？

c. 在法定存款准备金率为10%情况下，如果该银行把10%的存款作为超额准备金，存款货币和存款乘数会有变化吗？

d. 在法定存款准备金率为10%情况下，该银行不保留超额准备金，存款货币和存款乘数会怎样变化？

e. 在法定存款准备金率为10%情况下，该银行不保留超额准备金，中央银行向该银行出售 20 000 元政府债券并长期持有，请问存款货币和存款乘数会怎样变化？

8. 假设银行体系准备金为 15 000 亿元，公众持有现金为 500 亿元。中央银行法定活期存款准备金率为10%，法定定期存款准备金率为5%，流通中通货比率为20%，定期存款比率为40%，商业银行的超额准备率为18%。

a. 货币乘数是多少？

b. 狭义货币供应量 M_1 是多少？

➤ 自主性学习项目

商业银行 CIS 策划活动指导意见

一、活动指导思想

组织这一活动的宗旨是尝试在专业课教学中贯彻素质教育的要求，培养、锻炼学生的创新精神和实践能力。

CIS（corporate identity system，即"企业形象识别系统"）是商业银行经营管理课程中的重要内容。以"商业银行 CIS 策划"为题布置作业，意在鼓励学生以积极主动的姿态参与到课程学习中来，通过自己的"策划"，更好地理解、运用所学的知识。

二、商业银行 CIS 策划的内容

1. 基本内容：

为一家银行命名，并为其设计一个行徽，拟一条广告语。

2. 更多内容：

在达到以上基本要求的基础上，还可从理念识别、行为识别、视觉识别诸方面作策划。如该银行的经营理念、企业文化、制度规程等。

三、商业银行 CIS 策划作业要求

富有创意和个性化色彩。

思想性和艺术性的统一。

➤ 进一步学习的资源

[1] 中国工商银行. http：//www. icbc. com. cn.

[2] 花旗银行. www. citibank. com.

[3] [美] 罗恩·彻诺著. 金立群译. 摩根财团：美国一代银行王朝和现代金融业的崛起. 北京：中国财经出版社，2003.

[4] 菲利普·L·茨威格. 沃尔特·瑞斯顿与花旗银行：美国金融霸权的兴衰. 海南：海南出版社，1999.

CHAPTER 6

第六章 中央银行

➤ **本章导入**

　　中央银行作为一国政府在金融领域的主要代表，是现代金融体系的重要组成部分。中央银行虽被称作"银行"，但并非一般意义上的银行，而是一个政府管理机构。它是一国金融体系的核心、金融管理的最高机关、货币政策的制定者。

➤ **学习本章后，你将有能力**

　　■ 了解为什么需要中央银行
　　■ 弄清中央银行的性质和职能
　　■ 认识中央银行制度
　　■ 掌握中央银行的基本业务
　　■ 理解中央银行独立性之必要

第一节　中央银行建立的必要性

一、中央银行产生的必要性

　　现代商业银行是从货币兑换业逐渐发展而来的，而中央银行又是从现代商业银行中分离出来逐渐演变而成的。从18世纪后半期到19世纪前半期，商品货币关系的进一步发展，促使专门从事货币信用业的银行机构日益多了起来。但银行体系的发展与商品经济产生了矛盾，表现为信用货币——银行券发行的混乱；银行业之间错综复杂的债权债务清算问题；以及银行业的管理等问题日益突出。这为中央银行的产生提出了现实需求。

　　中央银行建立的必要性，可以从以下几个方面来分析：

　　第一，统一货币发行的必要。在银行业发展初期，差不多每个银行都有发行银行券的权力，与金属货币相比较，银行券已是一种信用货币，它的流通支付能力取决于它兑换金属货币的能力，即发行银行的信誉。如果发行银行都能保证自己的银行券及时足额兑换，那银行券的发行在给商品流通带来方便的同时不会产生大的问题。但实际上并不完全如此，随着经济的发展、银行机构增多，银行券分散发行的弊病就越来越明显：一是随着银行数量的不断增加和银行竞争的加剧，银行因经营不善而无法保证自己所发行银行券及时兑现的情况时有发生，这使银行券的信誉大大受损，也给社会经济的发展带来混乱。二是一些银行限于资力、信用和分支机构等问题，其信用活动的领域受到限制，所发行的银行券只能在国内有限的地区流通，从而给生产和流通带来困难。由此，客观上要求信用货币的发行权应该走向集中统一，由资金雄厚并且有权威的银行发行能够在全社会流通的信用货币。实际上，在商品经济发展过程中，在某些国家已经出现了一些大银行，如成立于17世纪中叶的瑞典银行，它们实力雄厚，分支机构众多，享有威信，其发行的银行券在国内流通广泛，具有一定程度的垄断性。这为中央银行的产生奠定了基础。

第二，建立票据清算中心的需要。随着商品经济的发展和银行业务的不断扩大，银行收授票据的数量也急速增长，各银行之间的债权债务关系日趋复杂，票据的交换业务变得繁重起来，由各个银行自行轧差进行当日清算已变得困难。不断增长的票据业务量与票据交换和清算方式产生较大矛盾，不仅异地结算的时间延长，即使同城结算也遇到很大困难。这在客观上要求建立一个全国统一的、有权威的、公正的清算机构，作为金融支付体系的核心，能够快速清算银行间各种票据从而使资金顺畅流通，而这个中心只能由中央银行来承担。

第三，充当商业银行最后贷款人的需要。银行业务规模的扩大和业务活动的复杂化，银行的经营风险不断增加，单一银行资金调度困难和支付能力不足的情况经常出现。单一银行支付困难而波及数家银行甚至整个金融业发行支付危机的现象也时有发生。为了保护存款人的利益，保持整个金融业的稳定，客观上需要有一家权威性机构，适当集中各银行的一部分现金准备作为后盾，在银行出现难以克服的支付困难时，集中给予必要的贷款支付，充当银行的"最后贷款人"。

第四，统一金融监管的必要。为了保证银行和金融业的公平有序竞争，保证各类金融业务和金融市场的健康发展，减少金融运行的风险，需要政府出面进行必要的管理，有效的方法是政府通过一个专门的机构来实施，而这个机构要有一定的技术能力和操作手段，还要在业务上与银行建立密切联系，能依据政府的意图制定一系列金融政策和管理条例，以此来统筹、管理和监督全国的货币金融活动，这一使命只能由中央银行承担。

上述诸方面提出的客观要求直接推动了中央银行的产生，但这些客观要求并非是同时提出的，其迫切程度也并不是完全相等，因此，中央银行的形成与发展经历了一个较长的历史发展过程。

二、中央银行的发展

（一）中央银行的创立

从 1844 年英国国会颁布《英格兰银行特许条例》，到 1920 年的布鲁塞尔国际金融会议，被称为中央银行的创立阶段。

瑞典银行（The State Bank of Sweden）成立于 1656 年，最初就是私人银行。1668 年政府将其改组为国家银行，但直到 1897 年瑞典政府才通过法案，将银行券发行权集中于瑞典银行，并责令其他银行逐步收回已发行的钞票。瑞典银行成为最早出现的中央银行。英格兰银行（The Bank of England）成立于 1694 年，1844 年英国通过了《英格兰银行特许条例》，将银行券的发行权集中到英格兰银行，英格兰银行从法律上成为中央银行。英格兰银行获得法律赋予的货币发行特权比瑞典银行早 53 年，其全面履行中央银行职能也比瑞典银行早得多，所以学界一般认为英格兰银行是最早的中央银行。19 世纪后期，英国连续出现了几次银行危机，英格兰银行在危机中，真正负起了"最后贷款人"（lender of last resort）的责任。到了 19 世纪末，英格兰银行终于发展成为一家名副其实的中央银行，并被称为"近代中央银行的鼻祖"。

在瑞典银行、英格兰银行成为中央银行之后，许多国家纷纷仿效学习。例如，1860 年创立的俄罗斯银行、1875 年创立的德国国家银行、1879 年创立的保加利亚国家银行、1896 年创立的乌拉圭银行、1882 年创立的日本银行以及 1905 年创立的大清户部银行等。这段时间是世界性地创立中央银行的一个时期。

（二）中央银行的推广

从 1920～1945 年第二次世界大战结束，被称为中央银行制度的推广阶段。第一次世界大战爆发后，许多国家经济与金融发生了剧烈波动，各国政府当局和金融界人士深切感到必须加强中央银行的地位和对货币信用的管制。于是，1920 年在比利时首都布鲁塞尔召开国际金融会议，会上提出：凡未设立中央银行的国家应尽快建立中央银行，中央银行应摆脱各国政府政治上的控制，实行稳定的金融政策。布鲁塞尔会议大大推进了各国中央银行的普遍建立。从第一次世界大战以后的 1921 年到第二次世界大战期间的 1942 年止，世界各国改组或设立的中央银行有 43 家。

（三）中央银行的强化

从 1945 年至今，被称为中央银行的强化阶段。第二次世界大战后，各国政治形势发生了重大变化，与此同时，中央银行的权利与责任也大大加强了。从 1944 年国际社会建立布雷顿森林货币体系到 20 世纪 70 年代初该体系解体的近 30 年间，中央银行制度的发展主要表现在两方面：一是欧美国家中央银行以国有化为主要内容的改组和加强；二是亚洲、非洲等新独立的国家普遍设立中央银行。除极少数的殖民地、附属国外，几乎所有国家都设立了自己的中央银行，中央银行制度普遍成为世界各国的一项基本经济制度且得以加强。主要表现为：中央银行由一般货币发行向国家垄断发行转化；由代理政府国库款项收支向政府的银行转化；由集中保管准备金向银行的银行的转化；由货币政策的一般运用向综合配套运用转化。

➤ 专栏阅读与分析

我国中央银行的建立

在清政府和北洋政府时期，户部银行（1905 年开业，1908 年改组为大清银行，1912 年再次改组为中国银行）和交通银行（1908 年开业）都曾部分行使过中央银行的职能。国民政府成立之后，1928 年在南京成立了中央银行，行使中央银行的职能。但是在 1942 年之前，国民党控制的四大银行，即中央银行、中国银行、交通银行和中国农民银行均享有发钞权。直到 1942 年之后，才由中央银行统一货币发行、统一代理国库、统一外汇管理。

新中国的中央银行是中国人民银行。它是在根据地银行的基础上发展起来的，于 1948 年在石家庄成立，1949 年随解放军进入北京，将总行设在北京。

我国的中央银行是在经济体制和金融体制改革过程中，从大一统的国家银行中分离出来的。计划经济时代，基本上只有中国人民银行一家经办各种银行业务，它集货币发行、代理国家金库及工商信贷业务于一身。1983 年 9 月 17 日，国务院发出《关于中国人民银行专门行使中央银行职能的决定》，决定中国人民银行作为我国的中央银行。国务院的这一决定，标志着我国中央银行的建立和我国中央银行体系的确立，但实际上中国人民银行是从 1984 年 1 月 1 日起正式行使中央银行的职能的。1995 年 3 月我国颁布了第一部《中华人民共和国中国人民银行法》，以法律形式确立了中国人民银行的地位、职责和职能。

资料来源：摘自《中国人民银行历史沿革》. 中国人民银行网站，http：//www.pbc.gov.cn.

第二节　中央银行的性质与职能

一、中央银行的性质

中央银行（central bank）是代表国家制定和执行货币金融政策，对金融业实施监督管理的国家机关，是特殊的金融机构，或者说它是具有银行特征的国家机关。尽管中央银行也被称作银行，但它显然不是商业银行意义上的"银行"，它与商业银行有着诸多的差异。

（一）中央银行是特殊的金融机构

中央银行是金融机构的组成部分，但它与其他的金融机构相比较，具有特殊之处。首先，中央银行不以盈利为目的，不与商业银行和其他金融机构争利益。虽然中央银行的某些业务，如公开市场业务等，也有部分盈利，但这不是其目的，其目的是调节信用规模。其次，中央银行不经营普通银行业务，不与普通银行争业务。中央银行也有存款、贷款和票据贴现业务，但它的服务对象是政府和银行等金融机构，而不是企业和个人。再次，中央银行对来自政府、商业银行等金融机构的存款一般不付利息。代理国库收支不付利息，也不收取手续费；吸收存款准备金的目的在于控制信用规模，而不是用于周转，因而也不支付利息。最后，中央银行处于超然地位。中央银行在开展其业务时，一般不受行政和其他部门干预，具有相对独立性，能够最大限度地促进经济稳定。

（二）中央银行是特殊的国家管理机关

中央银行是国家机关的组成部分，但它与一般的行政管理机关相比较，有其自身的特殊性。首先，中央银行管理和服务的领域是货币信用领域，而其他一般行政管理机关所从事的是非货币信用领域或与货币信用领域无直接联系的管理和服务。其次，中央银行的管理手段主要是经济手段，以其所拥有的经济变量来对金融领域和整个经济领域进行管理、调节和控制。而其他一般行政管理机关是以法律为根据，纯粹为行使其法定权利而直接进行行政管理。最后，中央银行对经济的调控是分层次实现的，即通过货币政策工具操作调节金融机构的行为和金融市场运行，然后再通过金融机构和金融市场影响到各经济部门，其作用比较平缓，市场的回旋空间较大。而其他行政管理机关的行政行为一般是直接作用于各微观主体，并且往往缺乏弹性。

二、中央银行的职能

中央银行的职能通常概括为发行的银行、银行的银行和政府的银行三个方面。

（一）发行的银行

在现代银行制度中，中央银行首先是发行的银行。所谓发行的银行是指中央银行垄断货币的发行权，成为全国唯一的货币发行机构，这是中央银行的一项最特殊最基本的职能，也是中央银行与其他普通银行的根本区别之一。这一职能主要体现在以下方面：（1）中央银行必须根据经济发展和商品流通扩大的需要，保证及时供应货币；（2）中央银行必须根据经济运行状况，合理调节货币数量；（3）中央银行要加强货币流通管理，保证货币流通的正常秩序。

在信用货币流通情况下，中央银行凭借国家授权以国家信用为基础而成为垄断的货币发行机构，中央银行按照经济发展的客观需要和货币流通及其管理的要求发行货币。目前，世界上几乎所有国家的现钞都是由中央银行发行的，辅币的铸造发行，有的由中央银行经营，有的则由财政部门负责。发行收入归财政，然后由中央银行投入流通。

（二）　银行的银行

中央银行作为银行的银行，是指中央银行只与商业银行和其他金融机构发生业务往来，不与工商企业和个人发生直接的信用关系。这一职能最能体现中央银行是特殊金融机构的性质，也是中央银行作为金融体系核心的基本条件。这一职能具体表现在三个方面：

（1）集中商业银行的存款准备。通常法律规定，商业银行及有关金融机构必须向中央银行交存一部分存款准备金。目的在于：一方面保证存款机构的清偿能力，从而保障存款人的资金安全以及银行等金融机构本身的安全；另一方面有利于中央银行调节信用规模和控制货币供应量。集中统一保管商业银行存款准备金的制度是现代中央银行制度一项极其重要的内容。

（2）对商业银行发放贷款。商业银行缺少资金时，可以从中央银行取得贷款，方式主要是再贴现和再贷款。中央银行需要全力支持资金周转困难的商业银行及其他金融机构，以免银行挤提风潮的扩大而最终导致整个银行业的崩溃，即充当"最后贷款人"的角色。

（3）组织商业银行的票据清算。商业银行相互间因为业务关系，每天都发生大量的资金往来，必须及时清算。与集中存款准备金制度联系，由于各家银行都在中央银行开有准备金存款账户，则各银行间的票据交换和资金清算业务就可以通过这些账户转账和划拨，整个过程经济而简便。

（三）　政府的银行

政府的银行，指中央银行代表国家贯彻执行财政金融政策，代理国库收支以及为国家提供各种金融服务。作为国家银行的职能，主要是通过以下三方面得到体现：

（1）代理国库。国家财政收支一般不另设机构，而交由中央银行代理。政府的收入与支出均通过财政部在中央银行开立的各种账户进行。

（2）对国家提供信贷。中央银行作为政府的银行，国家财政出现收不抵支的情况时，一般负有提供信贷支持的义务。主要是采取两种方式：一是直接给国家财政以贷款。这大多是用以解决财政先支后收等暂时性的矛盾。二是购买国家公债。无论是直接购买还间接购买，只要持有国家债券，就是对国家的一种融资。

（3）管理国家的外汇和黄金储备。中央银行通过为国家保管黄金和外汇储备，以及根据国内国际情况，适时、适量购进或抛售某种外汇或黄金，可以起到稳定币值和汇率、调节国际收支平衡的作用。

三、中央银行相对独立性与职能发挥

(一) 中央银行相对独立性的内涵

中央银行的独立性主要是指中央银行与政府的关系问题。现代中央银行的独立性，不是指中央银行完全独立于政府之外，而是指中央银行在政府或国家权力机构的控制和影响下的独立性。所以，现代中央银行的独立性，是一种相对的独立性，是中央银行在国家权力机构或政府的指导下，根据国家的总体社会经济发展目标，独立制定和执行货币金融政策。

中央银行要保持其独立性，必须遵循两条基本的原则：

第一，中央银行货币金融政策的制定及整个业务操作必须以国家的宏观经济目标为基本的出发点，不能自行其是，要考虑自身所承担的任务及责任，不能独立于国家的宏观经济目标之外，更不能与国家的宏观经济目标相对立。

第二，中央银行货币金融政策的制定及整个业务操作必须符合金融活动的规律性。也就是说，中央银行的业务操作及货币金融政策的制定，不能完全受制于政府的短期行为，而应遵循金融活动的特有规律，应对政府的短期行为起到一定的抑制作用，防止政府为了特定的政治需要和一些脱离实际的发展计划而牺牲货币政策，使中央银行的决策也堕入短期化的陷阱，从而影响到社会经济的稳定与协调发展。

(二) 中央银行独立性的不同模式

在全球经济一体化、国际化的背景下，各国的经济制度、管理体制，特别是其中的技术性成分的相互渗透、相互学习与交流，中央银行与政府的关系也逐步趋于模式化，并被各国按照自己的需要，以法律的形式确定其基本框架。概括来看，有下列三种模式。

1. 美国模式

美国模式是一种独立性较强的模式。美国联邦储备体系不隶属于政府，只对国会负责。对金融政策的制定和执行具有绝对的权力。美国联邦储备体系与财政部形式上完全相互独立，在政策的制定和推行上相互无权干涉，联邦储备体系作为政府的银行，重要职责之一就是代理国库和国债的发行，并有义务支持财政，但财政在筹款困难的条件下，只能向其短期借款，并且数量受到限制，还要用特别债券作为抵押。

2. 英国模式

英国模式是一种法律上独立性较小，而实际的独立性较大的模式。英格兰银行从1694 年成立至1946 年以前，一直为私人股份制银行，完全独立于政府之外发挥其中央银行的职能作用。1946 年英国通过英格兰银行国有化的法令，把英格兰银行收归国有，从此，英格兰银行与政府的关系进入了一个新的阶段。尽管法律规定英格兰银行隶属于财政部，是政府控制下的机构，但政府很尊重英格兰银行的意见和它在金融管理这一领域内的特殊地位和作用。因此，英格兰银行在政府的授权下，它的独立性和影响比法律所规定的要大得多。

3. 日本模式

日本模式是一种独立性较小的模式。现行的日本银行法规定，日本银行作为日本政府的一个组成部分，隶属于大藏省，并接受大藏省的领导和监督。日本银行金融政策的制定和执行主要受政府经济政策的左右，主要反映政府的意志，正像日本银行法中所规定的那样："日本银行以谋求发挥全国经济力量，适应国家政策的需要担任调节货币、调整金融及保持并扶植信用制度为目的。"

第三节 中央银行制度

一、中央银行的组织形式

就各国的中央银行机构设置体制来看，大致可归纳为四种类型：单一型、复合型、跨国型及准中央银行型。

(一) 单一式中央银行制度

这种体制是在一个国家内只建立一家统一的中央银行，机构设置一般采取总分行制。目前世界上绝大部分国家的中央银行都实行这种体制，我国也是如此。一般总行设在首都，分行是总行的派出机构，分行不能独立制订自己的货币政策，而只能执行总行的货币政策。这种模式的中央银行，领导权集中统一，便于业务政策的贯彻，呈报手续简便，决策迅速，因而为各国所广泛采用。从西方各国来看，中央银行分支机构多数不是按行政区划分，而是根据经济发展的需要和经济中心的分布而设立的。有的国家重点在大城市设立分行；有的国家如日本按经济大区设立分行；也有的国家如意大利在农村地区普设分行。一般来讲，各分支机构都有划定的业务辖区，并通过分支机构的工作提高整个中央银行的工作效率。

(二) 复合式中央银行制度

这种体制是在一国内建立中央和地方两级中央银行机构，中央级机构是最高权力或管理机构，地方级机构也有其独立的权利。根据规定，中央和地方两级中央银行分别行使职权。这是一种带有联邦式特点的中央银行制度，属于这种类型的国家有美国、德国等。

美国的中央银行是美国联邦储备体系（Federal Reserve System），这个体系是根据《联邦储备法》（Federal Reserve Act）于 1913 年成立的。在联邦一级，设立联邦储备委员会、联邦公开市场委员会和联邦顾问委员会。在地方一级，美国将 50 个州和一个直属区划分为 12 个联邦储备区，共设立 12 家联邦储备银行，分别位于纽约、芝加哥、旧金山、波士顿、费城、亚特兰大、克利夫兰、里士满、圣路易斯、明尼阿波利斯、堪萨斯城和达拉斯。这 12 家联邦储备银行又在其他 25 个大城市中设立了分支机构。这些联邦储备银行均不受州政府和地方政府管辖，它们各有自己的理事会，有权发行联邦储备券和根据本地区实际情况执行中央银行的特殊信用业务。

（三）跨国中央银行制度

跨国中央银行制度是由参加某一货币联盟的所有成员国联合组成的中央银行制度。第二次世界大战后，许多地域相邻的一些欠发达国家建立了货币联盟，并在联盟内成立由参加国共同拥有的统一的中央银行。这种跨国的中央银行发行共同的货币和为成员国制定金融政策，成立的宗旨则在于推进联盟各国经济的发展及避免通货膨胀。比如，由贝宁、象牙海岸、尼日尔、塞内加尔和多哥等国组成的西非货币联盟所设的中央银行。由喀麦隆、乍得、刚果、加蓬和中非共和国组成的中非货币联盟所设的中非国家银行。但这些都是不完全的跨国中央银行体制。完全的跨国中央银行制度当属成立于 1998 年的欧洲中央银行（European System of Central Bank，ESCB）。欧洲中央银行在欧元区国家内（截至 2011 年年底，欧元区共有 17 个成员国）发行统一的货币——欧元（EURO），并实施统一的货币政策。其总部在法兰克福。

（四）准中央银行制度

准中央银行制度是指有些国家或地区只设置类似中央银行的机构，或由政府授权某个或几个商业银行，行使部分中央银行职能的体制。中国香港、新加坡属于这种体制。香港地区过去长期并没有一个统一的金融管理机构，中央银行的职能由政府、同业公会和商业银行分别承担。1993 年 4 月 1 日，香港成立了金融管理局，它集中了货币政策、金融监管及支付体系管理等中央银行的基本职能。但它又不同于一般中央银行，因为发行港币钞票职能是由渣打银行、汇丰银行和中国银行三家商业银行共同履行的；票据清算所一直由汇丰银行负责管理；而政府的银行这项职能一直由商业银行执行。

➤ **专栏阅读与分析**

欧洲中央银行

欧洲中央银行是一个典型的跨国中央银行。它是欧洲一体化进程逐步深入的产物。

根据 1992 年欧盟首脑会议在荷兰马斯特里赫特签署的《欧洲联盟条约》（亦称《马斯特里赫特条约》），欧洲中央银行（ECB）于 1998 年 6 月 1 日成立。1999 年 1 月 1 日，欧洲中央银行承担起在欧元区制定货币政策的责任，实现了实施单一货币欧元和在欧元区国家实行统一货币政策的目标。

欧洲中央银行体系由两个层面构成，一个层面是具有法人资格的欧洲中央银行，另一个是欧盟成员国的中央银行。欧盟成员国中尚未采用欧元的国家，虽然是欧洲中央银行体系的成员，但不能参与欧元区货币政策的制定，也不能参与货币政策的操作和实施。欧洲中央银行行长理事会（Governing Council）和执行董事会（Executive Board）是欧洲中央银行的两个主要决策机构。

为保证欧洲中央银行首要目标的实现，《马约》规定了中央银行的独立性原则，主要表现在如下几个方面：一是机构的独立性。欧盟的各机构和组织以及成员国政府不得对欧洲中央银行的决策机构成员施加影响。二是人事独立性。主管理事会成员可以长期任职，在任期上，首任中央银行的行长任期为 8 年，其后为 5 年，成员国中央银行行长的任期至少达 5 年。三是资金预算上的独立性。欧洲中央银行有自己的预算，它的资本金由欧元区各国中央银行认购和支付，禁止中央银行向公共部门贷款。欧洲中央银行体系的货币政策可分为三类：公开市场业务、常设工具和最低准备金。

欧洲中央银行的成立标志着欧盟国家的一体化迈上了一个崭新的台阶。各国为实现欧洲合众国的梦想，不惜放弃本国货币政策独立性为代价来支持欧洲建设。这是一次伟大的尝试。但是和人类所有的伟大实验一样，欧洲中央银行的道路也充满各种难以预料的困难和不确定性。

资料来源：摘自《欧洲中央银行》. 维基百科，欧洲中央银行主页，http：//www.ecb.int/.

二、中央银行的资本结构

中央银行的资金来源有三个部分：通货、准备金存款和自有资本。这三项资金来源的前两项，各国大体相同，而第三项则有较大差别。中央银行的资本构成可分为五种类型：国有、公私混合所有、企业法人持股、会员银行持股和多国所有。

（一）全部资本国家所有

全部资本金属于国家所有的，称国有化中央银行，即中央银行直接由国家拨款建立，或商业银行经国家收买了私人股份改组成立的。中央银行最初大多是由私营商业银行逐渐演变而成的，为了加强政府对经济的干预能力，第二次世界大战之后，各国普遍将中央银行的非国有资本国有化，如英国、法国、德国、荷兰、印度、加拿大、澳大利亚、瑞典等国。国有化是中央银行的基本模式。

（二）公私股份混合所有

这种中央银行的资本金一部分由国家持股，一般占资本总额的 50% 以上；另一部分由民间持股，如日本银行，由政府认购资本的55%，其余45%由民间认购，民间持股的唯一权利是按法律每年领取5%的股息。公私两种股份混合所有的国家还有比利时、奥地利、土耳其、墨西哥、智利、厄瓜多尔等国。

（三）企业法人持股

这类中央银行的全部资本由企业法人股东持有，经政府授权，执行中央银行的职能。如意大利的中央银行，就是由股份公司转变为被国家法律授权的中央银行，其资本全部由储蓄银行、全国性银行、保险公司、公营信贷机构等认购。

（四）会员银行持股

这类中央银行仅美国联邦储备系统一家。美国联邦储备银行的资本全部由参加联邦储备系统的各会员银行持有，由各会员银行认购其所参加的联邦储备银行的股票，认购金额相当于各会员银行实收资本和公积金的6%。

➤ 专栏阅读与分析

美联储：私人？国有？

美国联邦储备委员会是私人性质的。因为它分布在美国12家联邦储备银行的资金，都来源于会员银行，而这些会员银行都是私人的，除此以外也有少数是外国银行（其中就包括中国银行）。

每家会员银行要按照一定比例向美国联邦储备委员会上交存款准备金。存款准备金没有利息，但会员银行可以从中每年享受年收益6%的年末分红。

美联储掌握在私人手中，那么美元又是如何发行的呢？美国政府并没有发行货币的权力。如果要想得到美元，就必须用美国政府今后才能收取的税收收入通过发行国债的办法抵押给美国联邦储备委员会；然后，美国联邦储备委员会根据政府申请，再考虑发行"美联储券"，这就是人们通常所称的"美元"。

美联储体系由联储委员会、联储分行、公开市场为会员（FOMC）三部分构成。

联储委员会：由7名委员组成，其成员由美国总统提名，参议员批准。为了防止总统操控联储，委员任期长达14年，且原则上不允许连任。7名委员中，由总统任命1名主席，主席任期4年，可以连任。一旦某届主席被免职，他必须同时退出7人委员会，这样规定是为了避免前任主席出于政治考量或私人利益而凭借自己在联储中的影响力架空新任主席。

联邦储备银行——联储分行：联储分行为12个储蓄地区的12家银行。由当地的联储成员商业银行选举出6名董事，与联储委员会委派的3名董事一起组成了分行的最高决策机构，他们负责任免分行行长和其他高级官员。

公开市场委员会（FOMC）：公开市场委员会由12名委员组成，7名联储委员和纽约联储行长占8个席位，另外4个席位由11家联储分行轮流担任。

资料来源：FT中文网. http：//www.ftchinese.com/.

（五）多国所有

跨国中央银行的资本不为某一国家所独有，而是由成员国所共有。如西非、中非货币联盟和欧洲中央银行就属于这种类型。

（六）无资本形式

中央银行建立之初，根本没有资本，而是由国家授权执行中央银行职能，中央银行运用的资金，主要是各金融机构的存款和流通中的货币，自有资本金只占很小部分。如韩国的中央银行，即无资本。

第四节　中央银行的业务

一、中央银行的资产负债表

中央银行的业务活动可以通过其资产负债表上的项目得到反映。中央银行最主要的资产负债项目概括成表6-1，旨在概略表明其业务基本关系。

表6-1　　　　　　　　　　中央银行资产负债表

资　　产	负　　债
国外资产 贴现及放款 政府债券和财政借款 外汇、黄金储备 其他资产	流通中的通货 国库存款和政府机构存款 商业银行等金融机构存款 对外负债 其他负债和资本项目
合　　计	合　　计

中央银行是一国通货的唯一发行银行，因此，流通中的通货是中央银行负债的一个主要项目。作为银行的银行，它与商业银行等金融机构间的业务关系，主要是负债方金融机构在中央银行的存款（包括准备金存款）和资产方的贴现及放款；作为政府的银

行，在业务上与政府的关系，主要是列于负债方的接受国库等机构的存款和列于资产方的通过持有政府债券融资给政府，及持有国家外汇储备和黄金储备等项目。

二、中央银行负债业务

中央银行的负债业务主要包括资本业务、货币发行业务和存款业务等。

为了保证正常的业务活动开展，中央银行必须拥有一定数量的自有资本。

货币发行业务是指中央银行向流通领域投放货币的活动。中央银行所发行的货币主要是银行券，即信用货币。此外还有一小部分现钞纸币和作为辅币的金属铸币。无论是哪一种货币都是一种债务凭证，所以，货币的发行构成了中央银行的一项重要负债。

中央银行的存款主要来自两个方面：一是来自商业银行和其他金融机构；二是来自政府部门。

在现代存款准备制度下，中央银行集中商业银行和其他金融机构的存款准备金。最初，中央银行集中存款准备金只是为了应付商业银行存款挤兑的需要，以保证银行业的清偿能力。后来中央银行利用提高或降低存款准备金率来调节商业银行的放款能力，存款准备金发展成为中央银行执行货币政策的一个重要工具。

国库和政府部门在中央银行存款也包括两个部分：一是财政金库存款；二是政府部门经费存款。由于中央银行代理国家金库和财政收支，所以国库的资金以及财政资金在收支过程中形成的存款也属于中央银行存款。

中央银行的负债业务除了货币发行、代理国库业务、存款业务之外，还有一些业务也可以成为中央银行的资金来源，并引起中央银行资产负债表负债方的变化，如发行中央银行债券、对外负债业务等。

发行中央银行债券（我国称为中央银行票据）是中央银行的一种主动负债业务。中央银行债券发行的对象主要是国内金融机构。发行债券的目的主要有两个：一是针对商业银行和其他金融机构超额储备过多的情况发行债券，以减少它们的超额储备，以便有效地控制货币供应量；二是以此作为公开市场操作的工具之一，通过中央银行债券的市场买卖行为，灵活地调节货币供应量。

中央银行的对外负债业务主要包括从国外银行借款、对外国中央银行的负债、国际金融机构的借款、在国外发行的中央银行债券等。各国中央银行对外负债的目的主要是：平衡国际收支、维持本币汇率的既定水平、应对货币危机或金融危机。

三、中央银行资产业务

中央银行的资产业务是指中央银行运用其资金的行为。通常资产业务包括贷款业务、再贴现业务、有价证券买卖业务、黄金外汇储备业务等主要内容。

（一）贷款业务

贷款业务是中央银行的主要资产业务，它体现了中央银行作为"最后贷款人"的职能作用。中央银行的贷款是向社会提供基础货币的重要渠道之一。我国通常称为再贷款，以区别于商业银行的贷款。

1. 对商业银行等金融机构的放款

这是中央银行贷款中最主要的种类。中央银行通常定期公布贷款利率，商业银行提出贷款申请后，中央银行审查批准具体数量、期限、利率和用途。一般贷款都是短期的，主要采取信用贷款、抵押贷款和担保贷款三种形式，其中，以政府债券或商业票据为担保的抵押贷款最多。

2. 对政府的贷款

在政府收支出现失衡时，各国中央银行一般都负有提供信贷支持的义务。中央银行对政府的贷款一般是短期的，且多为信用贷款。中央银行除了对政府提供贷款外，一般还通过购买政府债券的方式向政府提供融资。中央银行在从事公开市场业务时，购买政府国库券和公债，事实上是间接向财政部发放了贷款。中央银行对政府放款，许多国家规定了一些限制性条件，并规定了年度最高借款额，还有些国家规定，政府出现财政困难时，可由国会每年批准一次向中央银行的借款权。另外，有些国家还规定，政府可在法律允许的限度内向中央银行透支，但许多国家不允许这样做，我国即如此。

3. 其他放款

其他放款主要有两类：（1）对非金融部门的贷款，这类贷款一般都有特定的目的和用途，贷款对象的范围比较窄，各国中央银行一般都有事先确定的特定对象。中国人民银行支持老少边穷地区的经济开发贷款即属此类。（2）中央银行对外国政府和国外金融机构的贷款，这部分贷款在统计中一般放在"国外资产"项下。

（二）再贴现业务

再贴现业务是指中央银行买进商业银行所持有的未到期商业票据，从而向商业银行融通资金的行为。中央银行再贴现是解决商业银行短期资金不足的重要手段，同时也是中央银行实施货币政策的重要工具之一。

只有在中央银行开立了账户的商业银行等金融机构才能够成为再贴现业务的对象。中央银行接受商业银行所提出的再贴现申请时，要审查票据的真实性、合理性和申请者资金营运状况，确定是否符合再贴现的条件，若审查通过即可获得融资。再贴现的票据到期后，中央银行通过票据交换和清算系统向承兑单位或承兑银行收回资金。

（三）有价证券买卖业务

证券买卖是中央银行实施公开市场业务的基本方式。尽管中央银行在证券买卖过程中会获得价差收益，但其目的在于对货币供应量的控制和调节，而非盈利。中央银行可以买卖的证券包括政府公债、国库券以及其他流动性很高的有价证券，其中最主要的是国库券。

（四）黄金、外汇储备业务

持有黄金、外汇储备所占用的资金是中央银行重要的资产业务之一。中央银行所拥有的黄金、外汇储备，对外作为一般的购买手段和支付手段，可调节国际收支；对内可作为货币发行的准备，保持国内货币流通的稳定。

四、中央银行的中间业务（支付清算）

中央银行的中间业务，主要是指办理支付清算。具体有以下三类：集中办理票据交换，结清交换差额，办理异地资金转移。

（一）集中办理票据交换

票据交换工作通常都是在票据交换所进行的。票据交换所是同城内各银行相互之间清算其应收应付款项的集中场所，最初按银行相互之间的共同协议设置，中央银行制度发展后，便演化成其重要的业务部门之一。票据交换所的基本工作原理可以通过表 6 - 2 来说明。

表 6 - 2　　　　　　　　　　票据交换所工作原理

应收行 ＼ 应付行	A	B	C	D	E	应收合计	应付差额
A	0	10	20	30	40	100	—
B	10	0	20	30	40	100	—
C	10	20	0	30	40	100	0
D	10	20	30	0	40	100	30
E	10	20	30	40	0	100	60
应付合计	40	70	100	130	160	500	
应收差额	60	30	0	—	—		90

从表 6 - 2 可以看出，假设同一城市有 A、B、C、D、E 5 家银行组成票据交换关系。其中，A 银行应向 B、C、D、E 分别收款 10、20、30、40 个单位，共计 100 个单位的款项，但与此同时，它也要向 B、C、D、E 分别付款 10 个单位，共计 40 个单位，所以它最后的应收款项只有 60 个单位。C 银行的应收和应付款项在恰好相等，故它最

后既不收进也不付出。E 银行对其他银行的应收款只有 100 个单位，而应付款合计达 160 个单位，故收支相抵后还须付出 60 个单位。由于任何一家银行的应收款项，一定是所有其他银行的应付款项；同样，任何一家银行的应付款项，一定是所有其他银行的应收款项。因此，各行应收合计一定等于各行应付合计。同样，各行应收差额的总和一定等于各行应付差额的总和。由于有了这种票据交换，500 个单位的应收应付款，现在只需要 90（收付差额）个单位的交付即可了结。所以，票据交换既节约了人力、物力，又节约了资金。

（二）结清交换差额

各清算银行均在中央银行开立有往来存款账户（超额准备金账户），票据交换后的最后差额即由该账户上资金的增减来结清。票据交换所总清算员将应收行和应付行的明细表提交给中央银行后，会计人员便开始账务处理。当某家清算银行为应付行时，则借记其往来存款账户（资金减少），而对于应收行，则贷记其往来存款账记（资金增加）。该账户上的金额可视为商业银行的超额存款准备金。当应付账户上的资金不足时，中央银行便作退票处理，同时按有关规章予以处罚。

（三）办理异地资金转移

中央银行不仅通过其分支机构组织同城票据交换与资金清算，还要在全国范围内办理异地资金转移。由于票据流通规则和银行组织方式的不同，中央银行办理异地资金转移时的具体做法也不尽相同。英国以伦敦为全国的清算中心，先由四大清算银行清算，其差额再由英格兰银行转账划拨。在美国，是由联邦储备银行代收外埠支票，建立清算专款，然后以华盛顿为最后清算中心。法国则是利用中央银行遍布全国的分支机构，建立账户为各银行服务的。

中央银行通过在全国范围内办理资金清算、转移，在为各地银行提供服务的同时，也对全国的经济、金融情况和各银行的资金情况获得了解，从而便于实施监督管理。

➤ **本章小结**

1. 中央银行是从现代商业银行中分离出来逐渐演变而成的。中央银行的性质是管理金融事业的国家机关和特殊的金融机构。

2. 中央银行在国民经济中的地位是发行的银行、银行的银行、政府的银行。

3. 现代中央银行的独立性，是一种相对的独立性，即是指中央银行在国家权力机构或政府的干预和指导下，根据国家的总体社会经济发展目标，独立制定和执行货币金融政策。

4. 中央银行的组织形式有：单一式中央银行制度、复合式中央银行制度、跨国中央银行制度及准中央银行制度。

5. 中央银行的负债业务是形成中央银行资金来源的业务。中央银行的负债业务主要包括资本业务、货币发行业务和存款业务等。

　　6. 中央银行的资产业务是指中央银行运用其资金来源的行为。通常其资产业务包括贷款业务、再贴现业务、有价证券买卖业务、黄金外汇储备业务等。

➤ 关键术语

　　中央银行　最后贷款人　货币发行　再贷款　再贴现　跨国中央银行制度

➤ 思考与练习

　　1. 中央银行产生的客观经济基础是什么？

　　2. 中央银行的主要职能是什么？

　　3. 中央银行资产负债表有何特点？

　　4. 中央银行的负债业务有哪些种类。

　　5. 中央银行的资产业务有哪些种类。

　　6. 既然中央银行是政府的银行，为什么还要强调中央银行相对于政府的独立性？

➤ 专栏阅读与分析

美国联邦储备体系的诞生

　　1782 年 1 月，北美银行在费城正式成立，这是美国历史上第一家由私人经营管理的现代意义上的银行。1790 年 12 月 14 日，美国财政部长汉密尔顿（A. Hamilton）向国会建立国家银行的法案，并决定建立美国第一银行。美国第一银行（The First Bank of the United States）正式建立。美国国会授权该行代理国库、发行银行券、对其他银行的业务活动进行总的监督和管理。由此可见，第一银行带有中央银行的某些性质。但是由于没有一个统一的金融管理机构，各州银行仍然可以继续发行自己的银行券。在当时的情况下，每当第一银行收到州银行的银行券时，就立即向发行银行收款。从而迫使各州银行保持足够的现金储备，以保证偿付所发行的银行券。因此，州银行认为第一银行侵扰了它们的业务活动，因此第一银行遭到州银行的强烈反对。这样，美国第一银行不得不在 1811 年执照期满时停业。同样原因，美国在 1817 年 1 月成立的美国第二银行（The Second Bank of The United States）也于 1836 年在执照期满后停业。

　　由于未能建立大银行体系，金融混乱，货币无法集中发行，1873 年、1884 年、1890 年、1893 年、1901 年及 1907 年，美国连续爆发严重的经济危机和金融恐慌，银行不断发生倒闭事件。金融恐慌使工商业受到损害，同时也暴露出美国银行制度中存在的问题，尤其是没有中央银行的弱点。1913 年美国国会通过了联邦储备条例，成立了美国的中央银行——美国联邦储备体系（The Federal Reserve System of U. S. A）。

资料来源：罗伯特·E·高尔曼著. 剑桥美国经济史（第二卷）：漫长的 19 世纪. 中国人民大学出版社，2008，7.

➤ 进一步学习的资源

［1］中国人民银行. www. pbc. gov. cn.

［2］美国联邦储备委员会. www. federalreserve. gov.

［3］英格兰银行. www. bankofengland. gov.

第七章 金融体系

> **本章导入**

　　金融体系是一个由各类金融资源组成的庞大系统，是经济体系不可缺少的组成部分。金融机构和金融市场是整个金融体系的基础和中心。本章将重点介绍金融体系中的非银行类金融机构，包括投资银行、保险公司、信托公司、金融租赁公司等非银行金融机构。

> **学习本章后，你将有能力**

- 了解金融体系的构成和作用
- 弄清现代投资银行的业务
- 了解保险公司的基本业务
- 理解信托与租赁业务
- 认识其他非银行金融机构

第一节　金融体系概述

一、金融体系的内涵

　　金融体系（financial system）是指由金融市场、金融机构在金融资源配置中所形成的相互关系及制度的总称。金融体系也称为金融系统（financial system）、金融体制（financial regime）或者金融制度（financial institution）。

　　金融机构和金融市场是整个金融体系的基础和中心，二者共同构成狭义的金融体系。广义的金融体系不仅包括金融机构体系、金融市场体系，还包括金融监管体系和金融调控体系。本章所指的金融体系就是狭义的概念。金融机构体系是功能和业务上存在差异且又互为补充的各种金融机构相互联结而构成的一个集合，它既包括银行类金融机构又包括非银行金融机构。金融市场在第四章已有介绍，金融机构中的商业银行、中央银行第五、六章已作阐述，本章仅介绍金融机构体系中的非银行金融机构。

二、金融体系的作用

由于金融机构居于金融体系的核心，金融体系的作用主要通过金融机构来实现。因此，金融体系的作用也主要体现在金融机构所发挥的作用上。

（一）降低交易成本

在金融体系中，资金盈余单位和赤字单位通过借贷形式建立信用关系，需要进行谈判、签订合约，以及合约执行与监督，由此产生的成本就是交易成本。如果这些事情都交给专业的金融机构，便会形成规模经济，大大节省交易成本。金融机构还利用专门技术来降低交易成本，比如将计算机网络技术应用到金融交易中的网上银行。

（二）降低投资风险

单个投资者要实现投资的多样化无论在财力还是人力上都会有一定的困难。而金融机构依靠专家队伍和集聚的大量资金就能有效地实现投资或贷款的多样化。此外，金融机构运用多种风险管理技术，可以有效地规避或降低风险。

（三）克服金融交易中的逆向选择

信息不对称是金融市场上的一个重要现象，并导致了逆向选择。作为专业的金融中介机构，依靠自身的信息优势能比较充分地了解资金需求者的实际经营和财务状况，并具备监督借款人履行契约条款的能力。因此金融中介机构可以寻找到信用良好的借款人，从而在相当程度上解决金融交易中的逆向选择问题。

（四）实现期限的转换

单个资金盈余单位随时都可能变成赤字单位，因此它难以对赤字单位进行长期的资金融通，而金融中介机构却可以在保证盈余单位资金流动性的同时满足赤字单位长期性的资金需求。金融机构集聚了大量短期资金，在一些资金被提走后，可以吸收新的资金来补充，从而能够发放长期贷款。

三、金融体系的分类

金融体系按照运作机制，可以划分为银行主导型和市场主导型两类。

（一） 银行主导型金融体系

银行主导型的金融体系是指商业银行在金融体系中居于主导地位，发挥着主要作用，而金融市场（特别是资本市场）居于次要地位。我国自20世纪80中后期到90年代初开始建立资本市场，到现在经过20多年资本市场有了长足发展，但仍然属于银行主导型金融体系。

（二） 市场主导型金融体系

市场主导型金融体系是指金融市场在金融体系中居于主导地位，承担主要的作用，而银行的地位相对次之。

德国、日本是银行主导型金融体系的代表，美国、英国则是市场主导型金融体系的典型。两种金融体系的区别主要是：银行主导型和市场主导型的主要差别是反映在对银行贷款和证券融资两种方式的选择上，而不是反映在融资的数量上。银行主导型金融体系中，企业融资主要选择银行借款，而市场主导型金融体系中，企业更多选择发行股票或债券融资。

通常认为，基于强大的资本市场的金融体系更灵活、更适合于风险项目。美国模式通常被认为更富竞争性；德国和日本模式则被认为是一种能够降低风险、减少银行破产和不稳定性的模式。20世纪80年代以来，发达国家的金融体系呈现出同一化、一体化的趋势。德国、法国和日本先后通过金融改革，积极培育和推进资本市场的发展；而美国等市场主导型金融体系的国家，则通过改革取消对银行的管制，积极发展全能银行。

四 、 金 融 机 构 体 系

金融机构体系是在一定的历史时期和社会条件下建立起来的各种不同的金融机构的构成及其相互关系。由于各国或地区的经济制度和经济发展水平以及历史文化的差异，在世界范围内形成了不同类型的金融机构体系模式，主要有以下两种模式：

（一） 以中央银行为核心的金融机构体系

这是当今世界各国普遍实行的一种金融机构体系。目前，西方主要国家和我国实行的都是这种模式，其特点是：金融机构中以中央银行为核心，包括商业银行、投资银行、专业银行和非银行金融机构作为金融机构体系的组成部分。这种体系有利于中央银行在其中运用货币政策工具同时也能使商业银行和各类金融机构发挥各自独特功能，活跃金融市场，是一种比较完善的金融机构体系。

（二）没有中央银行的金融机构体系

世界上只有少数国家和地区（如新加坡和中国香港）实行的是没有中央银行的金融体系。其基本特点是整个金融体系由众多的商业银行、投资银行以及其他各种金融机构组成，不设立中央银行。货币发行是由作为单纯行政机构的货币当局承担，或由政府指定某几家商业银行发行。

综观当今世界经济比较发达的国家，一般都拥有一个规模庞大、分工精细、种类繁多、运行良好的金融机构体系。金融机构体系包括中央银行、商业银行、专业银行、政策性金融机构、合作类金融机构、其他非银行金融机构等，这也是现代银行体系的基本框架。

➤ **专栏阅读与分析**

中国的金融机构体系

我国金融机构体系是在 1948 年 12 月 1 日中国人民银行成立后逐步建立和发展起来的。经过 60 多年的实践，现在已基本上形成了以中国人民银行为主导，国有商业银行为主体，各类非银行金融机构并存、分工协作的金融体系。就中国转轨体制中的金融体系而言，银行主导型特色十分明显，虽然中国近 20 年来的市场化程度在不断提高，金融市场得到了快速发展，但在中国金融资产的构成中仍以银行资产形式为主。

我国的金融机构，按其地位和功能大致可分为五大类：

第一类是货币当局，也叫中央银行，即中国人民银行。

第二类是商业银行。商业银行又可分为国有控股商业银行、全国性股份制商业银行、城市商业银行、农村商业银行、农村合作银行、村镇银行、邮政储蓄银行等。

第三类是政策性银行。政策性银行是不以营利为目的的特殊信贷机构。

第四类是非银行金融机构。主要包括保险公司、城市信用合作社、农村信用合作社、信托投资公司、证券公司、金融公司、财务公司、金融租赁公司等。

第五类是在我国境内开办的外资、合资的金融机构。包括外资、合资的银行、财务公司、保险机构等金融机构在我国境内设立的业务分支机构和驻华代表处。

资料来源：张健华. 中国金融体系. 中国金融出版社，2010：10-28.

第二节 投资银行

一、投资银行的产生与发展

投资银行在不同国家有不同的称谓。美国通常称之为"投资银行"（investment bank），英国习惯上称为"商人银行"（merchant bank），在日本则称为"证券公司"（security firms）。不同的称谓实际上反映了各国金融制度和管理模式的差异，而这种差异又主要是由各国经济环境和法律制度的演变所决定的。

投资银行起源于18世纪中叶的欧洲。英国商人银行的前身是承兑所。这些承兑所为满足国际贸易活动中信用交易的需要，承兑外贸商人相互开出的商业票据，便于其流通转让。进入20世纪之后，英国的一部分商人银行仍以传统的承兑票据业务为主，其典型代表是英国承兑行委员会（AHC）下属的17家会员，而另一部分商人银行则涉足资本市场，从事证券承销业务，充当投资中介和管理者。20世纪80年代中期以前，英国的金融体制具有不同金融机构发挥不同职能，提供不同金融服务的特点，这是历史自然形成的传统惯例。所以，英国的商人银行从诞生之始就是与商业银行相分离的，即不经办商业银行业务。

投资银行在不同国家和地区有各自的发展历史，而以美国投资银行业的发展演变最具代表性。美国的投资银行起源于19世纪初。从19世纪20～30年代开始，随着美国交通能源基础设施建设和南北战争的需要，美国政府和大多数采矿业、铁路公司通过发行巨额债券筹措资金，为投资银行的起步发展提供了业务机会。于是，一些经营证券承销业务的商号便在当时出现了。早期的投资银行是由那些私人财富积累者创办的，这些投资银行多以合伙制的形式组成。投资银行通过办理证券承销和经纪业务，发挥了作为证券市场中介人的功能和作用。

1929～1933年大危机促使美国在1933年通过了《证券法》和《银行法》，其中《银行法》禁止商业银行从事投资银行业务。这一法案通常被称为《格拉斯—斯蒂格尔法》，它规定商业银行在美国国内仅限于承销和交易美国国债和市政债券，不能承销除此之外的债券和股票，也不能在二级市场上作债券和股票自营商；禁止商业银行持有证券子公司，不得附属于参与股票、债券、抵押债券、票据或其他证券发行、流通、承销、公募、批发零售或联合承销的组织；禁止银行将雇员或董事会成员置于与证券业相关的职位而获得间接但有效的控制；禁止投资银行从事吸收存款等商业银行业务。《格拉斯—斯蒂格尔法》第一次对投资银行和商业银行的业务界限作出了明确区分，开始进入美国"规范化的银行业"时代，由此而产生了投资银行这一新的金融业群体。

二、投资银行的内涵与功能

（一）投资银行的内涵

投资银行是充当资本供给者与需求者之间的中介，从事证券承销、交易和企业并购等资本市场业务的金融机构。这一定义明确了投资银行的实质及其与商业银行的主要区别，它具有以下含义：

第一，投资银行的实质是资本市场上的金融中介。虽然商业银行也是金融中介机构，是资金盈余者与资金短缺者之间的中介，但两者发挥中介功能的表现形式不同，在业务范围和与融资各方当事人的关系方面不同。投资银行主要从事与资本市场交易有关的业务，商业银行则主要从事货币信用业务。

投资银行中介功能的表现形式是为资本需求者和投资者提供能满足双方需要的金融工具和相关的金融服务，使投资者和筹资者相互连接，但投资银行并不介入投资者和筹资者之间的权利和义务之中。投资银行充当资本市场金融中介的作用如图 7－1 所示。

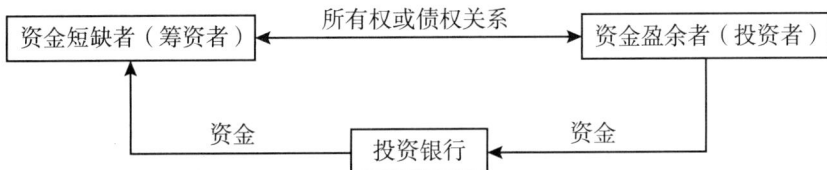

图 7－1　投资银行金融中介作用

商业银行在融资活动中具有"借入者"和"贷出者"双重身份。它分别与资金盈余者（存款人）和资金短缺者（借款人）存在相应的权利和义务关系，分别受到融资契约的约束，而资金盈余者（存款人）与资金短缺者（借款人）之间并不相互承担任何权利和义务。商业银行作为金融中介的作用如图 7－2 所示。

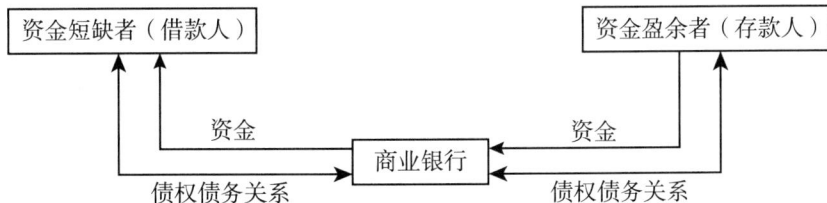

图 7－2　商业银行金融中介作用

第二，投资银行是经营资本市场业务的金融机构，证券承销和交易是投资银行的传统业务和本源业务。但并非其业务的全部，现代投资银行还从事企业兼并与收购、公司理财、资产管理、资产证券化、金融衍生工具的创造和交易、风险投资等与资本市场有关的业务。自 20 世纪 80 年代以来，虽然投资银行的业务日新月异，且呈现多样化的特征，被认为是最具革命性变革的行业之一，但资本市场一直是投资银行的主要活动舞台。

（二）投资银行的功能

虽然投资银行这类金融机构在各国有不同的称谓，也各有不同的发展演变历史，其业务范围亦有差别，但它所执行的功能基本相同。

1. 金融中介

在资本市场上，投资银行以其拥有的专业技能，提供能满足资本需求者和投资者双方需要的金融工具和服务，沟通他们之间的联系，促使双方连接达成交易，实现资本由资金盈余者流向资金短缺者，即发挥着金融中介的功能。投资银行的金融中介功能，主要表现在投资银行帮助资本需求者完成筹集所需资本，帮助客户实现公司并购重组的活动。

2. 构建市场

投资银行既是资本市场的金融中介，又是市场构建人和重要参与者。在证券发行中，投资银行作为一级市场上的承销商，还需要参与二级市场的证券交易。其主要目的之一是为参加证券交易的买方和卖方构建一个完整的市场，维持证券市场的有序平稳运行。

3. 财务顾问

投资银行作为资本市场的金融中介，为市场参与者提供财务顾问、企业兼并与收购、企业改制和上市辅导等，这些既是投资银行重要功能，也是向市场提供的以智力为支撑的主要产品。

4. 风险管理

提供风险管理是投资银行的重要功能之一。投资银行从不同的层面、运用多种工具和方法为市场参与者管理金融风险。

三、投资银行的业务

（一）证券承销

证券承销是投资银行帮助证券发行人就发行证券进行策划，并将公开发行的证券出售给投资者的业务活动。它是投资银行的本源业务和传统业务，也是这一行业区别于其他金融行业的标志性业务，至今仍然是许多提供全面服务的投资银行的主营业务和核心业务之一。[①]

---

① 在美国，一家投资银行在行业年度排行榜上的位置，通常是由它完成的承销额所占比例（承销全部发行证券的金额比例）决定的。这显示了一家投资银行的专业能力和实力。

在公司首次公开发行和上市前，投资银行要协助和督促发行人建立完善的公司治理结构，建立健全信息披露制度、会计制度和有关管理制度，为公司满足上市标准或条件提供辅导工作。而在证券公开发行、承销过程中，投资银行所做的工作主要有：（1）就证券发行种类、发行条件和时间提出建议，帮助设计、策划，提供咨询服务。（2）与发行人签订承销协议并按协议条件从发行人处购买证券。承销包括包销、代销、余额包销三种。（3）向公众分销。即承销商将承购的证券向社会投资公众出售。

（二）证券交易

对投资银行来说，证券交易是证券承销的延续。在二级市场的证券交易中，投资银行扮演着经纪人、交易商和做市商的角色，为新发行的证券创造了交易，构建了一个完整的市场，满足了自己和客户的需要。

（三）兼并与收购

企业之间的并购是资本重新组合或再配置的一种方式。作为资本市场上一项专业性很强且十分复杂的交易活动，并购交易双方由于自身条件所限，往往要求助于投资银行来完成。投资银行为企业并购交易提供价值评估、咨询、策划并购方案和协助融资和反收购等服务。在发达国家，并购业务已成为现代投资银行的核心业务之一，是投资银行业中令人瞩目的领域。它表明投资银行不仅仅充当企业外部融资的金融中介，而且是企业产权资本交易、资本重组的财务顾问。

（四）资产管理

资产管理（asset management），通常是指投资银行作为受托人，根据与委托人（投资者）签订的资产委托管理协议，为委托人交给的资产提供理财服务，以期为委托人控制风险，获得较高投资收益的活动。

（五）风险投资

风险投资（venture capital）也称为创业投资，是指对新兴的极具发展潜力的企业特别是高新技术企业创业期的权益性投资。除了投入权益性资本外，风险投资机构还主动参与企业管理，提供人才、技术和专业管理知识的服务。

投资银行的风险投资业务，涉及不同层次的内容：（1）它可以帮助创业企业进行权益证券私募；（2）以中介机构的身份帮助来自外部的风险投资基金筹集和管理风险资本；（3）投资银行自己设立风险投资基金直接参与和管理风险资本投资，并对创业企业提供人才、专业管理经验的支持；（4）在创业企业获得成功时，帮助其发行股票公开上市，或是通过并购交易，为风险资本的退出提供途径。

（六）资产证券化

资产证券化（asset securitization）是指将缺乏流动性但具有未来现金流的资产分类重组，并以这些资产为担保发行能在金融市场上公开买卖的证券的融资技术和过程。由于是将大量的不能立即变现的资产作为担保而创立和发行证券，因此这些证券被称为资产担保证券（asset-backed securities，ABS），资产证券化也被简称为创立由资产担保证券的过程。

投资银行的资产证券化业务，是指它参与资产证券化融资活动，参与资产担保证券的创设和市场操作。主要是：投资银行帮助资产担保证券的发行人分析评估作为基础资产的现金流，设计证券交易结构；负责承销资产担保证券；投资银行设立专司单一资产证券化业务的子公司，自己购买银行抵押贷款等适合于证券化的资产，创造资产担保证券；作为证券化资产的受托管理人，以及为资产担保证券提供信用增级，自己参与资产担保证券的投资交易等。

（七）金融衍生工具的创设与交易

金融衍生工具被用作套期保值，规避金融资产价格风险的技术手段。投资银行参与设计金融衍生工具，并在这些衍生工具的交易市场上扮演经纪人和交易商的角色，而管理和控制风险是其重要职责。因此，投资银行的这项业务又被称为"风险管理"。

第三节　保险公司

一、保险的概念

保险是分散风险的一种经济补偿制度，它通过对不确定事件发生的数理预测和收取保险费的方法，集合有同类性质危险的多数人的资金建立保险基金，由大多数人来分担少数人的损失，实现保险购买者风险转移和理财计划的目标。

保险公司（insurance company）是专门经营保险业务的专业性金融机构。保险公司通过合同形式与投保人建立权利义务关系，根据合同约定向投保人收取保险费。保险公司则对合同约定可能发生的灾害事故所造成的财产损失承担赔偿责任，或者当被保险人死亡、伤残、患病或达到合同约定的年龄、期限时，承担给付保险金责任。在世界各国特别是市场经济发达的国家，保险公司是除银行外最重要的金融机构，在国民经济中发挥着重要作用。

英国是保险业的发源地，早在1668年英国就有了海上保险业务。1769年，英国几十名保险商人联合起来共同经营一项海上保险，但当时还没有固定的保险机构。到1871 年，英国议会通过了一项特别法令，成立"劳埃德保险社"（Lioyd's 简称"劳合社"），从此，保险机构取得法人资格，正式登上历史舞台。以劳合社为代表的英国保险业一直居世界保险业前列。

保险公司的资金来源是投保人交纳的保险费，保费是保险公司通过概率进行精确计算后所确定的。资金运用主要分成两部分，一部分用于应付赔偿所需，另一部分用于投资证券（如政府债券、企业债券和股票）、发放不动产抵押贷款和保单贷款等。

发达国家的保险公司不仅承保，还从事各种投资活动，乃至于购买古玩字画。1987年，名不见经传的日本安田保险公司以 2 250 万英镑的高价竞拍到梵高的名画《向日葵》，不仅大赚其钱，还使自己名声大噪。随着竞争加剧，保险业利润变薄是普遍的趋势，为了生存，保险公司必然更注意资本运营，在资本市场大量投资以获取收益。

二、保险公司的种类与业务范围

西方国家的保险业十分发达，各类保险公司是各国最重要的非银行性金融机构。西方各国按照保险种类，分别建有形式多样的保险公司，如财产保险公司、人寿保险公司、再保险公司、存款保险公司等。其中以人寿保险公司的规模为最大。

1. 人寿保险公司

人寿保险公司（life-insurance company）是为投保人的意外事故或伤亡提供经济保险的金融机构。其资金来源是按不同的保险品种确定的保险费；其资金运用主要是理赔和长期投资。由于人寿保险金支付具有可预期性，一般只有规定的事件发生或到了约定日期才支付保险金，在收进保费和支付赔偿金之间会形成较大的相对稳定的资金余额，因此人寿保险公司常有大量资金用于投资。由于人寿保险公司不必保持太多的现金和流动性较高的资产，因而可以投资于公司债券和公司股票，还可以用来发放房地产抵押贷款。

人寿保险的品种较多，常见有如下三种形式：（1）定期人寿保险。这是有一定承保期的人身险，承保时间可从几周到几十年。在承保期内，一旦发生事故，造成投保人丧失收入能力或死亡、伤残，便可获得保险公司的赔偿。（2）终身人寿保险。是投保人保险期内按期缴纳固定保险费，当投保人死亡后，由保险公司一次性支付保险金总额给投保人的指定受益人。（3）长期人寿保险。是保险公司在投保人达到规定年龄时，由保险公司支付一笔款项给投保人，其保费率是随投保人年龄的增长而提高的。

2. 财产保险公司

财产和灾害保险公司（property and casualty insurance company，简称财产保险公司），是对法人财产和家庭财物提供保险的金融机构。当投保人的财产在保险期内由于灾害及其他原因遭受损失时，保险公司负责赔偿。财产保险承保范围十分广泛，主要险种有：自然灾害险、汽车险、运输险、责任赔偿险、防盗险等。财产保险公司与人寿保险公司相比，各种灾害的发生事先较难以预测，资金的稳定性相对较差，因此所持现金及流动性资产的比重要高一些。财产保险公司的资金常用于购买货币市场金融工具、政府债券、高级别公司债券，也有少部分用于购买公司股票。

3. 再保险公司

再保险公司（reinsurance company）是经营再保险业务的商业组织机构。再保险是指原保险人为避免或减轻其在原保险中所承担的保险责任，将其所承保的风险的一部分再转移给其他保险人的一种行为。

第四节　信托公司与租赁公司

一、信托公司

（一）信托的概念与职能

信托（trust）是指法人或自然人在相互信任的基础上，通过签订契约，由委托人将资金、财产或某种经济事务，按照一定的目的或利益要求，委托给受托人代为营运、管理和处置的经济行为。

从信托理论和国外信托业发展经验看，信托业的职能主要有财产管理、融通资金、协调经济关系、社会投资和为社会公益事业服务五种。但其原始功能——财产管理功能是其基本职能，其他诸种职能，都是在这一职能的基础上衍生而来。

1. 财产管理职能

财产管理职能是指信托机构代客户经营管理和处置资产，即受人之托、代人理财。这是信托的最基本职能。信托机构作为受托人，必须按委托人的要求或其指定的具体项目，发放贷款或进行投资，为委托人或受益人谋利。而且，信托财产所获收益，全部归受益人享有，信托机构只能按契约规定收取相应手续费。

2. 资金融通职能

资金融通职能是指信托业作为金融业的一个重要组成部分，本身就赋有调剂资金余缺之功能，并作为信用中介调剂资金供求。表面上看信托的这一功能与信贷相似，但实则有质的区别：在融资对象上信托既融资又融物；在信用关系上信托体现了委托人、受托人和受益人多边关系；在融资形式上实现了直接融资与间接融资相结合。

3. 协调经济关系职能

协调经济关系职能是指信托机构处理和协调交易主体间经济关系和为之提供信任与咨询事务的功能。信托机构通过其业务活动而充当"担保人"、"见证人"、"咨询人"、"中介人"，为交易主体提供经济信息和经济保障。

4. 投资职能

投资职能是指信托机构运用信托业务手段进行投资活动的功能。信托机构开办投资业务是世界上许多国家的普遍做法。信托业的投资主要包括信托投资业务和证券投资业务。在我国，自 1979 年信托机构恢复设立以来，信托投资业务一直是其最主要业务，所以我国的信托机构普遍命名为"信托投资公司"。

5. 公益事业服务职能

公益事业服务职能是指信托机构可以为捐款或资助社会公益事业的委托人服务，以实现其特定目的的功能。随着经济的发展和社会文明程度的提高，越来越多的人热心于学术、教育、慈善、宗教等公益事业，纷纷捐款或者设立基金会，但他们一般对捐助或募集的资金缺乏管理经验，又希望所热心支持的公益事业能持续下去，于是就有了与信托机构合作办理公益事业的愿望。信托业对公益事业的资金进行运用时，一般采取稳妥而且风险较小的投资方法，如选取政府债券作为投资对象。信托机构开展与公益事业有关的业务时，一般收费较低，有的甚至可不收费，提供无偿服务。

（二）信托的产生与发展

英国是现代信托业的发源地，个人受托执行遗嘱、管理土地且不以盈利为目的的民事信托业务是英国传统的信托业务。1908 年"官立信托局"的成立，标志着英国的信托业开始从个人受托转向法人受托、民事信托转向商事信托。信托业的真正发达是在美国。美国信托机构继承了英国信托业的衣钵，创新了信托的中长期融资职能，金融信托业务由此完全形成。甲午战争以后，日本出于工业化筹资的需求，引入了在美国广为应用的金融信托制度。

我国的金融信托是 20 世纪初从欧美传入的，创始于上海，以银行兼办信托业的形式出现。1917 年上海商业储蓄银行成立保管部，1921 年正式更名为信托部。1918 年，浙江兴业银行开办了出租保管箱业务，1920 年正式成立信托部。1919 年，聚兴诚银行上海分行成立信托部。

改革开放后，1979 年 10 月中国国际信托投资公司成立，注册资本金 30 亿元。中国人民银行于 1980 年开办信托业务，并于同年 9 月下达《关于积极开办信托业务的通知》，至此，在中国中断已久的信托业复苏了。2001 年《信托投资公司管理办法》及《信托法》相继出台，明确了信托公司的职能，规范了信托业务，标志着我国信托业进入一个新时期。

中国信托业自 2001 年完成第五次清理整顿和重新核准登记以来，已经建立起《信托法》、《信托公司管理办法》、《信托公司集合资金信托计划管理办法》、《信托公司净资本管理办法》等以"一法三规"为主的监管体系。截至 2011 年年底，信托业管理信托财产总额已逾 4.8 万亿元，实现平均收益率 9.08%，理财能力在提高，信托产品多文化趋向。

（三）信托公司

信托公司是以资金或其他财产为信托标的，根据委托人的意愿，以受托人的身份管理及运用信托财产的金融机构。

信托公司的业务种类有：

（1）个人信托：是指信托机构承办为个人管理和监护财产、执行遗嘱、管理遗产及代理账户等信托业务。

（2）法人信托：是指信托机构接受法人团体的委托，以受托人身份为其提供的信托业务。

（3）个人和法人混合信托：主要包括公益信托、年金信托及职工持股信托等。

➤ **专栏阅读与分析**

乔布斯遗产成谜　房产交信托机构

乔布斯和妻子 2009 年把至少三笔不动产委交信托管理，法律专家表示，这显示作风隐秘的乔布斯可能有意确保在他身后财产不致公开。公共记录显示，乔布斯是在向苹果公司请病假期间进行这些产权转移的。他的股票和其他非房地产资产是否也委交信托管理还不得而知。不过如果他真的这样做，外人可能很难窥知这些资产如何分配。旧金山信托组织和遗产律师欧格瑞迪说，把股票和房地产委交信托，可以尽可能减少遗产税，并避免财产在遗嘱认证法庭公开。他说，如果处理妥善，乔布斯的遗产详情可能永远不会公开。

除了苹果股票，乔布斯 2006 年把皮克斯（Pixar）动画公司卖给迪斯尼，换得 1 亿 3 800 万股迪斯尼股票。《福布斯》杂志估计他有 70 亿美元身价。房地产记录显示，乔布斯曾对他在硅谷的一些产业做遗产规划。乔布斯夫妇多年共同拥有他们在加州的住宅，以及附近两处不动产。2009 年 3 月，也就是乔布斯第二次向苹果请病假之后两个月，他们夫妇把这三个地方的产权交给两个不同的信托组织管理。

加州法律规定遗嘱必须在当事人去世 30 天内提交法庭认证，不过律师表示这种规定极少切实执行，而且如果乔布斯早就把财产委交信托管理，遗嘱本身内容可能无关大要。在这种情况下，乔布斯的遗嘱将只表示一切已委交信托管理人处理，而他的遗产将根据向来保密的信托法规管理。

资料来源：[新加坡]联合早报.2011-10-8.

二、租赁公司

（一）租赁的概念

1952 年，美国加州的一家食品企业老板节恩费尔的手头接到大量生产定单，但苦于自己的生产设备不足，又无力筹措资金购买设备。在必须扩大投资才能不失去增加赢利机会的驱使下，他设想冲破"先一次性投资购买设备后，再进行生产"的传统观念，改用"先租赁设备并从生产中获利，而后归还租金并获得设备所有权"的新方式。他的这一设想果然获得了成功，并从中悟出了一个道理："生产资料的价值在于使用"，这也是租赁的生命力之所在。

租赁（leasing）是出租人按照合同的规定，在一定时期内将租赁标的物出租给承租人使用，承租人按期向出租人支付租金的经济活动。

租赁业务主要包括下列四类：

（1）融资租赁。又称为金融租赁，指由出租人根据承租人选定的设备，出资向供货人购买该设备，并租给承租人使用，承租人按期支付租金的租赁形式。

（2）经营性租赁。由出租人向承租人提供租赁物品的使用权并负责租赁设备维修、保养及其他专门性技术服务的一种租赁方式。

（3）杠杆租赁。又称平衡租赁，出租人一般只需投资购置设备所需款项的 20 –40%，其余款项向银行等金融机构借款，但需出租人以设备第一抵押权、租赁合同及收取租金的受让权作为对该项贷款的担保。

（4）国际租赁。指跨越国境的租赁业务。出租方与承租方不在同一国家，租赁资产的所有权与使用权分属不同国家的企业。

（二）金融租赁公司

金融租赁公司（financial leasing companies）是专门经营租赁业务的公司，是租赁设备的物主，通过提供租赁设备而定期向承租人收取租金。金融租赁公司开展业务的过程是：租赁公司根据企业的要求，筹措资金，提供以"融物"代替"融资"的设备租赁；在租期内，作为承租人的企业只有使用租赁物件的权利，没有所有权，并要按租赁合同规定，定期向租赁公司交付租金。租期届满时，承租人可以支付一定价款获得设备所有权，也可以选择退租，租赁物归出租人所有。租赁公司的组织形式不一，既可以独立设立，也可以依附于银行等金融机构设立。融资租赁公司的组织形式不一，它既可以独立存在，也可以依附于银行等金融机构。

我国的融资租赁业起源于 20 世纪 80 年代初，最早的租赁公司是以中外合资企业的形式于 1981 年 4 月成立的中国东方租赁有限公司，其原始动机是引进外资。1981 年 7 月成立了首家中资租赁公司"中国租赁有限公司"。到 1997 年经中国人民银行批准的金融租赁公司共有 16 家。1997 年后包括中国东方租赁有限公司在内的多家租赁公司先后退出市场。截至 2011 年年底，经过增资扩股后正常经营的金融租赁公司 共有 17 家，它们主要从事公交、城建、医疗、航空、IT 等产业。目前我国的租赁公司主要包括两类：一类是由银行等金融机构投资设立的金融租赁公司。比如民生金融租赁股份有限公司、招银金融租赁有限公司等；另一类是独立的综合类金融租赁公司。

未来几十年是中国经济发展上台阶的时期，国家将继续对能源交通和基础设施大力投资，中国企业经过几十年市场化运作和积累后急需产业更新和技术改造，这些都会带来大量的成套设备、交通工具、专用机械的需求，而发达国家的成功经验已经证明了租赁是解决这些需求的最有效途径。今后市场的巨大需求是金融租赁业务发展的最好时机。

第五节　其他非银行金融机构

其他非银行金融机构与商业银行的主要区别在于其不以吸收活期存款为主要资金来源，而以某种特殊方式筹集资金，其资金运用有专门的方向。非银行金融机构是整个金融机构体系中非常重要的组成部分，其发展状况是衡量一国金融体系是否成熟的重要标志之一。能否与银行业金融机构构成一个平衡而有竞争性的金融体系，是非银行金融机构发展的重要内容。

一、存款类非银行金融机构

除商业银行外，还有一些金融中介机构也吸收存款，但仅限于定期存款，不能吸收活期存款，因此不具有存款派生能力。所以，这类金融机构尽管吸收存款，但不是真正的商业银行，在此称之为存款类非银行金融中介机构，以区别于商业银行。这类机构主要有储蓄银行和合作金融机构。

（一）储蓄银行

储蓄银行是专门吸收居民储蓄存款并为居民提供信贷等金融服务的存款类金融机构。这类金融机构的服务对象主要是居民，资金来源也主要是居民储蓄，其资金运用主要是提供消费信贷和住宅抵押贷款等，此外也开展证券投资业务。储蓄银行的具体名称，各国有所差异，有的甚至不以银行相称，但功能基本相同。比如美国的互助储蓄银行（Savings Banks）和储蓄与贷款协会（Savings and Loan Associations），这两类储蓄机构与信贷协会（Credit Unions，也称为信用社）被金融监管部门统称为"节俭机构

（Thrift Institution）"。它们和商业银行共同构成了存款性机构。我国的中国邮政储蓄银行在2007年以前主要开展面向居民的储蓄业务，属于储蓄银行范畴。自2007年以后逐渐向商业银行转型，2011年年底整体由有限责任公司变更为股份有限公司，已完全属于大型商业银行了。

（二）合作金融机构

合作金融是指由社员在自愿平等的条件下，共同出资，民主管理，互助互利为主要宗旨的金融活动。由此建立的金融机构称为合作金融机构。主要有信用合作社和合作银行两种形式。

1. 信用合作社

信用合作社是许多国家普遍存在的一种互助合作性金融组织。这类金融机构一般规模不大，它们的资金来源于合作社成员缴纳的股金和社员的储蓄存款，贷款主要用于解决社员生产经营的资金需要或消费信贷。信用合作社通常分为城市信用社和农村信用社两种，前者是城市小工商业者的信用组合，后者是农村经济单位的信用组合。信用社的建立初期是直接为小商品生产者服务的，因为在现代化大生产条件下，小商品生产者很难取得大银行贷款的支持，而正常的生产和流通又需要解决资本不足的困难，于是他们以缴纳股金和存款的方式组织这样一种信用机构，满足自身的资金融通需求及其他金融服务需求。信用合作社在一些国家金融体系中具有相当重要的地位，例如日本的农协合作金融部，入社者占全国农户的90%左右，其资金除向农民社员贷款外，还用于购买政府债券或转存到其他信用机构。

我国的信用合作社自20世纪20年代初期的民国时期就建立了。新中国成立后的"一五"时期，随着"合作化运动"的深入，在全国98%的乡镇建立了信用合作社。但从1958年"大跃进"及随后的"人民公社化"后，信用合作社被改造为集体所有制，合作制徒有其名。改革开放后，针对如何把信用合作社的办成真正的"合作制"金融组织进行了多次反复改革。但这些改革措施在农村信用社产权制度上始终没有实质进展，导致其成为既非合作制，也非商业性机构的尴尬处境。目前许多地方的农村信用社正逐步改制为农村商业银行或农村合作银行。

2. 合作银行

合作银行是有私人和信用合作社组成的互助性合作金融机构。它是在信用合作社基础上建立和发展起来的，具有与信用合作社相同的宗旨和经营原则。合作银行的组织形式主要有两种：一种是独立建立的合作银行。个人和各类合作社是其主要出资人，资金来源主要是合作社、农民的存款，贷款对象主要是各类合作社。另一种合作银行是信用合作社的地区与全国的联合组织。这种合作银行是由各信用合作社以法人社员入股，逐级组成的联合社，为各信用合作社共有、共治、共享。例如德国合作银行集团是由大约3 000个独立的地方信用社构成，采取自下而上逐级组建，即区域合作银行是由各地方信用社组建，全国性合作银行由个区域合作银行组建。我国目前的合作银行主要是由农村信用社改制组建而成。

二、专业贷款机构

专业贷款机构是指不吸收存款，主要靠自有资本、发行抵押债券、向商业银行借款等方式筹集资金，以贷款为主要业务的金融中介机构。这类机构主要有不动产抵押银行、贷款公司、金融公司、典当行。

（一）不动产抵押贷款机构

不动产抵押贷款机构是经营以土地、房屋等不动产抵押贷款的专业贷款机构。它们的资金主要靠发行不动产抵押担保债券来筹集。其资金运用大体可分为两类：一类是以土地为抵押的长期贷款；另一类是以城市不动产为抵押的长期贷款。在具体运作中，它们首先用自有资金发放不动产抵押贷款，然后把这些债权转售给其他金融机构，从中获得利差收益。这类机构以美国的住房抵押贷款公司最为典型。但该行业在 2008 年次贷危机中遭受巨大损失，许多机构倒闭。例如美国最大的商业抵押贷款机构全国金融公司（Countrywide Financial Corp.），其业务额约占全美抵押贷款的五分之一。但在次贷危机中几近濒临破产。

房利美（Fannie Mae）和房地美（Freddie Mac）是美国最大的两家住房抵押贷款公司。房利美全称为联邦国民抵押贷款协会，房地美全称为联邦住房抵押贷款公司。两家公司都是在政府支持下创立并获得政府信用支持的私人公司，其主要职能是购买抵押贷款资产，然后将其重新打包为债券出售给投资者，从而支持美国的房地产市场。2008 年美国次贷危机中"两房"遭受重创，同年 9 月美国联邦政府宣布接管房利美和房地美。

（二）小额贷款公司

小额贷款公司是以自有资本和银行借款为主要资金来源，以发放小额贷款为主要业务的专业贷款机构。这类机构目前正在我国试点。主要有两种类型：（1）由企业法人、自然人和其他经济组织投资设立的只贷不存的小额贷款公司。小额贷款公司在我国目前不属于金融机构，而是非金融企业，由地方政府审批和管理。自 2008 年试点以来，到 2012 年 6 月底，全国共有 5 267 家。（2）由商业银行或农村合作银行全额出资在农村地区设立的服务于"三农"的贷款公司。这类贷款公司持有金融许可证，属于非银行金融机构，我国于 2007 年开始试点。贷款公司资金来源主要是资本金和向投资人借款，资金运用主要是小额贷款和票据贴现。

（三）金融公司

金融公司（financial company）也称为财务公司。在西方国家金融公司主要是靠发行商业票据、债券和股票来筹集资金，用以发放购买耐用消费品的贷款和住房抵押贷款。金融公司通常依托某一集团公司，目的是帮助母公司推销自己的产品。例如大众汽车公司在中国设立的全资子公司大众汽车金融（中国）有限公司，就是向购买大众汽车的消费者提供消费信贷。

我国目前的财务公司不同于国外，它是依托某一企业集团设立的，"以加强企业集团资金集中管理和提高企业集团资金使用效率为目的，为企业集团成员单位提供财务管理服务的非银行金融机构"。这类财务公司目前国内已有许多，如依托中国铁建集团的中国铁建财务有限公司，依托一汽集团的一汽财务有限公司，等等。

（四）典当行

典当行是以动产、财产权利作为质押物或以房地产为抵押物，发放质押贷款或抵押贷款的贷款机构。典当行的资金来源主要是自有资本和向银行借款。典当是一种古老的融资活动，主要满足个人消费或小生产经营者的短期资金需求，灵活方便，具有很强的社会适应性。我国目前的典当行不属于金融企业，按特殊的商业企业管理，主管部门是商务部。

三、政策性金融机构

（一）政策性金融机构的类型

政策性金融机构是由政府直接创立、参股或提供保证，不以盈利为目的，专门为贯彻和配合政府的社会经济政策，在特定的业务领域内从事金融活动的非银行金融机构。政策性金融机构的资金来源主要是资本金、发行政策性金融债券、向中央银行借款。政策性金融机构主要有下列五类：

1. 经济开发政策性金融机构

经济开发政策性金融机构是专门为经济开发提供长期投资或贷款的金融机构，其贷款和投资方向主要是基础设施、基础产业、支柱产业的大中型基本建设项目和重点企业，以配合国家一定时期特定的经济和社会发展政策，实现宏观管理的目标。

2. 农业政策性金融机构

农业政策性金融机构是指为贯彻政府农业政策，专门为农业发展提供中长期优惠贷款的金融机构。

3. 进出口政策性金融机构

进出口政策性金融机构是一国为促进国际贸易、改善国际收支，特别是鼓励本国商品出口、增强本国商品的出口竞争能力而设立的金融机构。这类机构一般是政府设立，如美国的进出口银行、日本的输出入银行等。

4. 住房政策性金融机构

住房政策性金融机构是指专门扶持住房消费，尤其是扶持低收入者进入住房消费市场，通过发放长期优惠住房贷款，以贯彻政府住房发展政策和房地产市场调控政策的金融机构。

5. 中小企业政策性金融机构

中小企业政策性金融机构是专门向中小企业提供优惠贷款与担保的金融机构。比如美国的小企业管理局（small business administration，SBA）。

（二）我国的政策性金融机构

1. 国家开发银行

国家开发银行于 1994 年 3 月成立，总行设在北京，目前在全国设有 32 家分行和 4 家代表处。国家开发银行的注册资本金有 500 亿元人民币，由国家财政全额拨付。

国家开发银行的业务范围主要包括：①管理并运用国家核拨的预算内经营性建设基金和贴息资金；②向国内金融机构发行金融债券和向社会发行财政担保建设债券；③办理有关的外国政策和国际金融机构贷款的转贷，经国家批准在国外发行债券，根据国家利用外资计划筹措国际商业贷款等；④向国家基础设施、基础产业和支持产业的大中型基建与技改等政策性项目及其配套工程发放政策性贷款；⑤办理建设项目贷款条件评审、咨询和担保等业务，为重点建设项目物色国内外合资伙伴，提供投资机会和投资信息。

2. 中国进出口银行

中国进出口银行成立于 1994 年 4 月，总行设在北京，目前在国内设有十余家营业性分支机构和代表处，在境外设有东南非代表处、巴黎代表处和圣彼得堡代表处，与三百多家银行建立了代理行关系。中国进出口银行的注册资本金为 33.8 亿元人民币，由国家财政全额拨付。

中国进出口银行的业务范围包括：①办理与机电产品和成套设备有关的出口信贷业务（卖方信贷和买方信贷）；②办理与机电产品和成套设备有关的政策贷款、混合贷款、出口信贷的转贷、国际银行间及银团贷款业务；③办理短期、中长期出口信用保险、进出口保险、出口信贷担保、国际保理等业务；④经国家批准，在境外发行金融债券；⑤办理本行承担的各类贷款、担保、对外经济技术合作等项目的评审，为境内外客户提供有关本行筹资、信贷、担保、保险、保理等业务的咨询服务。

3. 中国农业发展银行

中国农业发展银行于 1994 年成立，总行设在北京，其分支机构按照开展农业政策性金融业务的需要，并经银监会批准设置。中国农业发展银行注册资本为 200 亿元人民币，由国家财政全额拨付。

中国农业发展银行的业务范围包括：①办理粮、棉、油等主要农副产品的国家专项储备贷款；②办理粮、棉、油等主要农副产品的收购、调销、加工贷款；③办理国务院确定的扶贫和农业综合开发贷款；④办理国家确定的小型农、林、牧、水利基本建设和技术改造贷款；⑤发行金融债券；⑥办理境外筹资。

➤ 本章小结

1. 金融机构和金融市场是整个金融体系的基础和中心，二者共同构成狭义的金融体系。广义的金融体系不仅包括金融机构体系、金融市场体系，还包括金融监管体系和金融调控体系。

2. 投资银行并非通常意义上的银行，是经营证券承销、证券交易和企业并购等资本市场业务的金融机构。资本市场一直是投资银行的主要活动领域。

3. 投资银行具有金融中介、构建市场、财务顾问、风险管理的功能。

4. 保险公司是专门经营保险业务的专业性金融机构。在世界各国特别是市场经济发达的国家，保险公司是除银行外最重要的金融机构，在国民经济中发挥着重要作用。

5. 信托公司是以资金或其他财产为信托标的，根据委托人的意愿，以受托人的身份管理及运用信托财产的金融机构。

6. 金融租赁公司是专门经营租赁业务的公司，是租赁设备的物主，通过提供租赁设备而定期向承租人收取租金。

7. 其他非银行金融机构包括存款类非银行金融机构、专业贷款机构、政策性金融机构。

➤ 关键术语

金融体系　投资银行　信托　租赁　储蓄银行　合作金融机构　金融公司
政策性金融机构

➤ 思考与练习

1. 什么是投资银行？其主要业务包括哪几个方面？

2. 同为金融中介，投资银行与商业银行有什么区别？

3. "迄今为止，我国证券市场尚未有真正意义上的本土投资银行"，这是多年来一直在国内流行的一种观点。你是否赞同这一观点？为什么？

4. 什么是政策性银行？它和商业银行的主要区别是什么？

5. 保险公司主要的保险业务有哪些？

6. 简述信托公司的主要业务。

7. 简述租赁公司的主要业务。

➤ 进一步学习的资源

［1］中国信托研究. http：//www. jianwangzhan. com.

［2］信托法律网. http：//www. trustlaws. net.

［3］中国租赁信息网. http：//www. rent99. com/.

［4］中国人民保险公司. www. picc. com. cn.

［5］中国保监会. www. circ. gov. cn.

第八章 金融风险与金融监管

➤ 本章导入

随着金融国际化步伐的加快，金融风险凸显，金融危机频繁爆发，使金融业面临着前所未有的挑战，金融监管显得尤为重要。特别是 2008 年由美国次贷危机引发的全球性金融危机，使人们进一步认识到金融风险的严重性，强化金融监管成为金融国际化浪潮下的当务之急。

➤ 学习本章后，你将有能力

- ■ 认识什么是金融风险
- ■ 弄清金融风险的形成原因
- ■ 理解金融危机与金融风险的联系与区别
- ■ 掌握金融监管的内容与监管目标

第一节 金融风险及成因

一、金融风险的概念与特征

（一）什么是风险

"风险"一词最早与航海贸易和保险业密切相关，公元 14 世纪的意大利文献中，风险（risqué）被理解为客观的危险，表现为自然现象或者航海遇到礁石、风暴等事件。在经济学领域，最早定义"风险"的是美国学者威雷特（Willett），他认为风险是损失发生的可能性。也有学者把风险定义为预期收益的不确定性。其实，不确定性就是可能性，人们通常把风险理解为损失。

（二）金融风险

金融风险是经济主体在金融活动中面临的风险，可以从下面三个方面来把握：

1. 金融活动本身蕴藏着风险

现代金融着力解决的问题是人们在不确定的环境中如何进行资源在时间和空间上的合理配置。不确定性是金融活动的内在属性，也是金融风险产生的真正根源。因此，金融风险与金融活动是不可分离的，哪里有金融活动，哪里就会有金融风险。如买股票有市场风险、贷款有信用风险、现金业务有操作风险等。现代金融业务实质上就是经营和管理风险的业务。

2. 金融风险不等于银行风险

金融活动中的每一个参与者都是金融风险的承担者。作为金融活动最主要参与者的金融机构特别是商业银行面临的金融风险尤为突出，一旦发生损失，会产生巨大的外部负效应。因此，银行等金融机构风险往往是人们关注的焦点。但是，除了银行等金融机构外，政府、企业、居民等经济主体在从事金融活动时同样也会面临金融风险。

3. 金融风险也不等于金融危机

"金融风险"与"金融危机"都反映着金融状况的恶化，结果都体现为损失，因此人们常会混淆这两个概念。实际上，金融风险与金融危机是有区别的：其一，损失的范围和程度不同。金融危机会导致大范围、高强度的严重损失，是一种极端不利的状态，而金融风险导致的损失则是常态的、分散的。其二，发生的频率不同。金融风险的发生具有普遍性、必然性，而金融危机则是偶尔发生或时有发生，不具有普遍性。

（三）金融风险的特征

1. 普遍性

金融风险普遍地存在于所有的金融活动中。虽然现实生活中人们常称某些金融业务是"无风险业务"，但是这并不表明这些活动绝对没有风险，而是相比较而言，这些活动的风险极低，乃至可以忽略不计。例如，我们通常说国库券是无风险的，实质上是与企业债券、股票等相比，国库券的发行者是政府，一般不会存在违约等现象，尤其是在短期内可以认定不会出现风险。但也有例外发生，如1998年俄罗斯爆发了金融危机，俄政府8月19日深夜发表声明，决定推迟偿还短期国债，将其转换成三至五年的长期债券，此时的俄罗斯国库券就是有风险的。另外，即使不存在信用风险，投资国库券还可能出现其他风险，如流动性风险等。因此，从严格意义上来说，所有的金融活动只存在风险大小之分，不存在完全无风险之说。

2. 隐蔽性

金融活动的一个典型特点就是可以创造信用，这能让经济主体在很长一段时间内得以继续维持、掩盖或补救已经失败的信用关系或已经发生的损失。通常情况下，一个不能按期偿还债务的企业往往意味着存在较大的财务风险，但该企业却可以通过借新还旧的方式将风险掩盖起来。金融风险的隐蔽性还来自于金融活动的不透明，例如1995年发生在巴林银行（英国）和大和银行（日本）的两起金融风险事件暴露出来的共同点就是：由于交易人员在复杂的金融交易中隐蔽风险，进而导致巨额损失。当然，金融风险的隐蔽性是一柄双刃剑，既可能加剧损失的严重性，也有可能为风险承担者赢得缓冲和弥补损失的机会。

3. 扩散性

作为现代经济的核心，金融活动渗透到了经济生活的方方面面，金融主体间的联系也日益密切，各种债权债务关系、交易关系错综复杂，金融风险的发生具有强烈的扩散性效应，从小到大、由此及彼、从单个主体到整个体系，其范围和强度是一个不断放大的过程。1995年2月27日，受巴林银行倒闭的影响，亚洲和欧洲外汇市场上英镑汇率均大幅度下跌，其中英镑对德国马克的汇率跌至两年来最低点。在日本，由于担心巴林银行在3月10日这个结算日前会全部完成大量未对冲期货合约的交易，从而导致了恐慌性抛售，日经225股指与期货价格均大幅下跌，其中股指跌幅达3.8%。日本股市与期货的下跌反过来又令巴林银行雪上加霜，一天之内亏损猛增2.8亿美元。2007年爆发于美国的次贷危机同样是金融风险扩散性的一个极好例证，这起原本是单一国家、单一市场、单一业务的金融事件，在极短的时间内迅速蔓延到其他国家、其他市场和其他业务，最终引发了一场全球性的金融动荡。

4. 周期性

受经济周期和货币政策变化的影响，金融风险呈现出规律性、周期性的特点。一般来说，在经济复苏和繁荣时期，货币政策较宽松，资金充裕，企业经营状况良好，金融风险处于低发期；反之，在经济衰退和萧条时期，货币政策紧缩，经济生活中各环节的矛盾不断激化，股市下跌，贷款拖欠，金融风险则处于高发时期。

5. 可控性

金融风险是客观存在的，同时也是可以预测和加以控制的。金融理论的发展、金融市场的规范、金融技术的进步，都有助于提高风险管理能力。管理金融风险已成为现代金融业最重要的功能。

二、金融风险的分类

金融风险可以有不同的分类。按发生的范围，可以将金融风险划分为系统性风险和非系统性风险；按风险形成原因的不同，可以将金融风险划分为信用风险、市场风险、操作风险、流动性风险、国家风险、合规风险、声誉风险等。

（一）信用风险

信用风险是指因债务人或交易对手的直接违约或履约能力的下降而造成损失的风险。信用风险是最古老的风险之一，广泛地存在于一切信用活动中。由于商业银行的最主要功能是充当联结储户和借款者的信用中介，信用风险无疑就成为其与生俱来的、最主要的风险。数百年来，商业银行在信用风险管理领域里不断探索，积累了大量的经验。可以说，商业银行的发展史就是一部信用风险管理史。虽然信用风险管理的历史较长，但信用风险的形式却在不断地变化。金融市场的深化及金融业的不断创新发展，传统的信贷产品也不断地被重塑，这一方面刺激了新的产品源源不断地问世；另一方面，信用风险的成因因此变得更加复杂，计量和管理也更加困难。

（二）市场风险

市场风险指因股市价格、利率、汇率等的变动而导致价值未预料到的潜在损失的风险。因此，市场风险包括汇率风险、利率风险以及价格风险。随着经济全球化和金融自由化，一方面，金融市场的波动性不断加剧；另一方面，金融市场在经济运行中的作用和地位也不断上升，这使得市场风险成为最重要、影响力最广的金融风险形态。近半个世纪以来，认识市场风险、计量市场风险、管理市场风险，成为人们孜孜不倦的追求。资产组合理论、CAPM 模型、VaR、压力测试等等，这些具有里程碑意义的风险管理理论和方法最初涉及的核心都是市场风险。

（三）操作风险

广义地说，除了信用风险和市场风险以外的所有风险都可以称作"操作风险"，包括内控失效、流程失败、信誉受损、外部欺诈等。2004 年巴塞尔委员会在其公布的新资本协议中做出了相对狭义的界定，"操作风险是指由于内部流程、人员行为和系统失当或失败，以及由于外部事件而导致损失的风险"。相对于信用风险和市场风险而言，操作风险的来源繁多。量化和控制的难度更大。

> ➤ **专栏阅读与分析**

巴林银行倒闭案

1995 年 3 月，英国著名的投资银行——巴林银行由于日经股指期货交易中的巨大损失而破产。从此，这个有着 233 年经营史和良好业绩的投资银行在金融界消失。巴林银行的倒闭与衍生证券本身存在的风险有密切的关系，但是，更重要的原因是巴林银行的制度设计和操作监管中出现的操作风险。

从制度上看，巴林银行最根本的问题在于交易与清算角色的混淆。巴林银行新加坡分行交易员尼克·里森在 1992 年去新加坡后，任职巴林新加坡期货交易部兼清算部经理。作为一名交易员，里森本来应有的工作是代巴林银行的客户买卖衍生商品，并代替巴林银行从事套利这两种工作，基本上是没有太大的风险。因为代客操作，风险由客户自己承担，交易员只是赚取佣金，而套利行为亦只赚取市场间的差价。一般都允许交易员持有一定额度的风险头寸。但为防止交易员暴露过多的风险，这种许可额度通常定得相当有限。而通过清算部门每天的结算工作，银行对其交易员和风险头寸的情况也可予以有效掌握。但不幸的是，里森一人身兼交易与清算两职。如果里森只负责清算部门，如同他本来被赋予的职责一样，那么他便没有机会为其他交易员的失误行为瞒天过海，也就不会造成最后不可收拾的局面。

令人难以置信的是，巴林银行在1994年年底发现资产负债表上显示5 000万英镑的差额后，仍然没有警惕其内部控制的疏忽。在发现问题至其后巴林银行倒闭前的两个月时间里，由巴林总部的审计部门正式加以调查，但这些调查都被里森轻易地蒙骗过去。例如，里森假造花旗银行有5 000万英镑存款，审计部门查了一个月的账，却没有人去查花旗银行的账目。里森对这段时期的描述为："对于没有人来制止我的这件事，我觉得不可思议。伦敦的人应该知道我的数字都是假造的，这些人都应该知道我每天向伦敦总部要求的现金是不对的，但他们仍旧支付这些钱。"

巴林银行的许多高层管理者完全不去深究可能的问题，而一味相信里森，并期待他为巴林银行套利赚钱。尤其具有讽刺意味的是，在巴林破产的两个月前，即1994年12月，于纽约举行的一个巴林银行金融成果会议上，250名在世界各地的巴林银行工作者还将里森当成巴林银行的英雄，对他报以长时间热烈的掌声。

新加坡在1995年10月17日公布的有关巴林银行破产的报告结论中有一段话："巴林集团如果在1995年2月之前能够及时采取行动，那么他们还有可能避免崩溃。截至1995年1月底，即使已发生重大损失，这些损失毕竟也只是最终损失的1/4。"但是，他们什么也没有做，1995年2月23日，里森为巴林所带来的损失终于达到了86 000万英镑的高点，造成了世界上最老牌的巴林银行终结的命运。银行内部监管不当引起的操作风险造成了难以弥补的损失。

资料来源：杨长江，张波等编著. 金融学教程. 上海：复旦大学出版社，2004：77 - 78.

阅读上述案例资料，思考并分析：

（1）导致巴林银行倒闭的风险点有哪些？

（2）操作风险与市场风险的不同是什么？

（四）流动性风险

流动性风险是由于流动性不足给经济主体造成损失的可能性。流动性不足的表现有：不能以合理的成本筹集所需的资金；短期资产价值不足以应付短期负债的支付或未预料到的资金外流；因发生极端事件而触发大规模的资金抽离；等等。通常情况下的流动性不足可能导致经济主体的筹资成本上升或资产价值缩水，极端情况下还会诱发严重的流动性危机，甚至破产。

（五）国家风险

国家风险是指经济主体在与非本国居民进行贸易与金融往来时，由于对方国家宏观经济、政治环境和社会等方面的变化而遭受损失的可能性。国家风险既可能以主权风险的形式存在，也可能以转移风险的形式存在。随着经济全球化进程的加快，国家风险引起了人们越来越多的关注。产生国家风险的因素很多，既有经济因素，又有政治形势、社会环境的变化，各种因素相互影响，错综复杂。如何识别与度量国家风险，并在此基础上采用积极有效的应对与控制措施，是国家风险管理的核心问题。

➤ **专栏阅读与分析**

欧债危机爆发与蔓延

2009 年 10 月，希腊新任首相乔治·帕潘德里欧宣布，其前任隐瞒了大量的财政赤字，随即引发市场恐慌。截至同年 12 月，三大评级机构纷纷下调了希腊的主权债务评级，投资者在抛售希腊国债的同时，爱尔兰、葡萄牙、西班牙等国的主权债券收益率也大幅上升，欧洲债务危机全面爆发。2011 年 6 月，意大利政府债务问题使危机再度升级。这场危机不像美国次贷危机那样一开始就来势汹汹，但在其缓慢的进展过程中，随着产生危机国家的增多与问题的不断浮现，加之评级机构不时的评级下调行为，已经成为牵动全球经济神经的重要事件。政府失职、过度举债、制度缺陷等问题的累积效应最终导致了这场危机的爆发。在欧元区 17 国中，以葡萄牙、爱尔兰、意大利、希腊与西班牙五个国家（简称"Pigs 五国"）的债务问题最为严重。如下图所示。

除了过度举债和政府失职外，欧元区的制度缺陷在本次危机中暴露无遗。根据欧元区的制度设计，各成员国没有货币发行权，也不具备独立的货币政策，欧洲央行负责整个区域的货币发行与货币政策实施。在欧洲经济一体化进程中，统一的货币使区域内的国家享受到了很多好处，在经济景气阶段，这种安排促进了区域内外的贸易发展，降低了宏观交易成本。然而，在风暴来临时，陷入危机的国家无法因地制宜地执行货币政策，进而无法通过本币贬值来缩小债务规模和增加本国出口产品的国际竞争力，只能通过紧缩财政、提高税收等压缩总需求的办法增加偿债资金来源，这使原本就不景气的经济状况雪上加霜。

欧元的诞生，其目的是为了促成欧洲永远的团结，但是现在，却成了欧洲未来的最大威胁。股神巴菲特在印度表示，欧元崩溃并不是"不可想象"。一旦欧元崩溃并导致欧盟解体，半个多世纪以来取得的一体化成果化为乌有，这是欧盟成员国无法承受的。如果欧元区要想渡过危机关就需要全面的结构改革。长期看来，如果内部经济发展的不平衡不能解决，货币政策与财政政策就

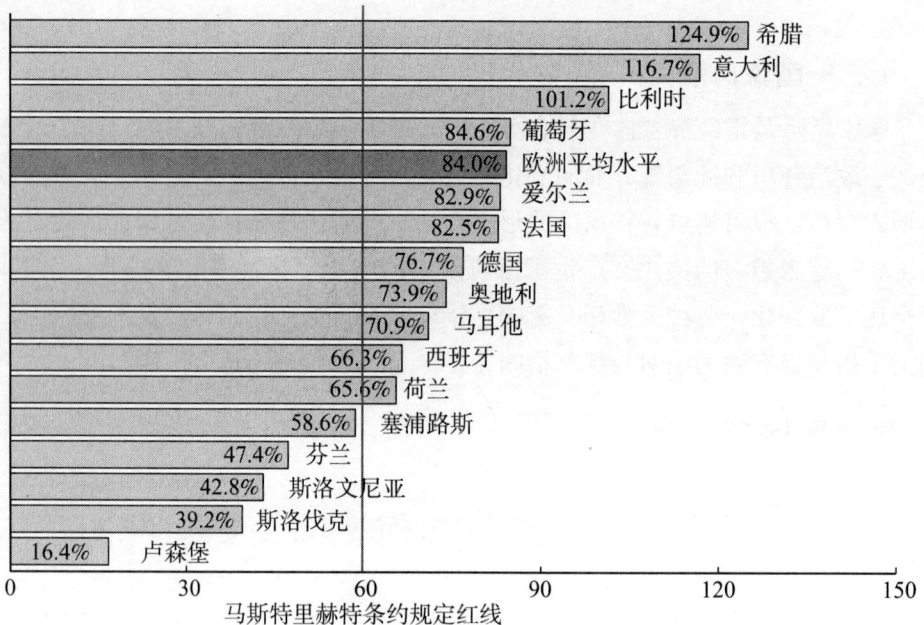

2010 年欧洲各国债务与 GDP 比值

难以相互协调，我们很难期待这个全球最大的经济货币联盟会有更光明的未来。对于欧洲而言，缩小区域发展差异，提升各成员国间的整体竞争力才是巩固经济同盟最重要的一步。

根据新浪财经专题"欧债危机"整理，http：//finance. sina. com. cn/focus/EUcresis，2012. 5. 30.

（六）合规风险

2005 年 4 月，巴塞尔委员会发布了《合规与银行内部合规部门》监管文件，指出"合规风险是指银行因未能遵循法律、监管规定、规则、自律性组织制定的有关准则，以及适用于银行自身业务活动的行为准则而可能遭受法律制裁或监管处罚、重大财务损失或声誉损失的风险"。近年来，金融机构和监管部门对合规风险的关注逐渐增强，合规风险正在取得和信用风险、市场风险以及操作风险同等重要的地位。

（七）声誉风险

企业声誉是企业在社会公众中的美誉度、知名度与忠诚度，它能够给企业创造丰厚的价值，是企业最重要、最宝贵的无形资产之一。任何有损于企业声誉的事件都会导致企业价值的损失，对金融机构而言，声誉风险可以说是其最大的威胁。然而现阶段对声誉风险的管理还处于起步阶段，如何量化声誉风险、如何控制声誉风险、谁该对声誉风险的管理负责等，这些问题都还有待于进一步探讨。

三、金融风险的成因

金融风险产生的原因既有主观因素，如金融活动参与者的经营管理、心理预期等，又有客观因素，如宏观经济金融的运行状况及经济金融政策的变化等。金融风险是多种多样的原因相互作用的结果，其中，既有内因又有外因。

（一）金融风险产生的内因

1. 金融机构的脆弱性

以商业银行为代表的金融机构要发挥其功能会受到两个前提条件的制约：一是客户对金融机构的信心，如银行，只有储蓄者对银行有信心而不同时提款，才能保证银行将其对零散储户的流动性负债转化为对借款人的非流动性债权；二是金融机构对客户的筛选和监督是高效率的，且无成本或至少是低成本的。由于信息不对称的普遍存在，这两个条件的成立并不是绝对的。以商业银行为例，主要体现在如下几个方面：

（1）储户对银行丧失信心时，就会出现银行的挤兑。因为一旦银行经营发生意外，其储户就会面临个体理性与集体非理性的冲突，而出现挤兑。挤兑在银行运营中具有爆发性发生的极大可能，而银行对此却无能为力。银行抵御挤兑的脆弱性，源于其存款负债的十足流动性与贷款债权的有限流动性之间的矛盾。虽然国家通过建立存款保险制度可以减少挤兑的发生，但存款保险不可能覆盖全体金融机构，同时存款保险也存在争议，例如，有人认为它会恶化金融市场上的逆向选择，从而产生道德风险。

（2）金融机构对借款人的筛选和监督失败，则会导致金融资产质量恶化。金融机构对借款人筛选失败的原因主要有以下几方面：第一，金融机构从实践中得出其经营风险有政府救助。即所谓"大而不倒"（too big to fail），就是认为大型金融机构陷入困境时，政府不会袖手旁观。第二，金融管理者经营业绩上的奖励与惩罚不对称。风险性决策一旦成功会有极大的奖励，而如果失败，最坏的结果不过是暂时失业。故金融机构管理者总是倾向做一些风险较高的信贷决策。第三，金融机构对借款人完全的事后监督是不可能的，从而使信贷市场上的不确定性不能被彻底解决。

此外，对金融机构内在脆弱性的解释还有两点值得一提。一是灾难遗忘解释，即当距上次金融灾难有一个较长时期后，贷款人忘记了过去痛苦的经历，而对目前呈现的繁荣，更倾向于那些带动价格上涨的投机性和高风险性的借款人，也可以说是贪欲战胜了恐惧；二是竞争压力解释，即贷款人因怕失去顾客和市场，迫于压力而做出不审慎的决策。

2. 金融资产价格的波动性

金融资产价格波动性，表现为以下几个方面：

（1）利率和汇率的波动性。利率与汇率的波动性源于决定和影响其水平的因素具有多样性、复杂性。当然关键的是价格形成的市场化，市场化越高，其波动性越大。

（2）股市的波动性。股市波动性主要源于：一是股市的过度投机。即当经济繁荣推动价格上涨时，投资者盲目跟风，致使股价迅速上升，直到完全无法用实质经济因素解释的水平，最终市场预期发生扭转，价格下泻。二是宏观经济的不稳定。因为股价代表的是其预期收益的贴现值，而宏观经济的不稳定会影响到预期收益或市场贴现率，进而使股价发生波动。三是股市投资者的个体行为。如果投资者预期乐观，则股价持续上升，直至极度不合理后市场崩溃；如果投资者预期悲观，则恐慌性抛售也足以摧毁股市。因此，股市本身具有价格不稳定。

3. 金融风险的传染性

金融体系内的各个金融机构之间以信用链接相互依存，金融资产之间也存在复杂的债权债务联系。所以，一旦某个金融机构的金融资产价格发生贬损以至其不能保证正常的流动性头寸，其负面影响便沿着信用链扩散到整个债权债务网络，于是单个或局部的金融问题很快演变成全局性的金融动荡。

（二）金融风险产生的外因

1. 金融自由化

金融自由化的实质是在金融领域更多地发挥市场机制的作用，主要通过放松或取消对利率、汇率、资本流动的管制，通过金融机构的私营化以消除金融抑制，增强市场机制。金融自由化起源于20世纪70年代中期。金融自由化对处于金融抑制中的发展中国家有十分重要的意义。但是，在推行金融自由化的过程中，也带来一些负面影响，累积了不少金融风险。发达国家的金融自由化是更高层次、更深意义上的金融深化。它通过利率、汇率、资本流动的自由化，金融工具和机构的创新，金融混业经营等举措，加快了金融信息的传递，增强了金融机构的竞争。金融自由化同时也带来了一些促成金融风险的新因素。

2. 融资证券化

从20世纪80年代以后，国际融资结构由间接金融向直接金融转变，表现为商业票据、债券、股票等有价证券发行规模日益扩大，并向国际化发展，证券市场在世界经济中的重要性加强。国际融资证券化，证券价格波动频繁，市场风险发生的概率增大，也使其危害更广。

3. 金融创新

金融主体进行金融创新既是出于竞争的需要，也是规避风险的需要。现代金融创新的主要成果就是金融衍生工具。金融衍生工具的基本功能是发现价格、套期保值、转移风险、提高市场效率，但它具有的另一特点却颇具杀伤力，即其高杠杆效应所引起的投机性。这一特点吸引了大量的投机者和巨额资金，导致金融衍生工具市场规模急剧膨胀，成为最具风险的交易市场。加上金融全球化的趋势，更强化了风险的传染性。

20世纪80年代以来，国际金融领域危机迭起，从国际商业信贷银行被关闭，到欧洲货币危机、墨西哥金融危机，再到巴林银行的倒闭、日本金融业的困境以及东南亚金融危机等，这一系列金融事件发生的时间间隔之短、影响之广泛、后果之严重，使世界各国对金融风险倍加重视。

第二节 金融危机

一、金融危机的定义与种类

（一）金融危机的定义

金融风险是形成金融危机（financial crises）的源泉，当金融风险产生、积聚、爆发并蔓延就会出现金融危机。当然，金融风险不等于金融危机。《新帕尔格雷夫货币金融大词典》（第二卷）引用戈德史密斯（Goldsmith，1982）对金融危机的定义是：全部或大部分金融指标——短期利率、资产（证券、房地产、土地）的价格、商业破产数和金融机构倒闭数的急剧、短暂和超周期的恶化。金融危机的特征是基于预期资产价格下降而大量抛出不动产或长期金融资产，换成货币。从金融危机的内涵来看，它是一个国家或地区整个金融状况的恶化，并且最终会影响实体经济；金融危机是突然发作的"急性病"，不是"慢性病"；金融危机是非周期性的，而不是周期性爆发的。

（二）金融危机的类型

金融危机可以分为五类，即货币危机、银行危机、债务危机、股市危机、系统性金融危机。

1. 货币危机

货币危机是指人们丧失了对一国货币的信心，或者外汇市场上因过度投机而大量抛售该国货币，从而导致该国货币汇率在短期内急剧贬值的情形。例如，1994年墨西哥比索对美元大幅贬值30%的危机，1997年东南亚金融危机中的泰国铢对美元大幅贬值。

➤ 专栏阅读与分析

1994 年墨西哥比索危机

1994年12月20日，墨西哥财政部长塞拉在与工商界和劳工组织的领导人紧急磋商以后，突然宣布：比索对美元汇率的浮动范围将被扩大到15%。这意味着比索将被贬值。尽管财政部长塞拉表示，比索汇率浮动幅度的这一变动是为了使货币当局在管理比索的币值时拥有更多的灵活性，但是这一不大的贬值幅度导致人们纷纷抢购美元，因为他们深信，这一贬值意味着钉住汇率制难以为继。

墨西哥中央银行进行了有力的干预，但在"羊群行为"的刺激下，外国金融投机者和本国投资者依然担心 1982 年的债务危机会重演。仅在短短的 2 天时间内，墨西哥就损失了 50 亿美元的外汇储备，只剩下 30 亿美元的储备。

12 月 22 日，即在宣布贬值 2 天后，墨西哥政府被迫允许比索自由浮动。这使得事态进一步恶化，因为自由浮动后比索又贬值了 15%，更多的外资纷纷逃离墨西哥。与此同时，股市也大幅度下跌。一场震惊全球的金融危机终于成为现实。

金融危机使墨西哥遭受严重打击。根据最保守的估计，危机使墨西哥损失了 450 亿美元，相当于墨西哥国内生产总值的 16%。1995 年，墨西哥的国内生产总值下降了 6.9%，是 20 世纪初墨西哥革命爆发以来经济增长率下降幅度最大的一年。通货膨胀率超过 50%，而实际工资则降低了 20%。消费者无法偿还住房贷款和其他贷款，大量企业倒闭。与危机前相比，失业人口增加了 200 万。仅在 1995 年 1 月和 2 月，倒闭的企业就达 19 300 家，占全国企业总数的 3%，25 万人因此而失业。

资料来源：中国金融网．http：//www．zgjrw．com/．

2. 银行危机

银行危机是指由于一国银行业由于大量坏账等原因导致人们丧失对银行的信心，从而公众大量挤提存款，银行的流动性严重不足，出现银行集中倒闭的现象。银行危机极易引起危机扩散到整个金融体系。政府往往为了减低危机扩散的不良影响而被迫提供大规模资金救助。例如，2008~2009 年美国次贷危机发生后，美国政府动用 7 000 亿美元资金注入金融机构。

3. 债务危机

债务危机是指一国政府不能按照约定承诺按期偿付外债，从而导致对该国发放外债的金融机构遭受巨大损失。例如，1982 年墨西哥政府宣布无力偿还当年到期外债，由此引发了拉美国家的债务危机。

4. 股市危机

股市危机是指投资者丧失对股市信心，从而出现大幅抛售，导致股价急剧下跌，最终股市崩盘。例如，1929 年美国华尔街股市崩溃，短短时间内股指下跌了 80%；1999 年美国纳斯达克股价指数从 6 000 多点跌至 2002 年 9 月的 1 150 点。中国股市从 2007 年 10 月 16 日最高 6 124 点跌至 2008 年 10 月 28 日最低 1 664 点。

5. 系统性金融危机

系统性金融危机也称为"全面金融危机"，是指主要金融领域都出现危机，如货币危机、银行危机、股市崩盘及债务危机同时或相继发生。例如，1929 年大危机中，不仅股市崩盘，而且美国还有近 10 000 家银行倒闭。1997 年亚洲金融危机中，泰国、印度尼西亚、马来西亚不仅本国货币大幅贬值，而且股市暴跌，同时银行业发生倒闭潮。

➤ **专栏阅读与分析**

1929 年的金融危机

20 世纪第一次大规模的金融危机爆发于美国。1929 年 10 月 28 日，即历史上著名的"黑色星期一"，纽约证券交易所股票价格突然发生剧烈波动，大量的人涌到市场上，开始不计价格地抛售手中的股票，当天股票交易所的全部股票价格平均下降 50 点，50 种主要股票的平均价格几乎下降了 40%，由此揭开了美国大危机的序幕。美国股票市场的大崩溃一直持续到 1933 年年初。根据道琼斯指数的统计，从 1929 年 10 月到 1933 年 1 月，30 种工业股票的平均价格从每股 365 美元下降到 28 美元；20 种铁路股票的平均价格从 180 美元下降到 28 美元。到 1933 年 7 月，美国股票市场上的股票价值只相当于 1929 年 9 月的六分之一。

金融危机使美国银行系统陷入瘫痪状态。到 1930 年，美国有 6 987 家银行倒闭，1931 年银行倒闭 2 294 家，1932 年银行倒闭 1 456 家。金融危机从金融领域迅速波及其他经济领域，发展成为一次空前的经济危机，给美国经济极其沉重的打击。到 1932 年，美国的工业生产下降了 46%，工业生产从危机前的最高点下降了 56%。危机期间美国有 13 万家企业倒闭，成千上万工人被赶出工厂，失业人数达到 1 283 万人，占美国劳动力总数的四分之一，工人的实际工资下降了约四分之一。

这场金融危机还迅速地席卷了资本主义世界的所有国家，成为一次规模空前的世界性危机。危机使整个资本主义世界工业生产降低了 40%，退回到比 1913 年还低 10% 的水平。

资料来源：陈学彬主编. 金融学. 北京：高等教育出版社，2003.

二、金融危机形成与扩散

金融危机根源在于一国金融部门长期累积的金融风险的集中爆发。一国金融危机扩散并向国外蔓延是由于金融自由化和金融国际化的结果。金融自由化的结果是利率、汇率波动频繁，资本跨国流动（特别是国际游资）急剧增加，汇率风险、利率风险凸显。其次，过度的金融创新，导致虚拟的金融交易大大超过实物交易，金融资产的价格风险急剧升高。

首先，金融国际化使各国金融机构、金融市场通过跨国投资、金融工具连成一体，一国的金融危机很容易地传递到国外，从而引起危机连锁反应。2008年美国次贷危机迅速蔓延到欧洲国家，就是基于欧美紧密的经济金融联系的结果。其次，一些国家通过国际金融市场大量举债，满足财政赤字需要，导致主权债务危机频繁发生。此外，这种危机传导机制还有投资者金融恐慌的心理，以及快捷的网络信息传输。这些形成了金融危机的"多米诺骨牌效应"。

三、当代金融危机的特点

（一）金融危机的快速传染性和扩散性

全球经济一体化、金融国际化的潮流，使各国经济更易于受到国际经济环境变化的冲击。无论是1997年的亚洲金融危机还是2008年的美国次贷危机蔓延为全球金融危机，表明当代金融危机具有很强的传染性和扩散性特征。不仅发达国家的金融市场危机能够影响发展中国家，发展中国家的金融动荡也能影响发达国家，全球经济金融已连成一体，牵一发而动全身。

（二）金融危机爆发的频率增高

从1929~1933年的西方金融危机后，近半个世纪世界经济保持相对稳定。从20世纪80年代开始，在二十多年的时间里，全世界发生了大小十多次金融危机，不仅在发达国家，发展中国家也时有发生。发展中国家的金融危机，首先是1982年墨西哥政府宣布不能偿还到期外债，爆发了拉美国家债务危机；1994年墨西哥政府宣布比索贬值，引发了拉美国家的货币危机；1997年，从泰国铢大幅贬值开始，货币危机、股市危机和银行危机迅速扩散到印度尼西亚、马来西亚、韩国、中国香港，爆发了亚洲金融危机；1999年巴西金融动荡；2001年阿根廷金融危机。2007年越南货币危机。发达国家金融危机也频繁发生，1990年日本金融泡沫危机；1992年英镑危机；1997年俄罗斯金融危机（亚洲金融危机的扩散）；2007年美国次贷危机；2009年美国次贷危机扩散成全球金融危机；2010年欧债危机。

（三）金融危机带来的后果严重

每次金融危机爆发后对国内和世界经济均产生了严重影响。以1997年的亚洲金融危机来看，危机使东南亚各国经济发展停滞甚至陷入衰退；货币贬值使利率急剧上升，同时国内通货膨胀居高不下；国际投资者丧失信心，外资纷纷撤离；外汇储备大幅下降，有些国家外汇储备几乎枯竭。2008年爆发的美国次贷危机，扩散成2009年全球金融危机，接着2010年爆发了欧债危机，这场危机对全球经济带来的不良后果直到2012年仍然前景难料，美国经济增长乏力，欧债危机持续发酵使欧洲经济扑朔迷离，难以自拔。

（四）金融危机爆发具有内源性

无论是发达国家还是发展中国家爆发的金融危机，都与本国经济金融发展中的内在风险源相关。从发展中国家来看，首先，在经济市场化导向进程中，金融自由化、经济国际化战略没有考虑本国经济的承受力，过早地开放金融市场，导致国际投机性资本大量流入，外资金融机构大举进入。最终在国际投机资本冲击下发生货币危机、债务危机，引发股市危机和银行危机。其次，宏观经济不稳定。发展中国家长期以来缺乏一个一体化的自由竞争的金融市场，本国金融机构缺乏竞争力，金融资产质量下降，金融体系风险累积；经济发展依赖外资、外债，国内通货膨胀压力大，宏观经济波动较大；开放本国资本市场后，一些国家仍然实行钉住美元的汇率制度，面对外资流动的冲击，要么动用有限的外汇储备干预市场，要么放弃固定汇率制，无论哪个选择都会使经济大伤元气。此外，政府的金融监管水平无法适应金融开放后的风险监管要求。

从欧美发达国家的金融危机来看，首先，在金融自由化背景下，金融创新过度，衍生金融工具泛滥，高杠杆交易导致金融资产价格和交易规模严重脱离实体经济，出现金融泡沫，最终泡沫破裂爆发危机。其次，各国金融监管手段不能适应金融全球化背景下新滋生的风险监管要求。此外，发达国家高消费、低储蓄率、高债务率的发展模式具有不可持续性，最终导致债务危机的爆发。

第三节　金融风险的防范

金融风险是导致金融危机的根源，因此，防范金融危机的发生要从防止金融风险的积聚、处置金融风险暴露出发。

一、解决经济结构性矛盾，保持稳定的宏观经济环境

任何一次金融危机都与危机发生国的宏观经济环境不稳定有直接关系，特别是新型经济体国家，其经济结构性矛盾突出，表现为过分依赖外资，经济增长速度快，信贷急剧扩张，通胀压力大，资产价格膨胀，国际收支长期赤字，财政赤字较大，外债负担重。这些经济结构性问题都会给金融体系带来风险隐患，若不能及时解决，金融风险大量积聚就会爆发金融危机。

要避免危机的出现，就要从调整经济结构性矛盾着手，防范金融风险积累。比如要摆脱过分依赖外资、外债的经济发展模式；保持经济合理的增长速度；及时处置银行业

坏账风险；控制货币投放，保持物价稳定，避免资产价格泡沫化。国际收支赤字不能靠资本账户弥补，要增强本国出口竞争力来改善经常账户盈余。

二、完善金融市场，选择适当的金融开放进程

金融市场不完善，利率市场化机制不健全，货币市场与资本市场分割，间接融资为主导的信用结构，使金融风险积聚于银行信用，可能带来银行危机。因此，完善金融市场是防范金融风险的首要任务。为此，要推进利率市场化改革，发挥利率的经济杠杆功能；要完善资本市场，使直接融资成为信用的主导形式。还要放松金融业准入管制，打破大银行垄断局面，建立多层次、多样化的金融机构体系，形成竞争有序的融资机制。

僵化的汇率制度和过快的资本账户开放可能导致货币危机。因此，要根据本国经济承受力，审慎地进行资本账户的可兑换。国际资本自由流动既会带来经济效益，又会带来许多负面效应。要建立灵活有效的汇率制度，防止资本账户可自由兑换后，国际短期投机资本流入，对国内金融市场带来的负面冲击。同时，国家要有适当规模的外汇储备，能够随时用于对冲国际资本流动的影响。

三、完善金融机构内控制度，增强金融风险防范能力

作为金融风险的主要发生源和承担者，金融机构当然是防范金融风险的关键。金融机构健全的内控制度可以做到防微杜渐，减少金融机构内部道德风险和操作风险的发生，从而减少金融风险的累积。

金融机构防范金融风险除了做好内控外，必须增强自身抵御和处置风险的能力。资本充足率反映的就是商业银行在资产遭到损失时，能以资本金承担损失的程度。国际银行业资本充足率标准文件《巴塞尔协议》从1988年开始颁布第一版到2011年已经修订过三版，其基本精神就是要求不断提高国际性商业银行资本充足率标准，从而提高抵御资产风险的能力。商业银行按照该协议的要求，随着资产规模扩大和风险程度不同，不断补充资本金，不仅可以进一步提高商业银行信用度，更重要的是提升防范金融风险的能力。

➢ 专栏阅读与分析

中国银行业制定实施《第三版巴塞尔协议》监管的新标准

2010年12月16日，巴塞尔委员会发布了《第三版巴塞尔协议》（Basel Ⅲ），并要求各成员经济体两年内完成相应监管法规的制定和修订工作，2013年1月1日开始实施新监管标准，2019年1月1日前全面达标。《第三版巴塞

尔协议》确立了微观审慎和宏观审慎相结合的金融监管新模式，大幅度提高了商业银行资本监管要求，建立全球一致的流动性监管量化标准，将对商业银行经营模式、银行体系稳健性乃至宏观经济运行产生深远影响。

中国银监会于 2011 年 4 月发布了《关于中国银行业实施新监管标准的指导意见》，要求我国银行业新资本监管标准从 2012 年 1 月 1 日开始执行，系统重要性银行和非系统重要性银行应分别于 2013 年年底和 2016 年年底前达到新的资本监管标准。

新标准的核心是提高了银行业审慎监管标准，强化了资本充足率监管。

（1）改进资本充足率计算方法。一是严格资本定义，提高监管资本的损失吸收能力。将监管资本从现行的两级分类（一级资本和二级资本）修改为三级分类，即核心一级资本、其他一级资本和二级资本；二是优化风险加权资产计算方法，扩大资本覆盖的风险范围。

（2）提高资本充足率监管要求。将现行的两个最低资本充足率要求（一级资本和总资本占风险资产的比例分别不低于 4% 和 8%）调整为三个层次的资本充足率要求：一是明确三个最低资本充足率要求，即核心一级资本充足率、一级资本充足率和资本充足率分别不低于 5%、6% 和 8%。二是引入逆周期资本监管框架，包括：2.5% 的留存超额资本和 0~2.5% 的逆周期超额资本。三是增加系统重要性银行的附加资本要求，暂定为 1%。新标准实施后，正常条件下系统重要性银行和非系统重要性银行的资本充足率分别不低于 11.5% 和 10.5%；若出现系统性的信贷过快增长，商业银行需计提逆周期超额资本。

（3）建立杠杆率监管标准。引入杠杆率监管标准，即一级资本占调整后表内外资产余额的比例不低于 4%，弥补资本充足率的不足，控制银行业金融机构以及银行体系的杠杆率积累。

资料来源：中国银监会. www.cbrc.gov.cn.

四、加强金融监管的国际合作

金融全球化的发展，使金融风险已不单纯是某一国家的问题，例如，次贷危机不但导致美国的金融动荡，而且使得全球金融经济出现问题。就当前金融危机向全球蔓延的特点来看，危机不是一个国家所能应付得了的。所以，各国金融部门必须建立联合干预机制，共同采取措施，防止金融风险的扩散和加深。金融危机管理的国际合作主要包括两个层面：一是一国与国际货币基金组织的协调与合作；二是不同国家或地区政府、中央银行或金融监管当局的协调合作。金融监管当局之间的协调与合作，主要是为了寻求资金救助；寻求政策援助，如制定危机解决方案；协调立场，联合行动，共同应对；合作制定国际金融监管规则；寻求建立更为公正合理的国际货币体系。

五、建立金融风险预警机制

美国次贷危机后，金融风险预警机制的重要性被国际社会所认同。目前各国普遍采用的风险预警方法是对系统重要性金融机构实施压力测试。根据国际货币基金组织的定义，压力测试是指利用一系列方法来评估金融体系承受罕见但是仍然可能的宏观经济冲击或者重大事件的过程。中国银监会发布的《商业银行压力测试指引》指出，压力测试是一种以定量分析为主的风险分析方法，通过测算银行在遇到假定的小概率事件等极端不利情况下可能发生的损失，分析这些损失对银行盈利能力和资本金带来的负面影响，进而对单家银行、银行集团和银行体系的脆弱性做出评估和判断，并采取必要措施。

第四节　金融监管的内容与目标

一、金融监管概述

（一）金融监管的含义

所谓金融监管，指的是各国中央银行和金融监管当局对商业银行及各种金融机构的经营活动的监督和管理。由于政治、法律、民族传统的差异，以及金融体制和发展水平的不同，世界各国在金融监管的主体、对象、方式方法、内容等方面存在着较大的区别。但金融监管的范围都要求涉及金融的各个领域，如对存款货币银行的监管；对非存款货币金融机构的监管；对短期货币市场的监管；对资本市场和证券业以及各类投资基金的监管；对外汇市场的监管；对衍生金融工具市场的监管；对保险业的监管等。

（二）金融监管的原则

1. 依法监管原则

一方面，国家金融管理当局实施监管必须依法而行，以保证管理的权威性、连续性和有效性；另一方面，金融机构必须接受国家金融管理当局的监督管理，以法律作保证。这一原则是金融监管的重要原则。

2. 适度竞争原则

金融管理当局的管理重心应放在创造适度竞争环境上，既要避免造成金融高度垄断、排斥竞争而丧失效率与活力，又要防止出现过度竞争、破坏性竞争而波及金融业的安全与稳定，甚至引起经常性的金融机构破产倒闭。为此，金融监管的目标应是创造一个公平、高效、适度、有序的竞争环境，这是金融监管的基本原则。

3. 自我约束与外部强制相结合原则

外部监管的力度毕竟极其有限，必须使管理对象即各家金融机构能够建立起一种自我约束机制，使之与外部监管紧密结合，这样才能使金融监管发挥其最有力的作用，收到预期的效果，避免金融机构出现冒险经营行为，减少道德风险的发生。

4. 安全稳健与社会经济效益相结合原则

要求金融机构安全稳定经营是金融监管的中心目的，一系列金融法规和指标体系都着眼于金融业的安全稳健及风险防范，但实现最佳的社会经济效益却应是金融监管的终极目标。因此，金融监管必须切实把防范风险同促进金融机构实现社会效益和经济效益结合起来。当然，除此以外，金融监管还有其他多项原则需要遵循，并且随着市场环境的变化，金融监管原则也应适时调控。

（三）金融监管类型

金融监管有分业监管和统一监管两种类型。

分业监管就是针对不同的金融业务而进行的监管，如证券监督管理委员会负责监管证券业务，保险监督管理委员会负责监管保险业务，而银行业监督管理委员会监管商业银行业务。统一监管则是指所有金融业务都集中在一个监管机构的监管之下。

在国际上，金融监管体制经历了从统一监管向分业监管，又从分业监管向统一监管过渡的发展过程。在金融发展的早期，由于金融业发展水平较低，各国大体上是实行统一监管。20 世纪 30 年代经济大萧条之后，美国率先实行分业经营，以此作为防范金融风险的重要手段。后来，其他国家也纷纷效仿，采取分业经营的形式。这样，为了适应专业化和行业管理的需要，一些国家在金融监管制度上也相应采取了分业监管的体制。

到了 20 世纪 80 年代中后期，为了适应金融创新与金融发展的需要，一些国家注重统一监管标准，减少机构重叠和重复劳动，金融监管体制呈现由分散走向统一的发展趋势。在挪威、丹麦、瑞典等国，由于金融创新，尤其金融控股集团的出现，这些国家先后将分散的金融监管机构合并起来，成立统一的金融监管机构，统一负责银行、证券和保险业务的监管。

由分业监管向统一监管转变的典型例子是英国。1997 年英国政府宣布进行金融监管体制改革，将金融监管从英格兰银行分离出来，成立专门的金融监管机构，实行统一的金融监管。此后，澳大利亚于 1998 年成立审慎监管当局，同时还建立了澳大利亚证券投资委员会负责进行市场监管。此外，韩国于 1998 年、日本于 2000 年分别对其金融体制进行改革，建立了统一的金融监管体制。由此可以看出，金融监管呈现集中统一的发展趋势。

由分业监管向统一监管的过渡主要是由以下几个方面的原因促成的：

（1）银行、证券与保险之间业务的混合削弱了分业监管的业务基础。

（2）银行、证券与保险业之间资金和业务往来的日益密切增加了分业监管的难度。

（3）集团公司控股下的混业经营使现行分业监管效率低下。

（4）金融创新导致监管重叠和监管缺位并存。例如，在分业监管体制下，大都采取机构型监管，实行业务审批管理。这样，当不同金融机构业务日益交叉时，一项新业务的推出通常需要经过多个部门长时间的协调才能完成。此外，有的新金融业务处于不同金融机构业务边缘，成为交叉性业务。对于这些新的业务，既可能导致监管重复，又可能出现监管缺位。

二、金融监管的主要内容

由于各类金融业务特点不同，经营性质也存在明显差异，对其监管内容也应有所区别。下面从银行业、证券业、保险业三个方面阐述金融监管的主要内容。

（一）对银行业的监管

银行业监管是指金融主管机关或金融监管执行机关根据金融法规对银行机构实施监督与管理，以确保银行机构经营的安全。

1. 银行业监管的目标

银行业监管的目标可分为一般目标和具体目标。一般目标就是监管者通过对银行业的监管所要达到的一个总体目标，即维持一个稳定、健全、高效的银行制度。银行业监管的具体目标一般见诸各国的法律，虽不尽相间，但其基本内容都包括经营的安全性、竞争的公平性和政策的一致性。经营的安全性包括两个方面的内容，即保护存款人的利益和保护银行信用体系的安全；竞争的公平性是指通过对金融活动的监督管理，创造一个平等的竞争环境，从而鼓励银行业在竞争的基础上提高效率；政策的一致性，即通过监督管理，使商业银行的经营活动与中央银行的货币政策目标保持一致，以促进金融业健康发展。

2. 银行业监管的主要内容

综观各国银行业监管状况，其监管内容大致包括以下几个方面。

（1）制定有关的政策法规。金融政策法规是一国金融活动的行为准则和国家金融监管当局进行监管和管理的依据与手段。各国金融监管当局均重视通过建立健全金融法规，使本国的金融监管朝规范化的方向发展，并且根据监管对象的不同及时地调整监管标准。要建立健全《银行法》、《票据法》、《证券法》、《信托法》、《保险法》、《金融监管法》等法律制度，保障金融市场的稳定运行。

（2）市场准入与机构合并的管理。市场准入是金融管理当局对新设机构进行的限制性管理。

（3）对银行业务的限制。对银行业务的限制主要包括对银行业务的限制和对银行业务范围的限定。

（4）存款保护。当银行面临破产清算时，如何保护存款人的利益成为各国金融监管当局必须关注的一个重要问题。为此，许多国家都建立了存款保险制度，这是维护整个银行体系安全的一个重要方面。根据存款保险的特点和运作方式，大体可划分为三种类型。一是由官方创建并管理，如加拿大、英国等国；二是由官方和银行界共同创办和管理，如日本、比利时等国；三是非官方的行业存款保险体系，但是这种类型的存款保险体系多与官方建立的存款保险体系并存，如美国。当然，随着各国金融环境的不断变化，银行业监管的内容也将不断改变，而各国的监管内容也将各有差异。

（二）对证券业的监管

证券监管是指证券管理机构运用法律的、经济的以及必要的行政手段，对证券的募集、发行、交易等行为以及证券投资中介机构的行为进行监督和管理。证券监管的主要内容有：

1. 发行市场的监管

对证券发行市场的监管是整个证券监管的第一步，一般各国都是通过审核制度来实现的。世界各国的审核制度基本上可以划分为两类：一是注册制，二是核准制。

（1）证券发行注册制。指发行者在准备公开募集和发行证券时，应依法将应当公开的各种资料完全、准确地向证券主管机构汇报并申请注册登记。它实质上是一种发行证券的公司财务公布制度。它要求发行证券的公司提供关于证券发行本身以及同证券发行有关的一切信息，并要求所提供的信息真实、可靠。在此制度下，某种证券只要按发行注册的一切手续，提供了所有情况和统计资料并且提供的信息完全属实，就可以公开发行上市。注册制的代表是美国、日本、韩国等国家。注册制只适用于成熟的市场，即市场架构完善、投资者素质较高的市场。

（2）证券发行核准制。它是指证券发行者在发行证券之前，不仅要公开有关证券发行的真实情况，而且必须符合公司法和证券法中规定的发行证券必需的实质要求，证券主管机构有权否决不符合实质条件的证券发行申请。这种制度强调实质管理，考察发行者的营业性质、管理人员的资格、资本结构、是否有合理的成功机会等，把不符合实质要求的劣质证券排斥在证券市场之外。核准制适用于证券市场历史不长、投资者素质不高的国家和地区。

2. 交易市场的监管

证券交易市场监管是证券监管的重要组成部分，证券市场的所有行为最终都会体现到交易过程中。在交易领域集中了若干证券市场失灵问题，对交易市场监管主要体现在以下几个方面：一是对不正当交易行为的监管，其中重点是反操纵监管和反内幕交易监管；二是抑制市场过度投机、稳定市场的监管，包括价格涨跌幅限制、涨跌停板制度、停止交易制度、保证金制度等。

3. 证券经营机构和从业人员的监管

在证券市场上，证券发行和交易都是通过证券经营机构和从业人员来完成的，对其进行有效监管是证券监督中的重要一环。各国对证券商的设立、财务和经营行为的监管各不相同。对证券从业人员的管理主要通过对证券从业人员进行资格考试和注册认证以及市场禁入制度来实现，这也是各国通行的做法。

4. 信息披露的监管

制定证券发行信息披露制度的目的是通过充分、公开、公正的制度来保护公众投资者，使其免受欺诈和不法操纵行为的损害。各国均以强制方式要求信息披露，并要求信息披露具有全面性、真实性、时效性。其制度具体包括证券发行与上市的信息公开制度、持续信息公开制度和证券交易所的信息公开制度，对违反披露制度的责任主体制定了相应的处罚和制裁措施及法规。

5. 欺诈行为的监管

从狭义上来说，欺诈行为监管指的是禁止在证券发行、交易及相关活动中从事欺诈客户、虚假陈述等行为，其形式多种多样。各国在法律条款中都规定了证券经营机构、证券登记机构、清算机构及其他相关机构存在各种欺诈和虚假陈述或误导行为时应承担的法律责任。

（三）对保险业的监管

保险监管是指国家对本国保险业的监督和管理。一个国家的保险监管制度通常由两大部分构成：一是国家通过制定有关保险法规，对本国保险业进行宏观指导与管理；二是由国家专门负责行使保险监管职能的机构依据法律或行政授权对保险业进行行政管理，以保证保险法规的贯彻执行。保险监管的主要内容有：

1. 保险组织的监管

保险组织的监管包括组织形式的限制、保险公司的设立、保险公司的停业解散、外资保险公司的监管。

2. 保险经营的监管

（1）经营范围的监管。指政府通过法律或行政命令，规定保险企业所能经营的业务种类和范围。其监管的问题一般包含两个方面：一方面，保险人可否兼营保险以外的其他业务，非保险人可否兼营保险或类似保险的业务，即兼业问题；另一方面，同一保险企业内部，是否可以同时经营性质不同的保险业务，即兼营问题。保险公司的经营范围由保险监督管理部门核定，保险公司只能在核定的经营范围内从事保险经营活动。

（2）保险条款与费率的监管。保险条款的拟定与保险费率的厘定，是体现和运用保险专业技术的重要环节，各国政府对此进行了不同程度的监管。在保险监管宽松的国家或地区，基本条款和费率多由保险行业协会或公会确定，并制定成公约，由保险公司共同遵守，政府保险监管机构仅负责维持条款和费率的统一，对违约现象进行制止或处罚。在保险监管严格的国家或地区，保险公司制定的费率和条款必须经国家保险监管机关批准认可并备案后方可使用。此外，还有对再保险的监管。

3. 保险财务的监管

对保险财务的监管包括对保险资本金、准备金的监管及其资金运用、偿付能力、财务核算等方面的监管。

三、金融监管的目标

在不同的国家，由于经济金融的环境不同，政府金融监管的目标也不同；即使在同一个国家，在经济金融发展的不同历史阶段，其监管目标也不一致。一般来说，世界各国金融监管的目标通常包括以下几个方面：

（一）维护金融业的安全与稳定

金融体系和金融市场的安全、稳定，为应对外部冲击的不利影响提供了有利条件，也是经济社会稳定发展的基础。但是金融体系和金融市场的脆弱性决定了金融业最容易发生风险，因此，通过有效的金融监管，防范并及时处置各类金融风险，实现金融业的安全和稳定成为金融监管的总体目标。

（二）保护存款人和社会公众利益

银行是一种信用中介，它们一方面是借者的集中，另一方面是贷者的集合。集中了社会各阶层、各部门暂时闲置的货币和资本，与社会各方面联系十分广泛和密切。银行在经营中如果出现问题，会直接涉及千千万万存款人和社会各方面的利益，因此，金融监管要把保护他们的利益不受损害作为金融监管的一个重要目标。

（三）维护金融业的公平竞争

竞争是市场经济条件下的一条基本规律，也是保护先进、淘汰落后的一种有效机制。各国金融监管当局无不追求一个适度的竞争环境，这种适度的竞争环境既可以经常保持银行经营活力，从而使企业公众获取廉价货币和优质服务，同时又不至于引起银行业破产倒闭，导致经济震动，为此金融监管部门应创造一个公平、高效、有序竞争的环境。

（四）保证中央银行货币政策的一致性

货币政策是当今各国金融调控的主要手段，而中央银行是货币政策实施的主体。货币政策的有效实施必须以银行等金融机构为中介。因此金融监管要有利于保证货币政策的顺利执行，有利于银行业对中央银行调节手段的及时准确传导和执行。

➤ 本章小结

　　1. 金融风险是指经济主体在金融活动中面临的风险，金融风险具有普遍性、隐蔽性、扩散性、周期性、可控性的特征。金融风险有不同的表现形式。

2. 金融风险的成因可以分为内因和外因。内因包括金融机构的脆弱性、金融资产价格的波动性、金融风险的传染性。外因包括金融自由化、融资证券化、金融创新。

3. 金融危机是指全部或大部分金融指标的急剧、短暂和超周期的恶化。金融危机是"急性病"，而不是"慢性病"，会对实体经济造成严重影响。金融危机可以分为五类：货币危机、银行危机、债务危机、股市危机、系统性金融危机。

4. 金融风险的防范需要有稳定的宏观经济发展环境；完善的金融市场，选择适当的金融开放进程；完善金融机构内控制度，增强金融风险防范能力；加强金融监管的国际合作；建立金融风险预警机制。

5. 金融监管是各国中央银行和金融监管当局对商业银行及各种金融机构的经营活动的监督和管理。金融监管的原则有：依法监管原则、适度竞争原则、自我约束与外部强制相结合原则、安全稳健与社会经济效益相结合原则。监管内容包括对银行业的监管、对证券业的监管、对保险业的监管。

➤ 关键术语

金融风险　信用风险　市场风险　操作风险　流动性风险　金融危机　货币危机　银行危机　债务危机　系统性金融危机　金融机构脆弱性　金融自由化　金融监管

➤ 思考与练习

1. 什么是金融风险，金融风险有哪些特征？
2. 金融风险产生的原因有哪些？
3. 按风险形成的原因不同，金融风险有哪些种类？
4. 金融危机的形成和扩散的原因是什么？
5. 当代金融危机的特点有哪些？
6. 金融监管的目标是什么？

➤ 进一步学习的资源

[1] 温红梅.金融风险管理 [M].辽宁：东北财经大学出版社，2010.

[2] 刘海龙.金融风险管理 [M].上海：中国财政经济出版社，2009.

[3] [加] 约翰·赫尔.风险管理与金融机构 [M].北京：机械工业出版社，2010.

[4] 银监会.http：//www.cbrc.gov.cn/.

[5] 证监会.http：//www.csrc.gov.cn.

[6] 保监会.http：//www.circ.gov.cn/.

第三篇
货币供求与金融宏观调控

CHAPTER 9

第九章　货币需求

> ## ➤ 本章导入

人们对货币的需求究竟受哪些因素影响，这些现实问题是经济学家们很早就思考过的，本章将系统介绍古典学派、凯恩斯学派、货币主义学派的货币需求理论，重点分析凯恩斯与弗里德曼货币需求理论的差异。

> ## ➤ 学习本章后，你将有能力

- ■ 理解名义货币需求、真实货币需求等概念的内涵
- ■ 了解历史上最具代表性的货币需求学说
- ■ 懂得凯恩斯货币需求理论和弗里德曼货币需求理论的差异

第一节　货币需求概述

一、货币需求的含义

为了说明什么是货币需求（demand for money），我们必须首先说明什么是需求。一般所谓需求，是一种纯心理的占有欲望，它总是无限的。然而，经济学意义上的需求同社会学和心理学上的需求很不相同，它始终是一种能力与愿望的统一。比如，我们说消费者对某种商品有需求，就表示消费者既有占有这种商品的欲望，又有购买这种商品的能力。可见，经济学意义上的需求包括两个必不可少的基本要素：一是愿望，即人们希望得到或持有某种东西：二是能力，即人们有能力得到或持有这种东西。

货币需求也是如此。如果我们只考虑人们是否需要货币，而不考虑人们是否有能力得到货币，那么，货币需求就成了一个毫无经济学意义的概念。因为在商品经济中，微观经济主体（企业、个人等）总是希望得到尽可能多的货币，没有人嫌钱烫手。这说明货币与任何商品一样，人们对它的占有欲望是无限的，而经济意义上的需求总是有限的。因此，货币需求是指微观经济主体（企业、个人等）在其总的收入或财富范围内，

愿意以货币形式持有的部分。如果把所有微观经济主体的货币需求加总起来，就是全社会的货币需求。

二、宏观货币需求与微观货币需求

人们对货币需求的研究是从两个不同的角度展开的，一种是从宏观的、全社会的角度出发，讨论宏观货币需求，它只考虑货币的交易媒介功能，探讨一个国家或地区生产出一定的商品和服务后，需要多少货币进行交易。早期的研究，比如马克思的货币必要量公式和费雪的交易方程式都是这种类型。另一种是从微观的经济主体出发，讨论微观货币需求，它不仅考虑了货币的交易媒介功能，而且考虑了货币的价值储藏功能，即货币和股票、债券以及实物资产一样，是人们保存财富的一种形式。从这个角度出发，所谓货币需求就是指微观经济主体考虑到生产或生活和投资需要而愿意以货币形式持有其财富的数量。剑桥学派创立现金余额说以后，后来的研究主要从微观角度出发讨论货币需求。自然，无论宏观还是微观货币需求研究，都各有其意义，实践中两者是紧密结合的。

三、名义货币需求和实际货币需求

假如一个国家或地区一段时期内生产的商品和服务总量没有变化，但是物价上涨一倍，货币供应因此也要增长一倍，而实际货币需求并没有变化，变化的只是名义货币需求。由此可见，实际货币需求就是指扣除了物价上涨后的货币需要量，名义货币需求就是指不考虑价格变化时的货币需要量。实际研究中，常常用某一代表性的物价指数特别是国内生产总值平减指数对名义货币需求进行调整，进而得到实际货币需求，这是经济研究的主要对象。

➤ **专栏阅读与分析**

1955 年中国的币制改革

假设生产、流通规模和实际财富水平不变而物价上涨了一倍，亦即全社会的商品、劳务的名义价值增加了一倍。如果货币流通速度不变，货币存量必须增加一倍，否则经济无法运转。但这种增加只是适应物价上涨幅度在名义上的增加，就经济成长过程本身所提出的实际货币需求并没有变化。我国 1955 年发行新人民币就是这种状况的最典型例子。那时确定：所有商品劳务价格、各种债权债务、一切支付义务等，同时缩到 0.01%。相应地则把 1 万元面额的钞票换成 1 元面额的钞票。这就是说名义货币量一夜之间缩到 0.01%，但实际货币需求显然没有任何改变。

摘自：黄达编著. 金融学（第二版）. 北京：中国人民大学出版社，2009.

第二节　传统的货币数量论

传统的货币数量论（quantity theory of money）是在 19 世纪和 20 世纪初发展起来的，主要探讨名义总收入是如何决定的，因为该理论同时揭示了总收入既定时经济中必需的货币量，所以也是一种货币需求理论。它有两种学说：现金交易说和现金余额说。

一、现金交易说

美国经济学家欧文·费雪在 1911 年出版了《货币的购买力》一书，对传统的货币数量论做了最好的描述。在书中，他提出了交易方程式（equation of exchange），也被称为费雪方程式，即：

$$MV = PY \tag{9.1}$$

M 代表一定时期内流通中平均的货币量，V 代表货币流通速度，即一定时期内所有货币购买商品中平均的周转次数，P 代表物价水平，Y 代表以不变价格计算的一定时期内生产的最终商品和服务的数量，PY 代表名义总收入即名义 GDP。

这是一个恒等式，MV 可以理解为商品购买者的总支付额，PY 可以理解为商品销售者的总销售额，这就像一枚硬币的正面和反面一样，角度不同，但都代表同一事物，所以这两者一定相等。

在上述等式中，费雪认为，货币流通速度 V 短期内相当稳定，因为 V 是由交易制度决定的，而交易制度短期内是稳定的。这样，当 M 增加一倍时，PY 也将增加一倍。比如：假定货币流通速度是 4，当一个经济体货币总量从开始的 10 万亿元增加一倍，变为 20 万亿元，由于货币流通速度不变，则名义 GDP 也将从开始的 40 万亿元增加为 80 万亿元。这时，交易方程式转化为货币数量论，它认为：名义总收入仅仅决定于货币数量的变动，或者说货币数量的变动会引起名义总收入同等程度的变化。但是，在这个变化中，实际产出 Y 并没有变化，变化的只是物价水平 P。为什么呢？因为包括费雪在内的古典经济学家认为，工资和物价具有完全灵活性，只要有过剩劳动力，工资就会下降，促使对劳动力的需求增加，从而增加就业率，直到实现充分就业。因此，在正常年份，在短期内，实际产出 Y 相当稳定。这样，V 和 Y 都是常数，M 的变化只能引起 P 的变化，也可以说物价水平 P 的变动仅仅源于货币数量 M 的变动，这是传统货币数量论对于物价总水平变动的一种解释。

对于交易方程式的两边都除以 V，可以得到

$$M = \frac{1}{V} \times PY$$

在货币市场均衡，即货币供求均衡时，M_d 可以代替 M，则有下式：

$$M_d = \frac{1}{V} \times PY \tag{9.2}$$

这就是货币需求函数，从中可以发现，由于货币流通速度是稳定的，货币需求仅仅决定于名义总收入或名义 GDP，与利率没有关系。因为费雪认为，人们持有货币的目的就是为了交易，在选择希望持有的货币数量方面没有多少自由。

二、现金余额说

在费雪研究货币需求理论的同时，英国剑桥大学的经济学家也在研究同样的问题，得出了和费雪方程式一样的一个方程式，叫做剑桥方程式（equation of Cambridge）：

$$M_d = kPY \tag{9.3}$$

其中 k 等于剑桥方程式中的 1/V，虽然表面上看，剑桥方程式与费雪方程式完全一致，实际上两者有很大区别，费雪方程式货币需求研究的出发点是宏观角度，剑桥方程式则是微观角度，将货币视作一种资产，讨论在一定的财富总额中人们愿意以货币这种资产形式持有的部分是多少。这样，货币需求的动机就分为两个，一个是交易媒介，一个是价值储藏。因为财富储藏货币需求动机的提出，影响货币需求的因素也增加了，主要包括：第一，个人财富水平。随着财富的增加，个人需要更多数量的资产来储藏，货币是其中之一。第二，持有货币的机会成本。主要指持有金融资产的利息。因为持有货币的优点是方便交易，但没有利息，这样，利率变化就有可能影响人们对于货币的选择。第三，预期因素。对于未来的预期也可能影响人们的意愿货币持有。

剑桥学派的经济学家虽然考虑到了影响货币需求的更多因素，但是他们把其他因素都省略了，和费雪一样仅仅注意到了名义收入。他们的分析如下：作为交易媒介动机的货币持有与费雪的分析一样与名义总收入成比例；作为价值储藏动机的货币持有虽然与名义财富成比例，而名义财富与名义收入成比例，利率等的影响可以忽略，这样货币总需求依然与名义收入成比例。

第三节 凯恩斯的货币需求理论

凯恩斯继承了剑桥学派经济学家从微观角度出发分析货币需求的方法，但是他的成就在于将利率作为重要变量引入货币需求函数中，对于货币需求的动机做了更详细的分

析。因为凯恩斯将经济主体持有货币的动机称为流动性偏好，所以他的货币需求理论也称为流动性偏好理论。

一、货币需求的三种动机

（一）交易动机

货币需求的交易动机（transaction motive）是指企业、个人等经济主体为了满足日常支出而愿意持有的货币，这产生于货币的交易媒介功能。个人在获得收入和支出之间，企业在商品销售收入和各种费用的支出之间，总有一定的时间间隔。在这期间，固然可以把一部分收入用于金融资产的购买，但总是要留一部分钱用于日常的购买，这就是因为交易动机而产生的货币需求。这部分货币需求凯恩斯和古典经济学家的认识是一致的，即它们与名义收入成比例。

（二）预防动机

货币需求的预防动机（precautionary motive）是指企业、个人等为了满足预料不到的支出和突然出现的有利的购买机会而进行的货币持有。现在，大家都知道看病难和看病贵，我们生了大病时需要一笔大额支出，这样，我们就需要存一笔钱预防万一。当我们逛街时，突然发现一种心仪已久的商品正在打折，这时如果正好持有货币，我们就可以立即购买，否则就可能失去机会。凯恩斯认为，预防动机的货币需求也与名义收入成比例。显然，作为一种极端情况，如果一个人的收入不足以维持温饱，那么他的预防动机的货币需求可能是零，而随着收入的不断增长，预防动机的货币需求也随之增长。

（三）投机动机

从上面的分析可以发现，凯恩斯的货币需求理论如果仅仅停留在交易和预防动机的分析上，则他对于前辈经济学家的研究就没有突破，实际上，凯恩斯对于货币需求理论的真正贡献在于投机动机（speculative motive）货币需求的分析。

货币需求的投机动机是指企业、个人等为了在未来适当时机购买资产而愿意持有的货币，这与货币的价值或财富储藏功能相联系。

凯恩斯认为财富储藏的资产分为两类：货币和债券。凯恩斯所处的年代，大多数支票存款是没有利息的，所以他假定货币没有利息，而债券是有利息的。那么人们为什么选择持有货币呢？这是因为债券的收益有两个：一个是利息，一个是卖出高于买进债券的差价，叫资本利得。债券的价格变动与利率有关，当利率上升时，债券价格下降，资本利得可以变成负数，产生资本损失，损失足够大时超过利息收入，债券的收益就变为负数，这时，人们愿意持有货币，因为货币的零回报超过了债券的负回报。当利率下降时，债券价格上升，人们自然选择持有债券。这里的关键决定于人们对现存利率的估价，凯恩斯假定每个经济体都认为利率会趋向某个正常值，假设人们现在认为现行利率水平高于正常值，他们预期利率会下降，债券价格会上升，他们就会倾向于增加对债券的持有，反之则倾向于持有货币。总之，投机动机的货币需求与利率呈负相关关系。

二、凯恩斯的货币需求函数

凯恩斯认为，人们选择持有货币时，是根据货币能够购买的商品数量来决定，而不是根据货币的面值来决定，人们的货币需求是一定数量的实际货币余额（real money balances），就是用实际值表示的货币数量，用 M_d/P 表示。交易动机和预防动机决定的货币需求决定于实际收入 Y，投机动机的货币需求决定于利率，凯恩斯的货币需求函数被称为流动性偏好函数，公式如下：

$$\frac{M_d}{P} = M_d^1 + M_d^2 = f(Y, i) \tag{9.4}$$

M_d^1 代表交易和预防动机决定的货币需求，M_d^2 代表投机动机决定的货币需求，i 代表利率。

在凯恩斯的货币需求函数中，利率是影响货币需求的重要变量，这个观点与传统货币数量论完全不一致。

我们对凯恩斯的货币需求函数求解货币流通速度 PY/M，会发现其他一些与传统货币数量论相异的观点，首先对式（9.4）作如下变化：

$$\frac{P}{M_d} = \frac{1}{f(Y, i)}$$

方程式两边都乘以 Y，在货币市场均衡，即货币供求相等的情况下，货币数量 M 与货币需求量 M_d 必然相等，得到下式：

$$V = \frac{PY}{M} = \frac{Y}{f(Y, i)} \tag{9.5}$$

由上式可见，货币流通速度和实际货币需求呈反方向变动关系，而实际货币需求又与利率呈反方向变动关系，这样，货币流通速度与利率变动的方向一致。利率在经济扩张时会上升，在经济衰退时会下降，货币流通速度也就具有了随经济周期波动而变化的特征。此外，凯恩斯货币需求模型还解释了货币流通速度大幅波动的另一原因。假如人们认为未来正常利率要高于现在的利率，这样，人们预测现行利率要上涨，债券价格将下降，持有债券的预期回报率下降，相对债券来说，持有货币更有吸引力，结果货币需求就会增加，货币流通速度就会减慢。反之，当人们认为利率将下降时，货币流通速度就会加快。

总之，凯恩斯货币需求理论认为：货币流通速度并非常量，而与波动剧烈的利率是同向变动关系。另外，人们对正常利率水平预期的变动将导致货币需求的变动，从而也导致货币流通速度发生变动。这样，凯恩斯货币需求理论对传统货币数量理论提出了质疑。因为后者认为货币流通速度是常数，名义总收入主要是由货币数量决定的，与利率没有关系。

三、凯恩斯货币需求理论的进一步发展

20世纪50年代后，经济学家对凯恩斯的货币需求理论做了进一步发展，核心是突出了利率对货币需求的影响。

（一）交易性货币需求理论的发展

人们在获得收入和进行支付之间有一定的时间间隔，这样，他们可以把预定用于交易的一部分货币用来购买债券等金融资产，获取利息收入，当手持货币没有时，再把债券卖掉换成货币进行交易。但是，买卖债券也有一定的交易成本，一是支付给经纪人的交易佣金，二是买卖过程中付出的时间成本。交易越频繁，这些成本越高。人们需要在持有债券获得利息和买卖债券支付交易成本之间进行选择。当利率提高时，相对于交易成本而言持有的债券收益更多，人们将选择持有较多债券和较少货币；反之，当利率较低时，持有债券的收益低于交易成本，人们将选择持有较多货币和较少债券。

总之，在一个金融市场发达的国家，人们能够比较容易地买卖金融资产，利率构成了交易性货币持有的机会成本，或者说，不仅仅是投机性货币需求，即使是交易性货币需求除了受收入影响外，也要受利率变化的影响，与利率呈反方向变化关系。

（二）预防性货币需求理论的发展

预防性货币需求的研究可以从预防性货币持有的成本和收益分析入手，和上面交易性货币持有的分析类似，预防性货币持有的成本是机会成本，即因为持有货币而不能持有债券等金融资产所产生的利息损失。预防性货币持有的收益是：因为持有较多预防性货币，当你发生预料之外的支出时，可以避免个人资产负债被迫调整带来的损失。比如：你是一个父亲，有一个孩子，原计划高中毕业时在国内读书，这时突然改变主意，一定要出国留学，并且也具备了留学条件。你也很支持孩子，但是留学需要花很多钱，而你手持货币不够，这种情况下，你有两种选择，一是卖掉金融资产，二是借入资金。在做第一种选择时，除了交佣金和手续费外，可能卖出的金融资产的价格低于买进的，你要赔钱；在做第二种选择时，如果有人趁你急需宰你一把，你要多支付利息。但是如果你持有较多的预防性货币，发生预料之外的支出时资产负债被迫调整带来的损失就可以避免，然而你持有货币的机会成本增加了。因此，需要在预防性货币持有的收益和成本之间寻找均衡。

总之，预防性货币需求和交易性货币需求一样除了受收入影响外，也要受利率变化的影响，与利率成反方向变化关系。

（三）投机性货币需求理论的发展

凯恩斯认为，当债券的预期收益率高于货币时，人们只持有债券；当货币的预期收益率高于债券时，人们只持有货币。只有当两者的预期收益率相同时，人们才同时选择持有货币和债券，而这种情况一般不会出现，所以，人们不可能同时持有货币和债券。这显然违背了资产选择的常识，所以这种分析受到了指责，也被认为是凯恩斯投机性货币需求理论的一个严重缺陷。

美国经济学家詹姆斯·托宾发展了凯恩斯的投机性货币需求理论，他认为：在决策持有何种资产时，人们不仅要考虑一种资产相对于另一种资产的预期回报率，而且还要考虑来自每种资产回报上的风险。与货币相比，债券价格波动剧烈且获取回报的风险很大，有时甚至为负值，因此，即使债券的预期回报率超过货币的预期回报率，人们仍愿意持有货币作为财富储藏手段，因为与回报相联系的风险较债券小。通过同时持有债券、货币这一多样化措施，人们可以减少所持资产的总风险。

托宾发展了凯恩斯投机性货币需求理论的同时又产生了一个新的问题，在美国，存在一些风险大小和货币一样，而收益率又高于货币的金融资产，比如国库券等，那么，在这种情况下，按照托宾的分析，投机性货币需求是不可能存在的，即托宾没有解释将货币作为财富储藏手段的原因。尽管如此，我们不能否认他的资产选择理论在金融理论发展中的贡献。

总之，凯恩斯的投机性货币需求理论虽然取得了发展，但是没有解释将货币作为财富储藏手段的原因，即投机性货币需求是否存在还不清楚。但是交易性货币需求和预防性货币需求理论的发展表明，这两部分货币需求受利率影响，与利率是反方向变化关系。这使得凯恩斯的一些结论依然成立：货币需求对利率敏感，货币流通速度是不稳定的，货币供应量与名义总收入之间也不具有稳定的关系。

第四节　弗里德曼的货币需求理论

货币主义（monetarism）是与凯恩斯主义相对立的经济学流派之一，其代表人物就是美国经济学家弗里德曼，下面我们介绍他的货币需求理论。

一、弗里德曼的货币需求函数

弗里德曼的货币需求理论，表示为下列函数关系式：

$$M_d/P = f(Y_p, \ r_b - r_m, \ r_e - r_m, \ \pi^e - r_m) \tag{9.6}$$

M_d/P 为实际货币需求；Y_p 为计量财富的变量，称为永久性收入或恒久性收入；r_b 为债券的预期收益率；r_m 为货币的预期收益率；r_e 为股票的预期收益率；π^e 为预期通货膨胀率。

弗里德曼和凯恩斯以及剑桥学派的经济学家一样，从对微观经济主体的行为分析作为货币需求讨论的起点，但是，他不再具体地分析经济主体持有货币的动机，而是把货币作为一种资产，将资产需求的一般理论应用到对货币需求的分析上来，影响货币需求的因素和影响其他资产的因素是相同的。

一种资产的需求与财富呈正相关关系，所以货币需求的第一个决定因素是财富，即永久性收入（permanent income），它是指预期的长期平均收入，或未来收入的折现值。在经济周期的不同阶段，当期收入变化较大，但是由于永久性收入是平均收入，它的变化较小，所以，永久性收入决定的货币需求的变化也不会很大。

财富储藏有各种形式，货币是其中之一，弗里德曼将货币以外的财富储藏资产分为三类：债券、股票、商品。人们是持有货币还是持有其他资产决定于其他资产与货币预期收益率的比较。这里要注意的是，在凯恩斯货币需求理论中，货币假定是没有利息的。而弗里德曼谈论的货币是广义货币，即 M_2，M_2 中大部分是存款，存款是有利息的，所以，在弗里德曼货币需求理论中，货币是作为盈利性资产看待的。此外，弗里德曼认为，货币的预期收益率除了利息外，还应该包括银行为存款者提供的服务。

$r_b - r_m$ 和 $r_e - r_m$ 分别代表持有债券和股票相对于货币的预期收益率，当它们提高时，货币需求下降。$\pi^e - r_m$ 代表持有商品相对于货币的预期收益率，持有商品的预期收益率实际上就是预期的通货膨胀率，和前面的分析一样，当 $\pi^e - r_m$ 提高时，货币需求减少。

二、弗里德曼货币需求理论的特点

与凯恩斯货币需求理论相比，弗里德曼货币需求理论有许多不同的地方。

第一，在弗里德曼货币需求理论中，货币口径扩大到各类银行存款，货币中的大部分是有收益的。

第二，弗里德曼认为，作为货币替代物的资产不止一种，重要的利率也不止一种。因此，弗里德曼将更多的变量加入到货币需求函数中。凯恩斯认为，所有金融资产收益率的变动方向是一致的，债券收益率可以作为它们的代表，不需要把各种金融资产分类列出。

第三，弗里德曼将商品、货币作为替代品，即人们在选择持有货币时，要考虑是否购买商品。这意味着，当货币需求不变时，货币供应量的扩大，就意味着对商品需求的扩大，即总支出的扩大，这表明货币供应量的变化可能对总支出有直接影响。

第四，凯恩斯认为，利率是影响货币需求的重要变量。弗里德曼认为，利率对货币需求的影响并不重要，因为其他金融资产的收益率与货币的收益率之间的差额是稳定的。当经济生活中利率上升时，银行贷款利率也会提高，为了多贷款获取更多利润，银行会通过提高存款利率的方式尽可能多吸收存款。即使存在利率管制，银行也可以通过为存款者提供更多服务即变相提高利率的方式竞争存款。不论哪种方式，货币的收益率都获得了提高。在这种情况下，弗里德曼货币需求函数中的 $r_b - r_m$ 是稳定的，利率变化对于货币需求没有什么影响。

第五，由于弗里德曼货币需求函数中的收入是永久性收入，而永久性收入与当期收入相比是一个相对稳定的变量，又因为利率对货币需求没有影响。所以，弗里德曼认为，货币需求函数是稳定的，货币流通速度是稳定和可预测的，货币供应量是决定名义总收入的主要因素，这与传统的货币数量论的结论是一致的。因此，弗里德曼的货币需求理论也被称作现代货币数量论。

遗憾的是，后来经济学家的经验研究表明，货币需求对利率是敏感的，货币需求函数是不稳定的，货币流通速度也是不稳定的。因此，弗里德曼货币需求理论的这些主要观点可能是错误的。

➤ **专栏阅读与分析**

中国的"超额"货币需求

所谓"超额"货币需求是指货币供给超过了根据货币需求模型计算出来的货币量，自然，如果货币供给少于根据货币需求模型计算出来的货币量，则称为货币的"失踪"。

美国从 1974 年开始，货币供给持续地少于根据货币需求模型计算出来的货币量，这部分货币被叫做失踪的货币（the missing money）。为了寻找新的稳定的货币需求函数，经济学家一方面扩大了货币的定义，把更多的金融资产包括进来；另一方面在货币需求函数中加入一些新的变量。但是，这两方面的研究都没有获得满意的结果。

在我国，有一个很流行的衡量货币需求的公式：货币需求增长率等于经济增长率加上预期（或计划）的物价上涨率。但是，改革开放以来，我国 M_2 的增长速度经常超过 30%，远超过经济增长率和物价上涨率的和，这就是中国的"超额"货币现象。那么原因是什么呢？出现了几种不同的解释，我们选择有说服力的进行介绍。

第一，货币化说

在计划经济时代，一些物品不需要货币进行交易，比如福利性住房等。改革开放以后，原来不需要货币进行交易的商品和劳务逐渐减少。反过来讲，在GDP中，用货币进行交易的商品和劳务所占的比例越来越大，这就是所谓的经济活动的货币化程度提高了。这样，在同样的经济增长中，会产生更多的货币需求，也需要更多的货币供给。

第二，强迫储蓄说

货币有两种职能，一是用来交易，一是用来进行财富储藏。但是，在我们的经济生活中缺乏足够多的金融资产供人们选择，经济主体被迫选择货币进行财富储藏，这就导致了"超额"货币需求。

第三，金融市场发展说

商品和劳务需要货币进行交易，随着金融市场的发展，数量庞大的金融资产也需要货币进行交易，也就是说，如果在考虑货币需求时，只讨论商品和劳务交易中需要的货币而忽略庞大金融资产交易产生的货币需求，货币供给和需求必然不对称，必然产生"超额"货币。

摘自：黄达编著. 金融学（第二版）. 北京：中国人民大学出版社，2009 年.

➤ 本章小结

1. 货币需求是指微观经济主体在其总的收入或财富范围内，愿意以货币形式持有的部分，是一种能力与愿望的统一。货币需求分为宏观货币需求与微观货币需求；还可以分为名义货币需求和实际货币需求。

2. 费雪方程式和剑桥方程式在公式表示上完全一致，但存在很大区别，费雪方程式货币需求研究的出发点是宏观角度，剑桥方程式则是微观角度；费雪认为，人们持有货币的目的就是为了交易，在选择希望持有的货币数量方面没有多少自由。剑桥方程式把货币需求的动机分为两个，一个是交易媒介，一个是价值储藏，考虑到了影响货币需求的更多因素。

3. 凯恩斯继承了剑桥学派经济学家从微观角度出发分析货币需求的方法，但是他的成就在于将利率作为重要变量引入货币需求函数中，对于货币需求的动机特别是投机动机做了更详细的分析。

4. 20 世纪 50 年代后，凯恩斯的货币需求理论有了进一步发展，交易性货币需求和预防性货币需求理论的发展表明，这两部分货币需求受利率影响。投机性货币需求理论虽然取得了发展，但是没有解释将货币作为财富储藏手段的原因，即投机性货币需求是否存在还不清楚。

5. 弗里德曼货币需求理论的特点主要是：利率对货币需求的影响并不重要；决定货币需求的收入是永久性收入，货币需求函数是稳定的，货币流通速度是稳定的和可预测的，货币供应量是决定名义总收入的主要因素。

➤ 关键术语

货币需求 名义货币需求 实际货币需求 现金余额说 现金交易说 交易动机 预防动机 投机动机 永久性收入

➤ **思考与练习**

1. 现金余额说与现金交易说的区别是什么?

2. 凯恩斯在货币需求理论发展中做出的贡献是什么?

3. 弗里德曼货币需求理论的特点是什么?

CHAPTER 10

第十章 货币供给

> **本章导入**

你知道什么是基础货币、货币乘数吗？货币是如何供应到经济主体手中的？银行在货币供给中起哪些作用？本章将告诉你这些概念和原理，并讨论中央银行与商业银行在货币供给过程中所起的作用。

> **学习本章后，你将有能力**

- 理解货币供给层次划分的原理及作用
- 认识基础货币、货币乘数的内涵
- 懂得中央银行控制基础货币的原理
- 理解货币供给的过程以及中央银行在其中所起的作用

第一节 货币供给的层次

一、货币供给的内涵

所谓货币供给（money supply），就是指货币年复一年、日复一日不断增长的过程。当然，要讨论货币供给，首先要弄清什么是货币，然而现代社会，货币的定义不是越来越简单而是越来越复杂，需要我们做细致的分析。经济学家认为：购买商品和劳务或清偿债务时被广泛接受的任何物品都是货币，根据这个定义，现金是当然的货币，除此之外，货币也包括可以开列支票的活期存款。对于工商业者，对于机关团体，可以依据活期存款向银行签发支票，用来支付货款、偿还债务等，通过支票的支付，付款单位在银行的活期存款减少，收款单位在银行的存款则增加。随着信息技术的发展，可以进行电子支付的活期存款也是货币。在现代经济中，活期存款货币的数量远大于现金，因此，把货币的定义仅仅限于现金的话，实际上就漏掉了很大一部分货币。

二、货币供给的层次

经济学家定义货币的目的是为了中央银行的货币政策操作，因为货币政策简单说就是货币总量调控政策。货币除了包括直接用于交易的现金资产外，还包括那些不能直接进行交易，但是容易转化为现金资产的资产，即这些资产具有很高的流动性。所谓资产的流动性就是指一种资产转化为现金资产的速度快慢和成本大小，转化速度越快、成本越小的资产，流动性越强，反之则越弱。现金和活期存款是最具流动性的资产。各国中央银行都是根据资产流动性的大小对货币供给划分层次。

（一）美国的货币供给层次

美国对货币供给的划分主要包括 M_1、M_2、M_3、L 四个层次。

M_1 = 通货 + 非银行机构发行的旅行者支票 + 活期存款（包括不付息的企业支票账户与银行机构发行的旅行者支票）+ 所有其他可以开具支票存款（主要包括居民持有的生息支票账户）

M_2 = M_1 + 低于 10 万美元的小额定期存款 + 可以在任何时候存入或提取的非交易的储蓄存款 + 银行开列的货币市场存款账户 + 货币市场共同基金份额（零售）

M_3 = M_2 + 10 万美元以上的大额定期存款 + 货币市场共同基金份额（批发）+ 所有存款机构发行的回购协议负债 + 欧洲美元

L = M_3 + 非银行公众持有的储蓄债券、短期国库券、商业票据和银行承兑票据等

（二）中国的货币供给层次

中国人民银行现阶段把我国货币供应量划分为如下三个层次：

M_0 = 流通中现金

M_1 = M_0 + 活期存款

M_2 = M_1 + 定期存款 + 储蓄存款 + 其他存款 + 证券公司客户保证金 + 住房公积金存款 + 非存款类金融机构同业存款

其中，M_1 称为狭义货币量；M_2 称为广义货币量；M_2 - M_1 是准货币。

由于流通中的现金和活期存款的流动性最高，可以直接用于交易支付，因此，在统计上它们属于货币；而构成 M_2 的定期存款、储蓄存款等其他存款的流动性较低，它们不能直接用作交易媒介，更多发挥的是价值储藏功能和金融资产投资功能，故称为准货币（quasi-money）。

我国货币层次中区别与国外的是 M_0，把流通中现金作为第一层次，而西方国家通常不设这个指标。其主要原因是我国金融业还处在发展阶段，能签发支票的活期存款和银行卡的流动性与经济发达国家相比，明显低于现金。现金在狭义货币供应量中所占的

比重超过20%，远远高于西方国家。

（三）国际货币基金组织（IMF）的货币供给

国际货币基金组织采用通货（currency）、货币（monoy）和准货币三个层次定义货币供给。

（1）通货。即存款货币银行以外的现金。

（2）货币。通货加私人部门的活期存款之和，相当于各国的 M_1。

（3）准货币。相当于定期存款、储蓄存款和外币存款之和。"准货币"加"货币"相当于各国的 M_2。

国际货币基金组织要求各成员国统一按照这个口径报告统计数字，便于不同国家之间的比较。

20世纪70年代以来，广泛的金融创新创造了许多流动性强的金融资产，突破了原有货币层次的界限，加大了区分货币与非货币的困难，使得各国对于货币供给的口径不断地进行调整。我国金融管理较为严格，金融资产类型较少，货币的定义相对容易，但是随着金融市场的发展，我国的货币供给口径也进行过调整，2001年央行在 M_2 统计口径中加入了"证券保证金存款"；2011年，央行公布当年10月金融数据，在旧统计口径中又加入了"住房公积金存款"和"非存款类金融机构同业存款"。

第二节　货币供给中的中央银行

一、中央银行在货币供给中所起的作用

（一）现金进入流通的过程

当企业、个人需要现金时，一般是到存款货币银行去取现。前提条件是在存款货币银行有存款。当企业、个人从存款货币银行取走现金后，企业、个人在银行的存款等额减少。同时，存款货币银行的业务库库存现金减少。如果存款货币银行的库存现金不足以应付客户提取存款时，可以到当地人民银行的发行库提取，其前提也是必须在当地人民银行的账户上有准备金存款。随着存款货币银行现金的提取，等额减少存款货币银行在中央银行的准备金存款。

相反的过程是，当企业、个人把现金存入存款货币银行，存款货币银行的业务库库存现金增加。超过一定的数量后，超过部分存入当地人民银行的发行库，等额增加存款货币银行在中央银行的准备金存款。

总之，存款货币银行和中央银行之间，就像社会公众和存款货币银行之间一样有不

断的现金存取过程。而已经存在于流通过程中的现金，就是存款货币银行从中央银行准备金存款账户上不断的现金提取所形成的。

（二）现金增发与存款货币的不断创造需要准备金存款的不断补充

当存款货币银行总体向中央银行存入的现金多于提取的现金，是现金发行量的减少，则称现金回笼；当存款货币银行总体向中央银行提取的现金多于存入的现金，是现金发行量的增长，简称现金发行。在一年之中的不同季节，比如：农副产品收购的秋季，现金的发行大于回笼；在春节前人们集中购物的时候，现金的回笼大于发行。但是，年度之间进行比较，现金的发行都是增长的。虽然近些年电子货币的使用带来了现金的节约，但现金增发，流通中现金余额不断增加这一趋势还没有发生改变，这一点从表 10 - 1 中也能看出来。

表 10 - 1　　　　　**2011 年下半年我国货币供应量层次及统计数据**　　　单位：亿元

项目	2011 年 7 月	2011 年 8 月	2011 年 9 月	2011 年 10 月	2011 年 11 月	2011 年 12 月
货币和准货币（M_2）	772 923.65	780 852.30	787 406.20	816 829.25	825 493.94	851 590.90
货币（M_1）	270 545.65	273 393.77	267 193.16	276 552.67	281 416.37	289 847.70
流通中货币（M_0）	45 183.10	45 775.29	47 145.29	46 579.39	47 317.26	50 748.46

资料来源：中国人民银行网站 . www. pbc. gov. cn.

随着现金的不断增发，存款货币银行需要不断地从准备金存款账户提取现金，这样，存款货币银行在中央银行的准备金存款会不断下降，存款货币的创造就受到制约。然而，在实际经济生活中，随着经济的增长，为了满足不断增长的货币需求，无论现金还是存款货币都必须不断的增长，于是，准备金存款也必须得到连续的补充。

（三）存款货币银行在中央银行准备金数量的不断补充来自于中央银行

当一个存款货币银行的准备金存款不足时，可以通过出卖资产和融入资金的方式解决，但是，这会导致其他银行的准备金存款下降。比如，当一个银行从同业市场融入准备金时，融出准备金的银行准备金存款必然下降，整个银行体系的准备金数量没有变动。在现代货币制度下，整个存款货币银行体系准备金数量的增加来自于中央银行资产业务的增加。在美国，美联储增加银行体系准备金存款的途径主要有两条：一是在公开市场上购入政府债券，简称公开市场购买；二是向存款货币银行发放贷款。在我国现阶段，中国人民银行主要是通过买入存款货币银行持有的外汇来增加其准备金存款的。

（四）如果不考虑经济增长产生的货币需求，中央银行可以无限制地增加银行体系的准备金存款

在现代社会，任何经济主体，无论是金融机构，还是非金融机构的企业、个人，都是负债业务决定资产业务，即先有资金的来源，后有资金的运用。但是，中央银行是个唯一的例外，它是资产业务决定负债业务，即负债业务随着资产业务的扩张而扩张，或者说资产业务的增加不以负债业务的增加为前提。虽然如此，中央银行也不能无限制地扩张它的资产业务，如果货币创造超越经济增长所产生的客观货币需求，就会引起通货膨胀。

二、中央银行对基础货币的控制

（一）基础货币的内涵

基础货币（base money）等于流通于银行体系之外的通货与银行体系的准备金的总和。也叫高能货币、强力货币（high-power money）。基础货币是中央银行能够直接控制的货币量，直接表现为中央银行的负债。在市场经济国家，基础货币中大约有85%是流通中的通货。

基础货币的构成可以用下列公式表示：

$$B = C + R \tag{10.1}$$

公式中，B 为基础货币；C 为流通中通货；R 为商业银行的存款准备金。

发达国家中央银行对基础货币的控制优于对准备金的控制。以美国为例，美联储影响基础货币的主要方式是在公开市场上买卖政府债券，假如美联储从存款货币银行买入100 万美元政府债券，这时，这家银行或者将支票兑现，增加库存现金，或者将支票存入它在美联储的账户。在美国，由于银行的库存现金也属于法定准备金，所以，无论银行的哪种行为，都意味着银行准备金的增加。银行体系和美联储的账户变化如下：

银行体系

资产		负债
政府债券	−100 万美元	
准备金	+100 万美元	

联邦储备体系

资产		负债	
政府债券	+100 万美元	准备金	+100 万美元

由于流通中现金没有变化，公开市场购买引起的基础货币的增加等于准备金的增加。

假如美联储从非银行公众买入 100 万美元政府债券，非银行公众可以将收到的美联储支票存入当地银行，银行再将支票存入美联储准备金账户，这样，各相关主体的账户变化如下：

非银行公众

资产		负债
政府债券	−100 万美元	
支票存款	+100 万美元	

银行体系

资产		负债	
在美联储的准备金存款	+100 万美元	支票存款	+100 万美元

联邦储备体系

资产		负债	
政府债券	+100 万美元	准备金	+100 万美元

从上面的账户变化可以看出，美联储向非银行公众进行的公开市场购买，如果他们没有取现，则公开市场购买引起的基础货币和准备金的变化一致。但是，如果非银行公众债券出售者将得到的美联储支票兑现，则美联储公开市场购买引起的准备金和基础货币的变化就出现不一致，从下面的账户变化可以看出：

非银行公众

资产		负债
政府债券	−100 万美元	
现金	+100 万美元	

联邦储备体系

资产		负债	
政府债券	+100 万美元	流通中现金	+100 万美元

总之，公开市场购买对准备金的作用，取决于非银行公众债券出售人将所得款项以

流通中现金形式持有还是存入银行。如果将所得款项以流通中现金形式持有，则公开市场购买对准备金没有影响，如果将所得款项以银行存款形式持有，则准备金增加额等于公开市场购买额。

但是，不论非银行公众债券出售人将所得款项以流通中现金形式持有还是存入银行，公开市场购买对基础货币的作用相同，即基础货币增加额等于公开市场购买的金额。公开市场购买对准备金的影响与其对基础货币的影响相比，前者不确定性大得多。

从前面的分析我们知道，随着经济的增长，现金需要增发，存款货币需要不断创造，准备金存款需要不断扩张，这又依赖中央银行资产业务的扩张。因此，只要中央银行资产业务能准确地控制准备金，它就能对货币供给进行有效影响。但是，通过以上分析，我们发现，中央银行不能有效控制准备金，能够有效控制的是较准备金更大的一个变量，即基础货币，这就是基础货币概念的由来。

此外，成千上万存款人频繁的存款、取款行为导致准备金和现金之间频繁转换，使得准备金总量难于控制，但是，这些转换只是影响基础货币的结构，不影响其总量，这是中央银行对基础货币比对准备金控制力更强的另外一个原因。

（二） 中央银行对基础货币的控制

我们先看一张简化的中央银行资产负债表（见表 10 – 2）：

表 10 – 2   **中央银行资产负债表**

资产	负债
A1：政府债券	B1：发行在外的现金
A2：对金融机构贷款	B2：存款货币银行等金融机构存款（准备金）
A3：财政借款	B3：政府存款
A4：黄金、外汇等国外资产	B4：其他负债和资本

根据定义，基础货币（B）等于非银行公众手持现金，即流通中现金（C）加上银行体系准备金（R），也就是上面表格中的 B1 加上 B2，公式表示为：

$$B = C + R = B1 + B2 \tag{10.2}$$

根据资产负债表的平衡关系有：

$$A1 + A2 + A3 + A4 = B1 + B2 + B3 + B4 \tag{10.3}$$

$$B = C + R = B1 + B2$$

$$= (A1 + A2 + A3 + A4) - (B3 + B4) \tag{10.4}$$

从上式可以看出：

第一，在中央银行非基础货币的负债项目不变化的情况下，任何资产项目的增加都会引起基础货币的增加。

第二，在中央银行的资产项目不变化的情况下，任何非基础货币负债项目的增加都会引起基础货币的减少。

我们把影响基础货币的主要因素总结在表 10 – 3 中。

表 10 – 3　　　　　　　　　　基础货币的影响因素及方向

影响因素以及变动方向		基础货币变动方向
政府债券	↑	↑
对金融机构贷款	↑	↑
财政借款	↑	↑
黄金、外汇等国外资产	↑	↑
政府存款	↑	↓
其他负债和资本	↑	↓

上述因素都是中央银行的资产负债，但是中央银行对于自己的资产负债，有的可以完全控制，有的是在一些自己不可控的因素影响下被动形成的，那么，中央银行对于基础货币的控制能力究竟如何呢？我们看下面的美联储资产负债表（见表 10 – 4），以美国为例讨论一下发达国家中央银行对于基础货币的控制能力。

表 10 – 4　　　　　　　　　　2003 年美联储资产负债表

资产	比重（%）	负债与资本	比重（%）
黄金	1.43	现钞	89.30
特别提款权	0.29	逆回购协议	3.32
硬币	0.09	存款货币机构存款	2.98
直接购买政府机构债券	86.31	美国财政部存款	0.74
持有政府机构的回购协议	5.66	国外机构存款	0.02
对存款货币机构贷款	0.01	其他存款	0.10
托收中项目	1.01	代付托收现金项目	0.98
银行不动产	0.21	其他负债	0.27
其他资产	4.99	全部资本金	2.29
资产总额	100	负债和资本合计	100

资料来源：美联储网站．

从上表可以看出，美联储的最主要资产业务就是公开市场买卖政府债券即国债，这就是所谓的公开市场业务（open-market operation）。因为美国国债市场最具流动性，并且交易规模最大，这一市场有能力吸收美联储庞大的交易量，而不会引起可能导致市场混乱的价格过分波动，因此，美联储公开市场业务是主动进行的，规模大小完全由它所控制。我们前面做过分析，美联储公开市场业务变动与基础货币的变动是一一对应的，在这种情况下，美联储可以通过公开市场业务来控制基础货币，但是，有一些资产负债是美联储不能控制的，如果它们对基础货币发生影响，美联储该如何处理呢？对于美联储，有两个对基础货币有重要影响而自身不能控制的项目，即财政部存款和浮款。对于财政部存款，当财政收到款的时候，它会从商业银行转移到美联储的账户上，导致在美联储的账户上的财政部存款的增加，银行体系的准备金和基础货币相应减少；反之，当财政支出的时候，会导致正好相反的结果。所谓浮款是指当美联储为商业银行进行支票清算时，先增加收到款的银行的准备金存款，经过一段时间后再减少付出款项的银行的准备金存款，这样就出现了银行体系的准备金和基础货币的暂时性增加，故称为浮款。通过观察上表可以发现，这两个项目在资产负债表中与公开市场业务涉及的政府债券比较，所占比例非常小，这样，美联储完全可以通过公开市场操作抵消它不认可的准备金和基础货币波动。比如，当浮款增加，银行体系的准备金和基础货币增加时，美联储可以卖出政府债券，压缩准备金和基础货币；反之则可以买入政府债券。总之，像美国这样一些发达的市场经济国家，中央银行是可以控制基础货币的。

我国的情况如何呢？我们还需观察我国的中央银行资产负债表（见表10－5）：

表 10 － 5　　　　　　　　　2011 年中国人民银行资产负债表

资产	比重（%）	负债	比重（%）
国外资产	84.67	储备货币	79.95
外汇	82.71	货币发行	19.88
黄金	0.24	其他存款性公司存款	60.07
其他	1.72	不计入储备货币的金融性公司存款	0.32
对政府债券	5.48	发行债券	8.31
对其他存款性公司债券	3.65	国外存款	0.97
对其他金融性公司债券	3.79	政府存款	8.09
对非金融性公司债券	0.01	自有资金	0.08
其他资产	2.41	其他负债	2.29
总资产	100	总负债	100

资料来源：根据中国人民银行网站资料整理．

从上表可以看出，外汇资产是我国中央银行最主要的资产，中国人民银行能否有效控制它呢？我们先从介绍我国央行外汇资产的形成过程进行分析。在我国，外汇市场有两个，一是企业和个人等与银行进行的外汇买卖，这个市场可以叫做零售市场；另一个是银行为了满足自身业务需要互相之间进行的外汇买卖，可以叫批发市场。中国人民银行不在零售、只在批发市场交易，即只与银行进行外汇买卖，当然这两个市场有着极其紧密的联系。从1994年外汇管理体制改革到现在，我国在大部分的年份里都保持了国际收支的顺差，在强制结售汇的外汇管理体制下，企业必须把外汇卖给银行。2007年后，强制结售汇被取消，但由于人民币升值预期的一些原因，企业还是愿意把外汇卖给银行，这样在银行间外汇市场上，外汇的供给一直远大于需求。中国人民银行在这种状况下就作为外汇的需求者不断买入外汇，目的是为了避免人民币出现较快和较大幅度的升值。随着中国人民银行外汇的不断买入，我国的外汇储备规模从1994年的500多亿美元上升至目前的 3 万多亿美元，外汇占款与基础货币的比例从 1994 年的 24.76% 上升至 2009 年的 121.65%，由于中国人民银行买卖外汇的目的是为了稳定汇率，所以对基础货币的影响就是被动的。同时，外汇是中国人民银行比例最大资产，基础货币是最大负债，因此，即使其他资产和非基础货币负债都是中国人民银行完全可控的，它也没有能力抵消外汇占款对基础货币的影响。总之，我国央行由于对最大比例的外汇资产不可控，所以对基础货币不可控。

基础货币是中央银行的主要负债，中央银行能否控制基础货币取决于对比例最大的资产业务是否有主动控制的力量，基于上述分析，可以认为：中国人民银行控制基础货币的能力比美联储要弱。

第三节　货币乘数

一、货币乘数的概念

货币乘数（money multiplier）是反映货币供应量与基础货币之间数量关系的倍数。由前一节分析可知，基础货币是由中央银行控制的变量，在此基础上，通过商业银行的派生存款机制进行扩张或收缩，最终形成市场货币供应量。为了进一步清楚理解基础货币的含义，我们通过货币乘数模型来分析。

货币供应量 M 与基础货币 B 的公式表示分别如下

$$M = C + D \tag{10.5}$$

$$B = C + R \tag{10.6}$$

公式（10.5）中，M 表示货币供应量，C 表示流通中通货，D 表示公众的活期存款。

公式（10.6）中，B 表示基础货币，R 表示存款准备金。由公式（10.5）和（10.6）相除，可以得到货币乘数的公式。

货币乘数

$$m = \frac{M}{B} = \frac{C + D}{C + R} \tag{10.7}$$

把等式右边的分子分母都除以 D

$$m = \frac{1 + C/D}{C/D + R/D} \tag{10.8}$$

设 C/D 即流通中现金与支票存款比率为 c，也称为现金漏损率，法定准备金率为 r，超额准备金率为 e，则 R/D = r + e，货币乘数也可以表示为

$$m = \frac{1 + c}{c + r + e} \tag{10.9}$$

货币供应量、基础货币与货币乘数的关系是

$$M = B \times m \tag{10.10}$$

由于货币乘数大于1，因此，基础货币的变化与货币供应量变化不是一对一的关系，而是倍数关系，所以，基础货币也被叫做高能货币，就是基于其通过货币乘数产生扩张效应的原因。通过货币乘数公式，可以知道影响货币乘数的主要因素是现金漏损率、法定准备金率和超额准备金率。

二、影响货币乘数的因素

（一）法定准备金率与超额准备金率

如果这两个比率越大，存款货币银行在存款创造中的可用资金就越少，最终产生的货币存量也越少，如果准备金率是100%，银行就不可能进行存款创造，所以，法定准备金率、超额准备金率都与货币乘数成反方向变化。

（二）流通中现金与支票存款比率

这一比率在货币乘数公式的分子分母上都出现，我们可以通过求对数的方法证明它与货币乘数也成反方向变化关系。从理论上讲，在银行存款货币创造过程中，流通中现金与支票存款比率越大，意味着在银行存款货币创造过程中，从银行体系漏出的资金越多，支持银行存款货币创造的准备金越少。如果出现100%的现金漏损，即这一比率等于100%，银行也无法进行存款创造。总之，这一比率与货币乘数呈反方向变化关系。

货币乘数有三个变量组成，它们分别由不同因素影响。法定准备金率是由中央银行决定，下面主要讨论货币乘数中另外两个影响因素是由哪些因素影响的。

1. 流通中现金与支票存款比率的影响因素

流通中现金与支票存款被企业、个人等非银行公众持有，所以，这个比率是由它们决定的。那么，什么因素决定了非银行公众对于流通中现金与支票存款的持有呢？现金和支票存款都是资产，根据资产需求理论，公众对一项资产的需求决定于四个因素：一是财富总额或收入水平；二是该种资产相对于其他替代性资产的预期报酬率；三是该种资产相对于其他替代性资产的风险；四是该种资产相对于其他替代性资产的流动性。下面就从这几个方面进行分析：

（1）财富或收入水平。随着财富或收入水平的增长，非银行公众持有的现金和支票存款都会增加，但是，后者增加的速度快于前者。因为通货被低收入和几乎没有什么财富的人广泛使用，是一种必需品；支票存款被拥有较多财富的人所拥有，不是一种必需品，是一种奢侈品。因此，财富或收入水平与流通中现金与支票存款比率负相关。

（2）预期报酬率。现金的预期报酬率为零，持有支票存款可以享受银行提供的一些服务，还可以获得少量利息。如果银行提高了支票存款利率，或者变相提高了支票存款利率，即银行对支票存款持有人提供了更多服务，显然，这会导致现金与支票存款比率下降。

（3）风险。在经济正常运转的情况下，现金和支票存款一样安全。但是在金融危机期间，银行可能倒闭，这时，现金的安全性超过支票存款。现代社会虽然有存款保险，但是依然有部分存款是无法获得保险的，因为现代存款保险制度是限额保险。这样，在经济动荡的情况下，现金与支票存款比率会提高。

（4）流动性。现金和支票存款都是流动性最强的资产，但是在一些特殊交易中，现金的使用优于支票存款，比如，在非法活动的交易中，支票存款的使用容易被警察追查出来，现金则不会。因此，如果一国或地区非法的地下经济交易规模越大，现金与支票存款比率就越高。

2. 超额准备金率的影响因素

银行持有超额准备金的目的是什么？代价是什么？这是分析影响银行超额准备金率的因素的着眼点。

（1）市场利率。因为银行持有超额准备金的成本为机会成本，即如果没有持有超额准备金而持有贷款或证券所赚取得利息。为简单起见，假定贷款和证券赚取相同的利率，我们称之为市场利率。如果它上升，则持有超额准备金的机会成本增加，超额准备金率下降，反之亦然。

（2）预期存款外流。银行持有超额准备金的主要回报是对于存款外流造成的损失提供保障。即超额准备金使得银行能够对付存款外流，而避免了从其他银行或公司借款、出售证券、从中央银行借款、收回或出售贷款的费用。如果银行预期存款外流，它们将需要更多的保险来抵御这种可能性，从而提高超额准备金率。反之亦然。

（3）金融市场的发达程度。如果出现预料之外的存款流出，银行的准备金不足时，可以通过从金融市场上借入资金或卖出流动性强的金融资产的方式存款提取。因此，一个国家或地区金融市场越发达，融入资金或买卖金融资产的成本越低，银行的超额准备金率就越低。

三、货币供给决定的综合分析

货币供应量等于基础货币乘以货币乘数，基础货币与中央银行有联系，货币乘数中，法定准备金率由中央银行决定，现金与存款比率由企业、个人等非银行公众决定，超额准备金率由商业银行体系决定。因此，在货币供给机制中，中央银行、商业银行体系、企业、个人等都产生影响。但是由于货币乘数长期内变化缓慢，所以货币供给中起最重要作用的是基础货币的变化，如果中央银行能够控制基础货币，就能够控制货币供给。通过前面的分析我们知道，美联储控制基础货币的能力优于中国人民银行，所以美联储控制货币供给的能力也优于后者。美联储控制基础货币的工具是公开市场业务，公开市场业务的发达依赖发达的国债市场。因此，要提高我国央行对于货币供给的控制能力，就必须积极发展我国的国债市场。

➤ **专栏阅读与分析**

从货币供应过程看外汇储备与货币供应的关系

中国人民银行从银行间外汇市场买入外汇形成外汇储备，买入外汇所投放的人民币叫外汇占款，外汇占款的增加会引起基础货币的增加，这些内容前面做过介绍。为了更清楚地知道近年来我国外汇储备形成对于基础货币的深刻影响，我们看表10-6：

表10-6 外汇储备、外汇占款、基础货币存量及关系

年度	外汇储备（万亿美元）	外汇占款（亿元）	基础货币（亿元）	外汇占款/基础货币（%）
2000	1 655.7	14 814.5	36 491.5	40.60
2001	2 121.7	18 850.2	39 851.7	47.30
2002	2 864.1	22 107.4	45 138.2	48.98
2003	4 032.5	29 841.8	52 841.4	56.47
2004	6 099.3	45 940.0	58 856.1	78.05
2005	818 807	62 140.0	64 343.1	96.58
2006	10 663.4	84 360.8	77 757.8	108.49
2007	15 282.5	115 168.7	101 545.4	113.42
2008	19 460.3	149 624.3	129 222.3	115.79
2009	23 991.5	175 154.6	143 985.0	121.65
2010	28 473.4	206 766.7	185 311.1	111.58
2011	32 016.8	233 853.6	212 204.2	110.20

资料来源：李东姣. 外汇占款对我国货币供给的影响. 时代金融，2011（12）.

基础货币的变化会引起货币供应量倍数的变化，我国的货币供应量M_2因此从2000年的134 610.30亿元增加到2011年的851 590.90亿元，M_1从2000年的53 147.20亿元增加到2011年的289 847.70亿元。渣打银行的报告称，2011年，中国的广义货币M_2增量已经占到世界新增M_2规模的52%。在过去的5年里，中国央行的总资产增长了119%，并于2011年年末达到28万亿元人民币（折合约4.5万亿美元），超过美联储和欧洲央行，成为全球资产规模最大的央行。

为了抑制货币供应量的过快增长，近些年来，我国央行主要使用了如下两种货币政策工具：从2003年9月至2011年3月，人民银行调整存款准备金率

33 次，其中除了 2008 年下半年为了应对国际金融危机冲击的特殊情况 4 次下调存款准备金率外，都是上调，2011 年 3 月末大型金融机构存款准备金率为 19.5%，存款准备金率上调可以起到深度冻结银行体系流动性，抑制其存款创造的作用。从 2003 年 4 月起发行央行票据，年发行量从 2003 年的 7 200 亿元增长到近年的 4 万亿元左右，发行期限最长的达到三年。

上述货币政策工具的使用，在对冲外汇占款引起的基础货币和货币供应过快增长方面起了一定的作用，但要从根本上解决问题，还是要改变国际收支双顺差引起的外汇储备持续增加的局面，而随着国家经济政策的调整和市场自身的调整，国际收支趋于平衡应该是趋势。

➢ 本章小结

1. 世界各国中央银行货币供给层次划分的标准都是资产的流动性。

2. 整个银行体系依靠自身没有办法使准备金不断地增加，准备金数量的不断增加只能来自于中央银行资产业务的增加，银行体系在获得来自于央行的准备金后，就可以通过资产业务进行存款创造。存款创造中，现金漏损也会不断增加，这就是货币供给过程。

3. 基础货币和准备金的区别是：准备金是基础货币的一部分，中央银行对基础货币的控制优于准备金。

基础货币是中央银行的主要负债，中央银行能否控制基础货币取决于对比例最大的资产业务是否有主动控制的力量。

4. 在货币供给中，中央银行、商业银行体系、企业、个人等都产生影响，但是货币供给中起最重要作用的是基础货币而不是货币乘数的变化。因此，中央银行能否控制货币供给决定于它能否控制基础货币。

➢ 关键术语

货币供给　基础货币　货币乘数　现金漏损率　超额准备金

➢ 思考与练习

1. 我国央行把货币供应量划分为哪几个层次？具体包括哪些货币性资产？

2. 银行体系准备金数量的增加为什么必须来自于中央银行资产业务的增加？

3. 阐述中央银行控制基础货币的原理。

4. 哪些因素影响货币乘数的变化？

5. 中央银行在什么条件下对于货币供给有决定作用？

第十一章　通货膨胀与通货紧缩

> ## 本章导入

自 20 世纪 70 年代以来，各国普遍存在的通货膨胀已成为备受关注的世界性经济问题。而通货紧缩现象的出现则相对较晚。其理论研究正在逐步深化。本章主要论述通货膨胀与通货紧缩的定义、类型、成因、效应及其治理对策等问题。

> ## 学习本章后，你将有能力

- 认识什么是通货膨胀或通货紧缩
- 理解通货膨胀的形成原因以及通货膨胀对经济的影响
- 掌握治理通货膨胀及通货紧缩的有效途径和对策

第一节　通货膨胀的定义与测度

一、通货膨胀的定义

通货膨胀（inflation）是世界各国普遍存在的一个经济现象，也是当代经济学和日常生活中经常出现的一个词汇，普通人理解的或许就是"价格涨了"、"钱不值钱了"等，而经济学家对通货膨胀的定义也因人而异。比如哈耶克认为，通货膨胀是指货币数量的过度增长，从而导致物价的上涨；弗里德曼认为，物价的普遍上涨就是通货膨胀；而萨缪尔森则加上时期的概念，认为通货膨胀是物价和生产要素的价格普遍上升的时期；罗宾逊夫人把通货膨胀解释为，由于国际经济活动的工资报酬率的日益增长而引起的物价持续上涨。

目前，经济学界对于通货膨胀的成因以及结果等方面存在一定的争议，因此，大家普遍能接受的定义就是描述该经济现象即可：通货膨胀就是商品和劳务的货币价格总水平持续明显的上涨过程。

关于这个定义，有几点需要说明，以免产生误解：

（1）通货膨胀不是指个别商品的价格上涨，而是指价格总水平（包括所有商品和劳务价格平均水平）的上涨。比如，某个家庭主妇发现农贸市场的白菜价格从每斤2元涨到每斤3元，她可能认为发生通货膨胀了，事实上通货膨胀可能并未发生，如果仅仅是白菜的价格上涨，其他商品的价格都相对稳定，即价格总水平保持不变，那么并未发生通货膨胀。

（2）通货膨胀指的是价格总水平的明显上升，如果价格总水平只发生了轻微的上涨，比如每年上升0.5%，经济学家并不认为发生了通货膨胀。那么"通货膨胀"到底需要价格总水平上涨率达到多少似乎没有固定的标准，因为它取决于人们对通货膨胀的敏感程度，是一个相对主观的概念。

（3）通货膨胀指的是物价总水平持续上涨，仅仅是一次性或者短期的价格总水平上涨并不能视为通货膨胀。比如，某些偶然因素可能引发价格水平发生明显上涨，上涨了3%，是否意味着发生通货膨胀呢？如果这种上涨是一次性的，即上涨3%后不再继续上涨，那么经济学家看来，这个也不能算通货膨胀。只有价格水平上涨的趋势持续一段较长时间之后，才能视为通货膨胀。那么需要多长时间的价格水平上涨才能算通货膨胀呢？理论界并没有一个明确的时间界线，一般认为需要一年以上，因为通货膨胀经常以年度为时间单位考察，用年通货膨胀率来衡量。

二、通货膨胀的度量

既然通货膨胀是物价总水平的持续明显上涨，那么通货膨胀的严重程度也就可以用物价总水平的上涨幅度，即通货膨胀率这个指标来衡量。该指标的计算公式为：

$$当期的通货膨胀率 = \frac{当期的价格水平 - 上一期的价格水平}{上一期的价格水平} \times 100\%$$

价格总水平的高低则是通过各种价格指数来衡量，世界各国一般采用以下三类指数：

（1）消费者价格指数（consumer price index，CPI）：该指数是根据家庭消费的代表性商品和劳务的价格变动状况而编制的。它主要反映了与人们生活直接相关的衣服、食品、住房、水、电、交通、医疗以及教育等商品和劳务价格的变动。由于该指标与社会公众的生活密切相关，所以它是消费者重点关注的一个物价指标。

目前，中国2011年最新调整的CPI构成主要为八大类商品：食品31.79%、烟酒及用品3.49%、居住17.22%、交通通讯9.95%、医疗保健个人用品9.64%、衣着8.52%、家庭设备及维修服务5.64%、娱乐教育文化用品及服务13.75%。

CPI的优点是资料容易收集，便于及时公布（通常每月一次），能够迅速地反映公众生活费用的变化，但这一价格指数包括的商品范围较窄，无法反映资本品以及各类中间品的价格变动情况。图11-1反映了1997~2011年我国年度CPI的走势。

（2）生产者价格指数（producer price index，PPI）：该指数根据企业所购买的商品价格变化情况编制而成，它反映了包括原材料、中间品以及最终产品在内的各种商品价格的变化。PPI 反映了企业经营成本的变化，所以受到企业的重点关注。

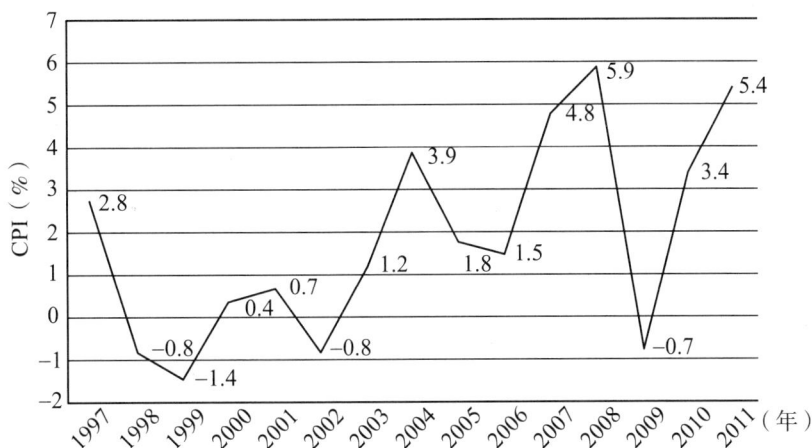

图 11 - 1　1997 ~ 2011 年我国年度 CPI 走势

PPI 反映了生产环节价格水平，而 CPI 反映了消费环节的价格水平。整体价格水平的波动一般首先出现在生产领域，其次通过产业链向下游产业扩散，最后波及消费品。企业经营成本的上升往往导致最终消费品价格上涨，所以，PPI 在一定程度上能预示 CPI 的变化。

（3）国民生产总值价格平减指数（GNP deflator）：该指数衡量一国在不同时期内所生产的最终产品和劳务的价格总水平变化程度的价格指数。

$$GNP\ 平减指数 = \frac{当前价格计算的\ GNP\ （名义\ GNP）}{基期价格计算的\ GNP\ （实际\ GNP）} \times 100$$

例如，某国 1995 年的 GNP 按照当年价格计算为 11 000 亿美元，而按照 1994 年的价格计算则为 10 000 亿美元（即以 1994 年为基期），1994 年基期指数取为 100，则 1995 年的 GNP 价格平减指数为 110（11 000/10 000 × 100）。

国民生产总值平减指数的优点是包括的商品范围最广，除消费品和劳务外，还包括资本品和进出口商品，所以该指数能较全面地反映一般物价水平的变动趋势，但是编制该指数需要收集大量的资料，投入大量的时间，很难及时更新和公布，在时效上无法满足经济决策的需要。

第二节　通货膨胀的类型与成因

一、通货膨胀的分类

经济分析中，人们可以从不同的角度，根据不同的标准，对通货膨胀进行不同的分类。

（一）按照价格上涨的速度分类

根据通货膨胀的严重程度即通货膨胀率可以分为四类：爬行的通货膨胀、温和的通货膨胀、飞奔的通货膨胀和恶性通货膨胀。如果每年价格总水平上升率在3%之内，就是爬行的通货膨胀；如果每年价格总水平上升率在3%～10%，大致认为是温和的通货膨胀。有的经济学家认为，温和的通货膨胀是物价上涨控制在5%以内，在经济发展过程中，温和的通货膨胀可以刺激经济的增长，同时不会引起社会太大的问题，能像润滑油一样刺激经济的发展，这就是所谓的"润滑油政策"。如果价格总水平上升率在两位数以上，且发展速度很快，就是飞奔的通货膨胀，也称为快步或小跑式通货膨胀；恶性通货膨胀又称为超级通货膨胀，物价水平急剧上涨，比如每月的价格上涨率超过50%，甚至达到三位数，且呈加速趋势。

温和的通货膨胀是多数国家在多数情况下普遍经历的通货膨胀，这种通货膨胀并不会对经济产生明显的影响，人们对货币的购买力还有足够的信心，经济能够正常运行。飞奔式通货膨胀会影响人们对货币的信心，扰乱正常的经济秩序，使经济陷入混乱。

爬行的通货膨胀和恶性通货膨胀是两个极端，很少发生。爬行的通货膨胀对经济基本没有影响，而恶性通货膨胀期间，货币的持续贬值造成人们不敢持币，对货币彻底丧失信心，经济陷入瘫痪。此时，货币还是作为交换中介，但已不能再作为价值尺度了，人们或许会选择一种稳定的外币计价，政府如果不采取措施，货币制度将完全崩溃。20世纪20年代初的德国和40年代末的中国都曾经历过物价上涨率以亿计的恶性通货膨胀。例如，德国的批发物价指数在1922年7月为100，到了1923年12月，就变成了1 261万亿。这种情况下，人们上街购物必须用衣箱装钱，最严重的时候，工人每天领两次工资，因为下午收工时，上午的收入已经大大贬值了。

（二）按照市场机制的作用分类

根据通货膨胀的表现形态，可以分为公开型通货膨胀和隐蔽型通货膨胀。公开型通货膨胀是指市场功能完全发挥，价格完全放开，对供求变化反应灵敏，能够自由升降，由各种价格指数充分反映的物价上涨情形。隐蔽型通货膨胀则是价格因为政府的严格管制维持表面稳定，商品和劳务的供求矛盾通过价格以外的各种形式反映出来，比如黑市、票证供应等。

隐蔽型通货膨胀表面上货币工资没有下降，物价总水平也未提高，但居民的实际消费水平却在不断下降。存在隐蔽型通货膨胀的条件下，经济中已经积累了一定过度需求压力，因此官方价格往往与黑市价格存在很大的价差，人们必须支付更多额外成本，比如排队等候的成本、各种票证的成本甚至行贿的成本，才能以官方价格获得一定数量的商品，而这些商品的质量也缺乏保障，商家会通过降低质量的方式变相涨价。中国在改革开放前，物价管制较严，一般都是隐蔽型通货膨胀，比如1959～1962年间，官方的零售价格总指数上涨 24.4%，而市场的消费物价指数却上涨了 168.6%。经济体制改革后，特别是 20 世纪 90 年代以后，商品价格基本放开，中国的通货膨胀逐渐转变为公开型通货膨胀。

（三）按照是否存在公众的预期分类

根据公众是否预期到通货膨胀，可以分为预期性通货膨胀和非预期性通货膨胀。预期性通货膨胀指通货膨胀过程被经济主体预期到了，以及由于这种预期而采取各种补偿性行动引发的物价上升运动。比如在工资合同中规定价格的条款，商品定价中考虑未来原材料以及劳动力成本上升因素。非预期性通货膨胀指没有被经济主体预见的，在不知不觉中出现的物价上升。

这种分类方式主要作用是考察通货膨胀对经济的影响，一般认为非预期性通货膨胀才能对经济产生实际影响，而预期性通货膨胀由于经济主体提前采取的应对措施抵销了通货膨胀的影响。

（四）按照通货膨胀的原因分类

按照通货膨胀发生的原因，可以将它分为需求拉上型通货膨胀、成本推动型通货膨胀和结构型通货膨胀，这一点将在后面内容详细说明。

此外，按照是否由于国际因素传递引起，可分为内生性通货膨胀和外生性通货膨胀。前者是由于国内因素引起，后者是由于对外经济联系，比如国际贸易引起，也称为输入性通货膨胀。按照是否存在推进通货膨胀政策可以分为自主性通货膨胀和被动性通货膨胀，前者由于政府主动推行通货膨胀政策引发，反之则是被动性通货膨胀。

二、通货膨胀的成因

现代经济中，通货膨胀是经常发生的一种经济现象，对经济的影响如此巨大，因而探讨通货膨胀的成因便成为经济学家的主要任务。鉴于通货膨胀的原因比较复杂，解释通货膨胀成因的理论不胜枚举，其中影响较大的理论有三种，即需求拉上说、成本推动说和结构性通货膨胀。对此，弗里德曼提出了强烈质疑，他认为，通货膨胀无论何时何地都是一种货币现象，也就是说他把货币当做导致通货膨胀的唯一重要因素。

（一）需求拉上型通货膨胀

需求拉上型通货膨胀（demand-pull inflation）是指商品和劳务的总需求量超过商品和劳务的总供给，造成的过剩需求拉动了物价的普遍上升。需求拉上型的通货膨胀是一种最常见的通货膨胀，这种通货膨胀是由于货币供应过度增加以致需求过剩而产生的，即"太多的货币追逐太少的商品"。

图 11－2 中，横轴代表总产出或国民收入（Y），纵轴代表物价水平（P），社会总供给曲线 AS 按照社会的就业状况而分成 AB、BC 与 CS 三个阶段。

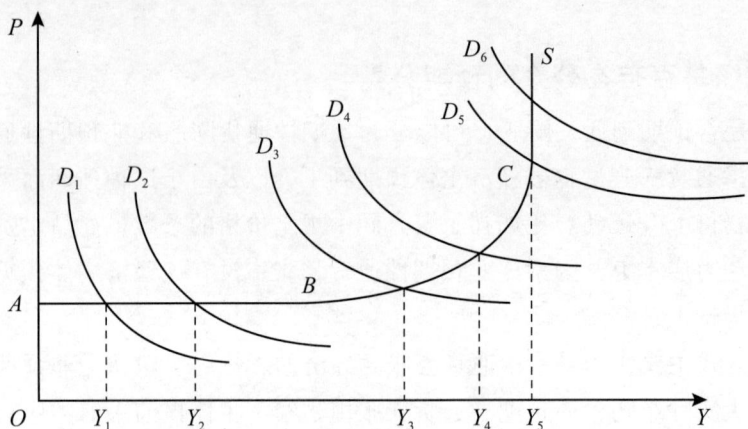

图 11－2　需求拉上型通货膨胀

（1）AB 阶段的总供给曲线呈水平状态，这意味着供给弹性无限大，说明此时社会上存在着大量的闲置资源或者失业，因此，总供给的增加潜力很大。当总需求从 D_1 增加到 D_2 时，国民收入从 Y_1 增加到 Y_2，此时，总供给的增加是把闲置资源充分利用起来，并不会引起物价上涨。

（2）BC 阶段的总供给曲线则表示社会闲置的资源已经很少，逐步接近充分就业，此时总供给的增加能力较小，如果为了满足总需求的增加扩大产出，会引起资源紧张，从而造成生产要素价格的上涨。因此，当总需求从 D_3 增加到 D_4 时，国民收入从 Y_3 增加到 Y_4，增加幅度有所减缓，同时物价开始出现小幅上涨。

（3）CS 阶段的总供给曲线表示社会的生产资源已经充分利用，即不存在任何闲置资源，Y_5 就是充分就业条件下的国民收入，此时总供给曲线呈垂直状态，意味着完全没有弹性。因此，当总需求从 D_5 增加至 D_6 时，国民收入已经达到潜在最大，无法增加，只会导致物价的大幅上涨。

关于总需求超过总供给的原因，货币数量论认为货币因素即货币数量的过度增加是导致总需求过剩从而引起通货膨胀的根本原因，被称为货币需求论。而凯恩斯主义则认为总需求的过剩是由于消费、投资、政府支出等实际因素过度增加所引起的，被称为实际需求论。总的来说，他们都认为通货膨胀的根源在于总需求方面。

（二）　成本推进型通货膨胀

成本推进型通货膨胀（cost-push inflation）是指在总需求不变的情况下生产要素价格（包括工资、租金、利润以及利息）的上涨，引起生产成本增加，从而导致物价总水平持续上涨的现象。

图 11-3 中，横轴代表总产出或国民收入（Y），纵轴代表物价水平（P），Y_F 为充分就业条件下的国民收入。最初，社会总供给曲线为 A_1S，在总需求不变的条件下，由于生产要素价格提高，生产成本不断上升，使总供给曲线从 A_1S 向上移动到 A_2S 和 A_3S，结果，在国民收入由 Y_F 下降到 Y_2 和 Y_1 的同时（国民收入下降是因为生产成本提高会造成失业增加，从而导致产出损失），物价水平却由 P_0 上升到 P_1 和 P_2。

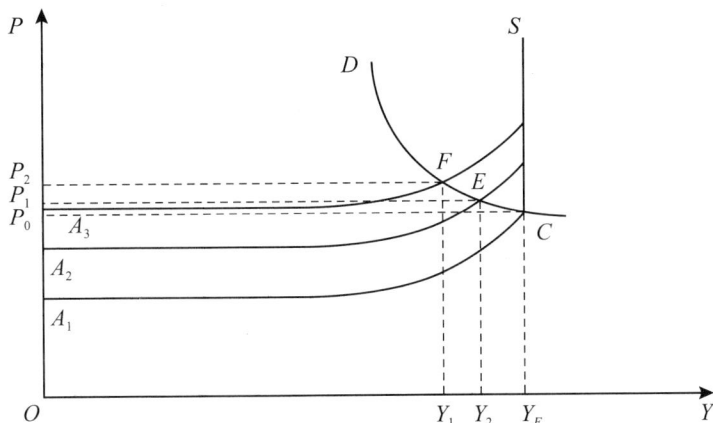

图 11-3 成本推进型通货膨胀

成本推进理论主要从供给和成本方面解释物价水平持续上升的原因。国外学者一般认为，由供给和成本变动形成的通货膨胀主要有两个原因：一是工会力量对工资的提高要求；二是垄断行业中企业为追求利润制定的垄断价格。因此，由成本推进引起的通货膨胀可分为工资推进引起的通货膨胀和利润推进引起的通货膨胀。

1. 工资推进

工资推进型通货膨胀是由于工资提高引起生产成本增加，从而导致物价上涨，它的产生前提是存在强大的工会组织以及不完全竞争的劳动力市场。不完全竞争的劳动力市场条件下，工资由工会和雇主双方谈判决定，往往高于完全竞争市场条件下供求关系决定的工资。如果工资的增长率超过劳动生产率的增长，企业就会因为劳动力成本的增加而提高产品价格，从而保证企业的利润。一旦出现通货膨胀，工人为维持先前的工资水平而要求工资进一步上涨，这便形成了工资提高引发物价上涨，物价上涨又引起工资提高的循环。西方经济学中，这被称为"工资—物价螺旋上升"。

封闭经济中，标准的成本推进型通货膨胀是指劳动生产率在前期没有提高和价格总水平在前期没有上升的情况下，货币工资自发、一次性的增长。这种增长可能来自错误的通货膨胀预期，可能来自具备垄断力量的工会为改变收入分配格局所做的努力。

需要注意的是，如果货币工资率的增长超过劳动生产率的增长，但并非工会的作用导致，而是因为市场上对劳动力的过度需求引起的，这种情况下出现的通货膨胀不属于工资推进型通货膨胀，而是需求拉上型通货膨胀。

2. 利润推进

利润推进型通货膨胀是由于垄断企业凭借其垄断地位，通过提高产品价格增加利润，从而导致物价的普遍上涨。垄断条件下，卖方可能操纵价格，使价格上涨的幅度超过成本上涨的幅度，以赚取垄断利润。

除了工资和利润推动外，引起供给曲线向上移动的原因还可能是：（1）原材料价格上升。比如由于气候原因导致农产品歉收，价格上升；石油输出国组织大幅提高价格，导致以石油或其加工品为原料，以及以石油为能源的商品成本上升。（2）间接成本推动。现代企业为了扩张市场，必须增加许多间接成本开支，比如技术改进费、广告费等，并把这些增加的成本转嫁到商品价格中，引起物价上涨。

成本推进理论从另一角度解释了物价上涨的原因，它与需求拉上理论的区别在于：成本推进侧重分析生产领域中形成的物价上涨压力，从而引起流通领域内商品价格上涨，而需求拉上则强调在流通领域直接增加的有效需求，使原有商品和货币的均衡关系被打破，从而在流通领域直接引起物价上涨。在现实经济社会中，通货膨胀可能是需求拉动和成本推进共同作用的结果，既有来自需求方面的因素，也有来自供给方面的因素，两个因素往往结合在一起，并相互影响。需求旺盛促使物价上升，物价上升引起企业的生产成本增加，转化为下一轮的成本推进；而成本推进往往又是以总需求不断扩张为先导的。

（三）结构型通货膨胀

结构型的通货膨胀（structural inflation）是指总需求和总供给大体处于平衡状态时，由于经济结构方面的因素所引起的物价持续上涨。

1. 需求结构转移型

总需求不变的情况下，某个部门的一部分需求转移到其他部门，而劳动力及其他生产要素却未能及时转移，此时，需求增加部门的工资和产品价格上涨，而需求减少部门的产品价格却未能相应下降，从而导致物价总水平的上升。

2. 部门差异型

英国肯特大学的萨尔沃（Tony Thirlwall）教授用部门间的差异来解释结构型通货膨胀。一般来说，产业部门劳动生产率的增长速度高于服务业，但两大部门的货币工资增长速度却基本相同，本来工资增长速度取决于产业部门劳动生产率的增长速度，结果，服务业的货币工资增长速度便超过其生产率的增长速度。这种部门间生产率增长速度的差异与货币工资一致增长的矛盾造成服务部门成本持续上升的压力，从而引发一般物价水平的上涨。

3. 斯堪的纳维亚小国型

挪威经济学家奥德·奥克鲁斯特（O. D. Aukrust）将结构型通货膨胀同开放经济结合起来分析，创立了著名的"小国开放模型"。所谓"小国"不是根据国土和人口因素而言的，而是指该国在国际市场上只是商品价格的接受者，不是价格制定者。

"小国开放模型"所要研究的是处于开放经济中的这样一个"小型国家"，如何受世界通货膨胀的影响而引起国内的通货膨胀。这个模型将一国的经济分成两大部门，一是"开放经济部门"，即产品与世界市场有直接联系的部门，如制造加工业等；二是"非开放经济部门"，即产品与世界市场没有直接联系的部门，如服务业、建筑业等。由于小国在世界市场上是价格接受者，因此，当世界市场上的价格上涨时，开放经济部门的产品价格也随之上涨，结果引起开放经济部门的工资相应上涨。一旦开放经济部门的工资上涨后，非开放经济部门也必然会向开放经济部门看齐而提高工资，结果非开放经济部门的生产成本上升，其产品价格也必然随之提高。这样，就导致了"小国"全面的通货膨胀。

第三节　通货膨胀的影响与治理

一、通货膨胀的影响

通货膨胀对经济以及产出的影响，西方经济学者在 20 世纪 60 年代曾有过激烈的争论，主要有三种观点：第一种观点是促进论，认为通货膨胀可以促进经济增长；第二种观点是促退论，认为通货货膨胀损害经济增长；第三种观点是中性论，认为通货膨胀对经济既有正效应也有负效应。

（一）促进论

认为通货膨胀可以促进经济增长的观点大多遵循凯恩斯有效需求的分析传统。他们认为，西方社会普遍存在有效需求不足的问题，如果要刺激经济增长就要增加财政支出，增加货币供应量，实行扩张性政策来刺激投资和消费，达到增加有效需求的目的。

第一，通货膨胀直接表现为货币供给过多，多发行的部分直接表现为政府收入，可用来增加投资。物价上升，居民持有的货币贬值，所受的损失被国家占有用于投资。如果居民的消费水平不变或者消费的下降小于政府投资的增加，通过乘数效应，就能提高社会总产出。

第二，通货膨胀产生对高收入阶层有利的再分配效应。即通货膨胀过程中，名义工资的变动滞后于价格变动时，收入就会发生转移，转移的方向从工人转向雇主阶层，而后者的边际储蓄倾向较高，导致社会的储蓄总额增加，转化为投资后会促进经济增长。

第三，通货膨胀初期，社会存在货币幻觉，把名义价格的上涨看成实际的上涨。比如就业者把名义工资的增加看成实际收入的增加，愿意提供更多的劳动，企业家把物价上涨看成产品价格的提高，从而扩大投资，增加工人，最终导致就业的增加和产出的增加。

第四，通货膨胀增加了持有现金的机会成本。持币的机会成本上升导致经济主体增加对实物资产的需求，从而推动投资和产出的增加。

第五，通货膨胀有利于产业结构的调整。通货膨胀引起的物价上涨在各地区、各部门、各行业和各企业之间是不平衡的。周期短的产品价格上涨幅度高于周期长的产品，因此，虽然两类部门的投资都会增加，但短线产业的投资可能增加更多，从而全社会的产业结构可以得到局部调整。

（二）促退论

与促进论相反，部分经济学家认为通货膨胀会降低效率，阻碍经济增长。

1. 降低储蓄

通货膨胀意味着货币购买力下降，减少了人们的实际可支配收入，从而削弱了人们的储蓄能力，造成本币贬值和储蓄的实际收益下降，使人们对储蓄和未来收益产生悲观预期。为避免将来物价上涨所造成的经济损失，人们的储蓄意愿降低，即期消费增加，致使全社会的储蓄率下降，投资率和经济增长率降低。

2. 不利于投资

首先，通货膨胀的环境下，从事生产和投资的风险较大，相比之下，进行投机却有利可图。因此，此时长期生产资本会向短期生产资本转化，短期生产资本向投机资本转化。生产资本，特别是长期生产资本的减少对一个国家的长期发展是不利的。

其次，通货膨胀环境下，各行业价格上涨的速度有差异，市场价格机制遭到严重的破坏。由于市场价格机制失去了应有的调节功能，投资者根据失真的价格信号，可能做出错误的投资决策，不利于产业结构的优化和资源的合理配置，使经济效率大大下降。

3. 造成外贸逆差

本国通货膨胀率长期高于他国，会产生两种影响：一是使本国产品相对于外国产品的价格上升，从而不利于本国的出口，并刺激了进口的增加；二是使国内储蓄可能转移到国外，势必导致本国国际收支出现逆差，并使黄金和外汇外流，给本国经济增长带来压力。

4. 恶性通货膨胀可能危及社会的稳定

当物价水平的持续上涨超过一定限度时会形成恶性通货膨胀，使正常的生产经营难以进行，正常信用关系也会极度萎缩，引发经济危机。恶性通货膨胀会危及货币流通自身，纸币流通制度不能维持，经济不发达地区则会迅速向经济的实物化倒退，同时，恶性通货膨胀可能引起公众对政府的信任危机，公众生活水平的急剧恶化则会导致社会阶层冲突的加剧，往往引起政治动荡，社会混乱。

（三）中性论

"中性论"认为，通货膨胀对经济既有正面效应，也有负面效应，而人们对通货膨胀的预期最终会中和它对经济的各种影响。因此，通货膨胀对经济既无正效应，也无负效应。持"中性论"观点的经济学者并不多，理论依据也比较模糊，所以人们主要讨论的是"促进论"和"促退论"。

二、通货膨胀与就业的关系

通货膨胀可能带来就业的增长，但这仅仅是暂时的。菲利普斯曲线就是用来反映通货膨胀与失业之间关系的一种曲线。最初是由英国伦敦大学的新西兰经济学家菲利普斯提出的，后经萨缪尔森等人的修正和发展，已由最初的负斜率的菲利普斯曲线演变为正斜率的菲利普斯曲线，其间经历了三个阶段。

（一）斜率为负的菲利普斯曲线

1958 年，菲利普斯发表《1861～1958 年英国的失业与货币工资率的变化率之间的关系》一文。在该文中，他通过对英国近 100 年的统计资料的分析，发现货币工资的变动率与失业率之间存在一种比较稳定的此消彼长的替代关系，即在失业率较低的时期，货币工资上涨得较快，而在失业率较高的时期，货币工资上涨得较慢，货币工资变动率与失业率之间存在替代关系。

萨缪尔森等人提出了一种经过修正的菲利普斯曲线，如图 11－4 所示，其中横轴 U 代表失业率，纵轴 π 代表通货膨胀率。他们认为，从一个国家来讲，货币工资作为生产成本的主要部分，其上升率与平均物价水平的上升率之间有相当程度的一致性，因而可用平均物价水平的上升率来代替货币工资的上升率，从而使菲利普斯曲线更具有一般性意义。根据他们修正后的菲利普斯曲线，通货膨胀率与失业率之间具有此消彼长的替代关系。因此政府可以根据适合本国情况的菲利普斯曲线进行相机抉择，并通过制定和执行适当的财政政策和货币政策，使通货膨胀和失业率都控制在可以接受的限度内。

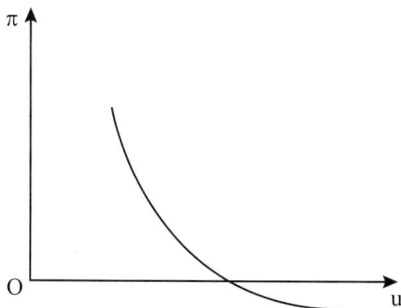

图 11－4　斜率为负的菲利普斯曲线

（二）垂直的菲利普斯曲线

在菲利普斯曲线提出后的近十年中，它不但被理论界当作普遍规律和客观真理，而且也被政府决策层面作为相机抉择的理论依据。但20世纪60年代中期以后，菲利普斯曲线的形状变得越来越陡峭，其位置也越来越远离原点。这说明，为了把失业率降低到某一既定的百分率，必须以越来越高的通货膨胀率为代价。尤其是到了20世纪70年代，出现了失业与通货膨胀同时并存的新现象，菲利普斯曲线理论对此无法解释。

1967年由弗里德曼等进一步对菲利普斯曲线加以修正，如图11-5所示，其中横轴 U 代表失业率，纵轴 π 代表通货膨胀率。图11-5中，原始菲利普斯曲线的 A 点对应失业率 U_0 和通胀率 π_0。弗里德曼认为，菲利普斯等人之所以认为通货膨胀与失业之间存在此消彼长的替代关系，是因为他们没有考虑通货膨胀预期的影响。由于从实际通货膨胀发生到人们调整预期之间存在一段时间间隔，在这段时间间隔中，通常存在未被预期到的通货膨胀，而这会使企业误把其产品价格的上升作为增加盈利的好时机，因而扩大生产规模、增加雇工。工人也会把名义工资的提高看作是实际工资的提高，从而喜欢工作甚至加班加点。因此，未被预期到的通货膨胀率将导致失业率下降，即通货膨胀与失业之间存在替代关系。但是，这种情况只是短期的。因为人们一旦发现实际通货膨胀率超过预期的通货膨胀率时就会调整自己的通货膨胀预期。此时，工人就会发现实际工资并没有提高，反而下降。于是他们便要求进一步提高工资；而企业也发现自己产品的相对价格并未提高，于是拒绝提高货币工资的要求，并且压缩减少生产规模，解雇多雇的工人。这样，失业率就会从 U_0 回到自然失业率水平 U_N。此时，如果要把失业率降低到原来水平 U_0，通胀率就必须从 π_0 上升到 π_1。

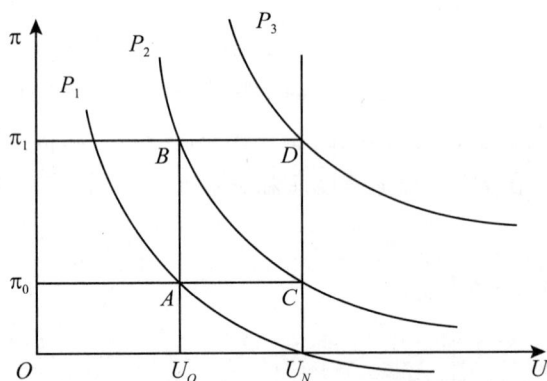

图 11-5　垂直的菲利普斯曲线

根据弗里德曼的分析，经济中存在着一种不受货币因素影响而只受实物因素影响的自然失业率。在存在适应性预期的条件下，自然失业率等于预期通货膨胀率与实际通货膨胀率恰好一致时的失业率。因此，弗里德曼等认为并不是通货膨胀本身减少了失业，而是实际通货膨胀率与预期通货膨胀率之间那一部分未被预期到的通货膨胀导致了失业率和自然失业率的偏离。要降低失业率，就必须使那种未被预期到的通货膨胀率经常存在。也就是说，必须使实际通货膨胀率经常高于预期通货膨胀率，而这又使实际通货膨胀率以越来越快的速度不断提高，形成所谓加速度的通货膨胀。这种情况下，对于任意一个既定的通货膨胀率，短期内都有一条向下倾斜的菲利普斯曲线与之相对应。随着预期通货膨胀率的不断调整，这条菲利普斯曲线将发生相应的变动，如图 11-5 所示，从 P_1 右移到 P_2，从 P_2 右移到 P_3。这些菲利普斯曲线被称为短期菲利普斯曲线，与之相对应的是一条垂直的长期菲利普斯曲线。它是垂直的，因为长期中人们不会调整其预期通货膨胀率，使之与实际通货膨胀率相一致，从而不管通货膨胀水平有多高，与之相对应的失业率都只是自然失业率。

（三）斜率为正的菲利普斯曲线

20 世纪 70 年代以来，尤其是自 1973 年以来，西方大多数发达国家都出现了高通胀与高失业同时并存的现象，即滞胀现象。于是，弗里德曼提出了菲利普斯曲线的第三阶段，即斜率为正值。他认为，变化剧烈的通货膨胀可能提高自然失业率。理由是：（1）通货膨胀加剧的情况下，工资没有受到指数化条款保护的工人可能会因为不满实际工资的降低罢工；（2）通货膨胀本身的不确定会降低市场信号的功能，从而降低生产效率；（3）由于物价的不断波动引起政府干预，可能加深经济功能的失调而提高自然失业率。

三、通货膨胀的收入分配效应

通货膨胀除了影响就业、产出之外，还会引起国民收入的再分配。通货膨胀时期，人们的名义货币收入和实际货币收入会存在一些差异。只有剔除物价的影响，才能知道人们的实际收入是增加还是减少。由于社会各阶层收入来源各不相同，因此，在通货膨胀时期，总有一些人的收入水平会提高，财富会增加，有些人的收入水平会降低，财富会减少。这种由通货膨胀造成的收入再分配就是通货膨胀的收入分配效应。

（一）债权人得利，债务人受损

通常情况下，借贷的债务契约都是根据签约时的通货膨胀率来确定名义利息率，所以当发生了未预期的通货膨胀之后，债务契约无法更改，从而就使实际利息率下降，债务人受益，而债权人受损。其结果是对贷款，特别是长期贷款带来不利的影响，使债权人不愿意发放贷款。贷款的减少会影响投资，最后使投资减少。

（二）固定收入者受损，浮动收入者得利

对于固定收入阶层来说，实际收入因为通货膨胀而减少，生活水平必然降低。固定收入主要是靠工资收入维持生计的人，尤其是救济金、退休金、养老金领取者，损失最大。不可预期的通货膨胀之下，工资增长率不能迅速地根据通货膨胀率来调整，从而即

使在名义工资不变或略有增长的情况下，实际工资也会下降。近年来，西方国家用增加福利的办法抵消通货膨胀对社会保障接受者不利的再分配效应。

浮动收入者，比如企业主，如果产品价格上升比工资和原材料价格上升快，工人实际工资下降会使利润增加，企业主能从通货膨胀中得利，而利润的增加有利于刺激投资，这正是一些经济学家主张以温和的通货膨胀来刺激经济发展的理由。

（三）实际财富持有者得利，货币财富持有者受损

实际财富包括不动产、贵金属、珠宝、古董、艺术品等，其实际价值因物价上涨而上涨，而货币财富包括现金、银行存款等，其实际价值因物价上涨而下降，即购买力下降。

（四）国家得利，居民受损

由于在不可预期的通货膨胀之下，名义工资总会有所增加（尽管并不一定能保持原有的实际工资水平），随着名义工资的提高，达到纳税起征点的人增加了，许多人进入了更高的纳税等级，这样就使得政府的税收增加。公众纳税数额增加，但实际收入却减少了。政府由这种通货膨胀中所得到的税收称为"通货膨胀税"。一些经济学家认为，这实际上是政府对公众的掠夺。这种通货膨胀税的存在，既不利于储蓄的增加，也影响了私人与企业投资的积极性。

四、通货膨胀的治理

通货膨胀既然有各种不同的类型和多种不同的成因，而且对经济带来的副作用是明显的，因此通货膨胀的治理就成为政府经济调控的主要内容。

（一）需求政策

如果通货膨胀是由于总需求过度膨胀引起，那么采取紧缩需求的措施能取得明显效果。减少总需求的途径主要包括紧缩的货币政策和紧缩的财政政策。

1. 紧缩性货币政策

紧缩性货币政策是指中央银行实行紧缩银根的政策，即减少流通中的货币供应量。一般而言，通货膨胀与货币供应过多有一定关系，因此，应采取紧缩性货币政策来减少社会总需求，促使总需求与总供给趋于一致。

（1）提高法定存款准备金率。中央银行通过提高法定存款准备金率，降低商业银行创造信用货币的能力而达到紧缩信贷规模、减少投资、压缩货币供应量的目的。

（2）提高再贴现率。中央银行提高再贴现率有三个方面的作用：一是抑制商业银行向中央银行的贷款需求，紧缩信用；二是增加商业银行的借款成本，促使其提高贷款利

率和贴现率，增加企业利息负担，抑制企业贷款需求，减少投资，从而减少货币供应量；三是通过提高再贴现率，影响商业银行和公众预期，鼓励居民增加储蓄，缓解和减少通货膨胀的压力。

（3）公开市场业务操作。中央银行通过公开市场业务向商业银行等一级交易商（primary dealer）出售有价证券，以减少银行体系的存款难备金，从而达到紧缩信用、减少市场货币供应量的目的。

2. 紧缩性财政政策。

紧缩性财政政策主要是通过增加税收、减少政府支出等手段，来限制消费和投资，抑制社会总需求，其主要手段包括增加税收和削减政府支出。

（1）增加税收。税收的增加，一方面可以增加政府的财政收入，弥补财政赤字，减少因财政赤字引起的货币发行；另一方面又直接减少企业和个人的利润、收入，从而抑制企业投资，减少消费者的消费支出。

（2）减少政府支出。一是减少购买性支出，包括政府基础设施投资、削减军费开支等；二是减少转移性支付，包括各种公共福利支出、财政补贴等。

（二）收入政策

需求政策只适用于治理需求拉上型通货膨胀，对于成本推进型通货膨胀一般采取物价和收入管制政策。收入政策是指政府制定一套关于物价和工资的行为准则，由价格决定者（劳资双方）共同遵守，旨在限制物价和工资的上涨率，以降低通货膨胀率，同时不会造成大规模失业。

1. 指导性措施

政府确定"工资—物价"指导线，这种指导线是由政府规定在一定年份内允许总货币收入增长的一个目标数值线。即根据估计的平均生产率的增长，政府当局估算出货币收入的最大增长限度，而每个部门的工资增长率应等于全社会劳动生产率增长趋势，不允许超过。只有这样，才能维持整个经济中每单位产量的劳动成本的稳定，因而预定的货币收入增长就会使物价总水平保持不变。但由于"指导线"在原则上不能直接干预，而只能说服，因此效果并不理想。

2. 强制性措施

政府对物价和工资进行管制，企业和工会未经政府和主管部门允许，不得私自提高物价和工资。或者政府通过立法程序，强行把工资和物价冻结在某一特定时间的一定水平上，在一定时期内不允许作任何变动。

3. 税收调节

以税收为基础的收入政策是指政府规定一个适当的物价或工资的增长率，以税收作为奖励和惩罚的手段来限制工资和物价的增长。如果工资和物价的增长保持在政府规定的幅度内，政府就以减少个人所得税和企业所得税作为奖励，如果超出政府规定的界限，就以增加税收作为惩罚。

4. 制止垄断价格

政府通过制定反垄断法，制止垄断企业哄抬价格，同时把某些大企业拆分，以增加市场的竞争程度；通过各公用事业委员会，管理垄断经营公用事业部门的价格等。

（三） 供给政策

通货膨胀既然是过多的货币追逐太少的商品，那么既可以通过减少社会总需求治理，也可以增加商品和劳务的社会总供给治理，从而使供求达到均衡。

供给管理政策的主要目的就是刺激生产和促进竞争，从而增加就业和社会的有效供给，以稳定物价。供给管理政策运用的措施一般有：改善投资结构，优化产业结构、商品结构和劳动力结构；集中资金，优先生产占用资金不多、投资期短、市场紧缺的商品；鼓励企业技术创新，提高生产技术水平，提高资源的利用效率。这样，可以较快地增加有效供给，减缓市场需求压力，改善产业结构。因此，供给管理政策是治理结构型通货膨胀和需求拉上型通货膨胀的有效措施。

（四） 收入指数化政策

收入指数化政策一般被当做一种适应性的反通货膨胀政策，就是把工资、利息、各种证券收益以及其他收入一律指数化，同物价变动联系起来，使各种收入随物价指数的变动而作出调整，从而避免通货膨胀带来的实际损失，减弱通货膨胀对经济主体的影响。显然，收入指数化政策只能缓解通货膨胀造成的收入损失，但并不能对通货膨胀起到真正的抑制作用。

（五） 国际紧缩政策

如果一国发生通货膨胀，则会导致商品的大量进口，从而将通货膨胀传播到商品输出国。出口国为了防止这种通货膨胀的传播作用，可以利用本国货币升值的办法，即提高本币汇率来防止商品的大量流出，但这种做法又会影响到国际贸易条件的恶化和国际收支不平衡。从世界范围来看，国际货币供应量过多，会引起世界性的总需求超过总供给。因此，彻底的解决方法不是单纯依靠某一个或几个国家实行紧缩政策或增加有效供给，而是要求采取国际性的紧缩政策，共同削减货币供应量。各国必须在贸易和金融领域采取协调措施，加强协作，共同采取控制货币供应量的增长率，改善国际金融制度以及其他反通货膨胀的措施，以制止世界性通货膨胀的蔓延。

（六） 货币改革政策

如果一国的通货膨胀已达到难以控制的状态，即恶性通货膨胀，仅仅依靠上述各项政策远不能奏效。当整个货币制度已经处于或接近崩溃边缘时，唯一能采取的对策就是实行币制改革。政府必须运用其权力进行币制改革，宣布废止旧币，发行新币，同时制定并实施一些保证币值稳定的其他辅助措施。

第四节 通货紧缩的定义与成因

一、通货紧缩的定义

通货紧缩（deflation）是一种与通货膨胀性质相反的经济现象，研究通货紧缩首先需要界定通货紧缩的含义。最近几年，国内外学者为此而进行了许多阐述，他们的观点各有其侧重。归纳起来，通货紧缩是指货币供应量小于货币需求量所引起的一般物价水平以不同形式持续地较大幅度地下降和货币不断升值的经济现象。对于这个定义，以下几点需要说明：

（1）通货紧缩是一种货币现象，如果不存在货币供应不足，就不存在通货紧缩。虽然通货紧缩产生的具体原因很多，但直接原因却是货币供应量小于货币需求量，即货币供应不足。

（2）通货紧缩指的是一般物价水平的下降，即商品平均价格水平的下降。如果只是部分商品价格的下降，不能视为通货紧缩，因为商品的相对价格总是在不断地发生变化，部分商品价格的下降完全可能会被另一部分商品价格的上升所抵消。

（3）商品价格水平的下降，可以采取多种形式，既可以采取公开的形式，也可以采取非公开的形式，因此不能够仅仅依据衡量物价水平高低的物价指数来判断是否出现了通货紧缩。

（4）通货紧缩是一般物价水平持续下降的过程。季节性、暂时性、偶然性的价格下降，不能被视为通货紧缩。

（5）通货紧缩是指一般物价水平较大幅度地下降，即在实际中通货紧缩有一个量的界限，超过一定界限才能称为通货紧缩。原因在于，在实际经济运行中，物价水平的波动是一种常见的经济现象，但只要波动幅度很小，就应当认定物价水平是稳定的。

（6）一般物价水平的下降意味着货币购买力的上升，因此只要出现通货紧缩，货币就必然升值。

通货紧缩的表现，除了物价水平的下降以外，还有以下几个方面：

（1）商品有效需求不足，通货紧缩往往发生在通货膨胀得到抑制之后。通货膨胀的情况下，社会总需求大于社会总供给，为了抑制通货膨胀，一般会增加社会总供给，减少社会总需求。通货紧缩的情况下，由于扩大了的商品供给与萎缩了的有效需求之间矛盾的加剧，导致商品总需求随之连续降低。

（2）生产下降，经济衰退。随着市场萎缩，价格下降，企业订单减少，利润降低甚至发生亏损，生产性投资显著减少。

（3）投资风险加大。由于市场萎缩，商品滞销，订单减少，发展前景不明，投资风险增加导致投资者对新项目采取审慎态度。

（4）失业增加，工资收入下降，进一步制约有效需求。20世纪30年代的经济萧条就是通货紧缩的最好证明。此时，社会总需求严重不足，商品大量积压，工人大批失业，形成了大量商品对少量货币的追逐。厂商的竞相抛售产品，致使商品价格下跌，货币购买力增加。厂商收益的下降造成生产规模进一步收缩，工人失业更加严重，总需求进一步减少，物价继续下降，并且此过程不断循环持续进行。

二、通货紧缩的分类

（一）根据通货紧缩程度的高低分类

根据通货紧缩程度的高低不同，可以分为轻度通货紧缩、中度通货紧缩、严重通货紧缩与恶性通货紧缩。若以物价水平的年度变化来衡量，则一般物价水平出现的负增长在 -3% 以内，可视为轻度通货紧缩；一般物价水平的变化率在 -3% ～ -6%，可视为中度通货紧缩；一般物价水平的变化率在 -6% ～ -10%，可视为严重通货紧缩；一般物价水平的变化率低于 -10%，则视为恶性通货紧缩。

（二）输入型通货紧缩

输入型通货紧缩是指由于国外商品或生产要素的价格下降所引起的国内物价水平持续下降的通货紧缩。国外商品或生产要素价格的下降对一国物价水平的影响程度同该国经济对外开放程度密切相关。一国经济对外开放程度越高，国外商品或生产要素价格下降导致该国一般物价水平下降的可能性越大，即一国发生输入性通货紧缩的可能性越大；反之，则越小。

（三）预期型通货紧缩

预期型通货紧缩是指由社会预期因素所导致的通货紧缩。社会预期包括价格预期和非价格预期。如果人们预期商品价格会下降，人们就会推迟购买，需求水平就会下降，这种预期行为就会持续下去，从而导致需求水平的持续下降，进而引起物价水平的持续下降。因此，价格下降预期会引发通货紧缩。如果人们预期经济增长会下降，收入增长停滞或下降，或者预期支出会增加，人们就会推迟购买，增加储蓄，缩减生产，减少投资，总需求水平就会下降，从而引起通货紧缩。简言之，悲观性的经济预期可以引发通货紧缩。

三、通货紧缩的成因

一般来说，通货紧缩的形成原因是多种多样的，从近 200 年来世界各国发生的通货紧缩来看，它可能与货币政策有关，但更多地与生产能力过剩、有效需求不足、政府支出缩减、技术进步、汇率制度僵硬、金融体系效率低下、不良贷款严重等因素有关。

（一）紧缩的货币政策

如果中央银行采取紧缩的货币政策措施过猛，货币供应量急剧减少，使大量的商品追逐货币，致使单位商品的货币数量有所减少，可能会产生物价的持续下跌。

（二）生产能力过剩

当生产能力出现过剩，便会产生商品供过于求的现象，并出现物价的持续下跌。此外，较低的融资成本和上扬的资产价格，使资本形成的成本趋于下降，导致过量的资产设备投资，也会加剧生产能力的进一步过剩，形成通货紧缩压力。

（三）投资和消费的预期

当预期实际利率进一步下降时，消费者预期未来消费趋于便宜，投资者预期未来投资更具效率，因此，消费和投资会出现大幅下降，消费和投资的有效需求不足会导致物价的持续下跌，产生通货紧缩。

（四）政府削减支出

如果政府打算紧缩财政预算、降低财政赤字，政府部门会大量削减公共开支，减少转移支付，这便使社会总需求趋于减少，可能导致商品和劳务市场出现供求失衡，促使通货紧缩形成。

（五）技术进步

技术进步大幅提高劳动生产率，引起生产成本的下降，从而造成产品价格下跌。19 世纪末期，随着铁路的延伸和工业技术的进步，制成品的生产成本急剧下降，消费物价也随之下降，比如当时美国的消费物价下降近 50%，而同期经济增长率年均在 4% 以上，出现了通货紧缩与经济增长并存的局面。

此外，通货紧缩可能因为金融体系效率较低而产生，如果金融机构不愿意贷款或提高贷款利率，便会出现信贷紧缩，从而形成通货紧缩。

第五节 通货紧缩的治理

一、通货紧缩的效应

通货紧缩对国民经济的影响会因通货紧缩的程度、持续时间、形成原因、表现形式等的不同而存在差异，也会因为所处的经济结构和社会环境的不同而不同。表面上看，物价水平的持续下跌会给消费者带来一定好处，因此，通货紧缩的危害很容易被人们忽视。事实上，通货紧缩和通货膨胀一样，会对经济发展造成不利影响。

（一）抑制消费

表面上看，通货紧缩对消费者是一件好事，消费者只需支付较低的价格便可获得一定数量和质量的商品。但是，通货紧缩条件下，就业预期、价格和工资收入、家庭资产和负债同时趋于下降，消费者会因此缩减支出，增加储蓄，使得消费总量趋于下降。

（二）引起经济衰退

由于通货紧缩增加了货币购买力，人们倾向于更多地储蓄，更少地支出，尤其是耐用消费品方面的支出，因此，通货紧缩会大大抑制个人消费支出。与此同时，物价的持续下跌会提高实际利率水平，增加资金的实际使用成本，从而抑制投资，最终导致经济衰退。

（三）增加了银行的风险

通货紧缩一旦形成，产品价格出现非预期下降，企业的投资回报率随之下降，企业扩大生产的动机随之减弱。一旦生产出现停滞，企业的偿债能力减弱，就会增加银行的贷款风险。企业经营的困难，债务负担增加最终体现在银行的不良资产上，因此，通货紧缩对于银行业来说，容易形成大量的不良资产。当银行业面临系统性恐慌时，一些资不抵债的银行便会因存款人"挤兑"而被迫破产。

二、通货紧缩的治理

由于在通货紧缩条件下，物价水平低于合理水平，因此治理通货紧缩的目标，就是综合利用各种政策措施，促使一般物价水平上升到合理水平。

（一）采取扩张性财政政策和扩张性货币政策

采取积极的财政政策，扩大财政支出，可以发挥政府支出在社会总支出中的作用，弥补个人消费需求不足造成的需求减缓，从而使财政政策起到"稳定器"的作用。采取稳健的货币政策的核心是从防止通货紧缩、防范金融风险出发，适当增加货币供应量，促进国民经济持续、快速、健康地发展。同时，货币政策还要与税收政策、对外贸易政策、产业政策密切配合，使各种政策工具有机结合。

（二）调整产业结构，提高经济增长质量

在扩大国内需求、刺激经济的同时，必须加快经济结构特别是产业结构调整。优化升级产业结构，大力提高经济增长质量，这对经济的持续快速发展至关重要。为此，要切实建立起企业优胜劣汰机制，实施资产优化重组，促进产业结构调整；缩小城乡二元结构差距，开拓农村消费市场；加快社会保障制度建设；调整第三产业结构，加快第三产业发展。

（三）拓展投资渠道

通货紧缩时居民的金融资产过度集中在储蓄存款，而商业银行将这些储蓄转化为有效投资的效率下降，因此，应该积极发展股票、债券、养老基金、投资基金、保险等金融工具，使居民能在多种金融资产中进行理性的选择。同时，只有银行信贷市场、货币市场和证券市场相辅相成、协调发展，才能为投资者和筹资者提供高效率的市场融资机会，并为解决资金循环不畅问题建立健全的金融市场机制。

（四）建立存款保险制度

在通货紧缩的情况下，金融机构的稳健性受到严峻挑战。为了保持金融体系的稳定，要尽快建立存款保险制度，从保护存款人利益出发，提高金融机构的抗风险能力，增强金融机构的稳健性，为金融机构实现安全性、流动性和盈利性的统一提供条件。

附录 滞 胀

● 滞胀的定义

滞胀是停滞性通货膨胀（stagflation）的简称，"滞"是指经济增长停滞，"胀"是通货膨胀，特指经济停滞（stagnation）与通货膨胀（inflation）同时存在的经济现象。

根据短期的菲利普斯曲线，通货膨胀率与失业率存在替代关系，即通货膨胀可以促进就业。根据凯恩斯的理论，增加货币供给虽然会引起物价上涨，但可以有效刺激需

求，从而实现经济增长，降低失业率。因此，高通货膨胀率和高失业率不可能同时并存，通货膨胀只会在经济繁荣的情况下出现，经济衰退与通货膨胀不会同时存在。但是，20 世纪 70 年代，西方资本主义国家爆发了经济危机，经济增长停滞，失业增加，同时物价上涨，不少国家出现了"高通货膨胀率和高失业率并存"这种特殊情况，与凯恩斯的理论相悖，从而凯恩斯主义开始受到质疑。

- **滞胀的原因**

一般认为，长期通货膨胀的结果可能形成滞胀。滞胀的原因包括：（1）政府错误的经济政策（包括财政与税收政策、货币政策、贸易政策等）；（2）成本推动。生产成本的快速上涨造成社会供给不足，在带来通货膨胀的同时还会导致产出下降。例如，石油危机造成石油价格上涨，厂商无法立即提高产品价格转嫁成本，利润严重下降，甚至出现亏损，企业破产最终造成失业率上升。

- **滞胀的治理对策**

一般来说，使用货币政策治理"滞胀"的效果不佳，如果为了控制通货膨胀必须采用紧缩的货币政策，信贷紧缩的结果可能导致经济衰退加剧；如果为了刺激经济增长而采用扩张的货币政策，则可能恶化通货膨胀。因此，一般考虑采用财政政策来治理"滞胀"，采用扩张性财政政策，比如增加财政支出，或者减税等措施来刺激供给，从而促进经济增长。当然，可以辅之以适度的信贷紧缩来控制通货膨胀。

➤ 本章小结

1. 通货膨胀是指在信用货币制度下，流通中的货币量超过实际需求量所引起的货币贬值、商品和服务的价格总水平持续上涨的现象。需要强调三点：一是通货膨胀是一种信用货币流通下的现象；二是通货膨胀是以商品和服务的货币价格为对象的；三是通货膨胀是物价总水平的持续上涨。

2. 通货膨胀按不同的标准可以划分为不同的类型。如按引起通货膨胀的原因可以划分为需求拉上型通货膨胀、成本推动型通货膨胀、结构失调型通货膨胀；按物价上涨的程度可以划分为爬行的通货膨胀、温和的通货膨胀、飞奔的通货膨胀和恶性通货膨胀。

3. 通货膨胀可以通过物价指数的变动来度量，较常用的物价指数有消费物价指数、批发物价指数、国民生产总值平减指数。

4. 对于需求拉上型通货膨胀，主要采用紧缩性货币政策和紧缩性财政政策，减少流通中货币供应量，抑制总需求；对于成本推进型通货膨胀，可以采用收入政策加强对工资和物价的控制。对于恶性通货膨胀要多管齐下，采取各种收入、价格管制措施，引入物品数量配给制，甚至包括货币改革措施。

5. 通货紧缩是货币供应量小于流通领域对货币的实际需求量而引起的货币升值，商品和劳务的货币价格总水平的持续下跌的现象。通货紧缩和通货膨胀一样，对经济发展具有破坏力。对于通货紧缩的治理，主要采用宏观宽松政策、结构性调整等措施。

> ➤ **专栏阅读与分析**

德国的恶性通货膨胀

场景一：有位先生走进了咖啡馆，花 8 000 马克买了一杯咖啡，当他喝完这杯咖啡，却发现，原来同样的一杯咖啡，此时已经涨到 10 000 马克。

场景二：一个美国人去德国旅游，他来到银行，想把一张 5 美元的钞票兑换成马克。可银行职员说："我们没有这么多钱，您能不能只换 2 美元？"美国人看看背后的长队，只好同意了。

场景三：另一个美国人，在离开德国之前，给了他的德国导游 1 美元小费。这个德国人居然拿着这 1 美元，成立了一个家族基金，掌管这笔款项。

场景四：有家大工厂发工资了。只见火车拉来了一车的钞票，火车还没停稳，就开始向焦急等候在铁路旁的工人们，大捆大捆地扔钱。

场景五：一个老人想买一盒鸡蛋，却数不清价格标签上的零。卖鸡蛋的小贩却说，你数数有多少个鸡蛋就行了。

……

这一组令人匪夷所思的"镜头"，绝不是什么虚构的故事，而是 20 世纪 20 年代德国恶性通货膨胀的真实写照。

对所有的企业主来说，薪水必须按天发放。不然，到了月末，本来可以买面包的钱只能买到面包渣了。发工资前，大家通常都要活动一下腿脚，准备好起跑姿势，钱一到手，立刻拿出百米冲刺的速度，冲向市场与杂货店。那些腿脚稍微慢了几步的，往往就难以买到足够的生活必需品，而且会付出更高的价格。

农产品和工业品生产都在急剧萎缩，市面上商品奇缺，唯一不缺的就是钱。孩子们把马克当成积木，在街上大捆大捆地用它们堆房子玩耍。1923 年，《每日快报》上刊登过一则轶事：一对老夫妇金婚之喜，市政府发来贺信，通知他们将按照普鲁士风俗得到一笔礼金。第二天，市长带着一众随从隆重而来，庄严地以国家名义赠给他们 1 000 000 000 000 马克——相当于 0.24 美元或者半个便士。更有甚者，就连钞票也先是改成单色油墨印刷，继而又改成单面印刷——因为来不及晾干。而最经典的莫过于一名女子用马克代替木柴，投入火炉中烧火取暖，因为这样更划算一些。

如果德国 1922 年 1 月的物价指数为 1，那么 1923 年 11 月的物价指数则为 100 亿。如果一个人在 1922 年初持有 3 亿马克债券，两年后，这些债券的票面价值早就买不到一片口香糖了。沃伦教授和皮尔逊教授曾将德国的通货膨胀数字绘成书本大小的直观柱状图，可是限于纸张大小，未能给出 1923 年的数据柱，结果不得不在脚注中加以说明：如果将该年度的数据画出，其长度将达到200 万英里。

摘自：比尔李. 解读变幻无常的经济命运：大滞胀. 北京：北京邮电大学出版社.

➤ 关键术语

通货膨胀　消费物价指数　批发物价指数　需求拉上通货膨胀　成本推进通货膨胀　结构性通货膨胀　通货紧缩

➤ 思考与练习

1. 什么是通货膨胀与通货紧缩？

2. 通货膨胀通常是用什么标准衡量的？

3. 通货膨胀对经济有何影响？

4. 通货膨胀的形成原因有哪些？

5. 通货紧缩对经济有何影响？

6. 结合我国 2011 年通货膨胀的状况及成因，谈谈如何治理通货膨胀。

➤ 进一步学习的资源

[1] 赵晓，陈光磊. 通胀经济来了 [M]. 江苏：凤凰出版社，2010.

[2] 朱雪尘. 资本奴役全人类 [M]. 江苏：凤凰出版社，2010.

[3] [美] 罗斯巴德. 为什么我们的钱变薄了：通货膨胀真相 [M]. 北京：中信出版社，2008.

[4] [美] 伯南克. 通货膨胀目标制国际经验 [M]. 辽宁：东北财经大学出版社，2006.

CHAPTER 12

第十二章　货币政策

> ## 本章导入

　　货币政策是一国宏观经济政策的重要组成部分，货币政策的作用关系到社会总供给与社会总需求的均衡。货币政策目标的选择以及货币政策的传导将会影响整个社会经济的稳定与发展，因此，了解货币政策及其目标显得尤为重要。

> ## 学习本章后，你将有能力

　　■ 认识什么是货币政策目标、货币政策工具
　　■ 理解货币政策传导机制及几种有代表性的货币政策理论
　　■ 运用相关理论分析我国货币政策传导机制及货币政策有效性问题

　　货币政策是一国中央银行为实现其宏观经济目标而采取的控制和调节货币供应量的方针和措施的总和。它是实现中央银行金融宏观调控目标的核心所在，也是国家宏观经济政策的重要组成部分之一。

　　货币政策是一个政策体系，它由三个部分构成：一是货币政策目标，包括货币政策的最终目标和中间目标；二是货币政策工具或手段；三是货币政策效果。货币政策实施的目的就是通过运用货币政策工具，实现货币政策目标，以达到货币政策预期的效果。

第一节　货币政策目标

一、货币政策的最终目标

　　货币政策的最终目标是中央银行通过货币政策工具的操作在一个较长时间内所要达到的最终宏观经济目标。因为各国的宏观经济政策目标不尽相同，即便同一个国家，在不同的历史发展阶段，其宏观经济政策目标也并非一样，所以各国货币政策最终目标的具体内容也略有差异。总的来说，各国货币政策最终目标应与其宏观经济政策目标保持一致。随着全球经济一体化，各国货币政策最终目标的具体内容也日趋一致。

（一）充分就业（full employment）

充分就业作为货币政策的目标之一，是因为一个国家的劳动力能否充分就业，是衡量该国的各种资源是否达到充分利用、经济是否正常发展的标志。

充分就业的衡量一般通过失业率来反映。所谓失业率，是指失业人数（愿意就业而未能找到工作的人数）与愿意就业的劳动力的百分比。最理想的情况是所有愿意就业的劳动力都有固定职业，即失业率等于零，但实际上是不可能的。动态经济中，社会总存在最低限度的失业，一种是摩擦性失业，即由于季节性、技术性、经济结构等原因会造成的短期内劳动力供求失调形成的失业。还有一种自愿失业现象，即劳动者不愿意接受现行货币工资和工作条件而引起的失业。对于自愿失业，大多数国家的政府都不管，而摩擦性失业是无法消除的。因此，充分就业并非意味着失业率等于零，通常把失业率等于自然失业率时的就业水平称为充分就业。

（二）经济增长（economic growth）

经济增长是指在一个国家内商品与劳务产出的增长及与其相结合的供给能力的增长，一般以剔除价格变化因素后的国内生产总值（GDP）年增长率来测算。一国的经济增长既是提高人民生活水平的物质保障，也是保护国家安全性的必要条件，同时还是一国是否具有经济实力和国际市场竞争力的重要标志。因此，各国都把经济增长作为货币政策最终目标之一。需要特别说明的是，经济增长不能只看经济增长速度，更要看经济增长质量。

经济增长有两种截然不同的方式：粗放型经济增长与集约型经济增长。前者在生产要素质量、结构和使用效率不变的情况下，单纯依靠生产要素的大量投入和扩张来实现经济的增长，属于单纯数量扩张型的增长方式。后者依靠生产要素质量和使用效率的提高，以及生产要素的优化组合来实现经济的增长，属于质量效益型的增长方式。

粗放型增长虽然会带来暂时的经济数量的较快增长，但会造成严重的资源浪费和环境污染，不利于社会经济的可持续发展。而集约型增长方式以科技进步为前提，以资源优化配置为手段，有利于社会经济的可持续发展。因此，经济增长速度本身并不能说明经济增长质量的好坏。

（三）稳定物价（price stability）

稳定物价是币值稳定的重要标志之一。稳定物价指在某一时期，设法使一般物价水平保持大体稳定，但这并不意味着个别商品的价格是绝对稳定的。动态经济中，价格水平的稳定与个别商品的价格变动并不矛盾。稳定物价的实质是控制通货膨胀，防止物价总水平普遍、持续、大幅上涨。任何国家都想把物价上涨控制在最小幅度内，但一般情况是把通货膨胀率控制在社会可承受的限度之内即可。一些经济学家认为，5%以下的通货膨胀率是一种温和的通货膨胀，对经济的发展有一定的刺激作用，它是经济所能承受的；另一些经济学家则认为3%以内的物价上涨率是可以接受的。不同的国家、不同的时期，人们对物价的承受能力是不同的。一般来说，高经济增长的国家或地区相应能承受较高的物价上涨，而经济增长较慢的国家或地区仅能承受较低的物价上涨。总体而言，一国的物价水平涨幅应该尽可能地控制在低于经济增长率的幅度之内。

（四）国际收支平衡（balance of payments equilibrium）

国际收支平衡是指一个国家或地区与世界其他国家或地区之间在一定时期内全部经济往来活动的收支基本持平，国际收支平衡是保证国民经济持续稳定增长和国家安全稳定的重要条件。巨额的国际收支逆差可能导致外汇市场被动，资本大量外流，外汇储备急剧下降，本币大幅贬值，并导致严重的货币金融危机。而长期巨额国际收支顺差，又会使大量外汇储备闲置，中央银行会因为购买了大量外汇而增发本国货币，从而造成国内的通货膨胀。一般来说，运用货币政策调节国际收支，主要目标是通过利率和汇率的变动来实现本外币政策的协调和国际收支平衡。

二、最终目标之间的冲突

（一）稳定物价与充分就业之间的矛盾

根据著名的"菲利普斯曲线"理论，货币工资与失业率呈反方向变动，而物价上涨与工资成本同方向变动并保持一定的比例，所以通货膨胀率与失业率呈反方向变动。当币值比较稳定、通货膨胀率比较低时，失业率往往很高；当币值不稳定、通货膨胀率比较高时，失业率往往较低。因此，政府应该根据当时的社会经济条件寻求通货膨胀率与失业率之间的最佳组合。

（二）稳定物价与经济增长之间的矛盾

关于这一问题，理论上分歧较多。部分经济学家认为只有物价稳定才有利于经济增长，部分经济学家认为，适度的物价上涨能够刺激经济增长；还有经济学家认为，如果经济增长取决于新生产要素的投入和劳动生产力的提高，那么伴随着产品成本的下降、产出的增加、经济的增长，物价水平不会上涨反而会下降。

（三）经济增长与国际收支平衡之间的矛盾

当经济增长较快时，国家经济实力也相应增长，结果是出口增加、进口减少，国际收支平衡略有顺差。当国内经济以较快的速度持续增长时，又会增加对各种生产要素的需求，此时往往又会增加进口。如果进口大于出口，就会出现国际收支逆差。如果出现持续大额逆差，国家可能会限制进口，抑制国内投资，这又会妨碍国内的经济增长，甚至会引起经济衰退。

（四）充分就业与经济增长之间的矛盾

一般情况下，就业人数越多，经济增长速度越快；经济增长速度越快，可供劳动者就业的机会就越多，因此，两者可以实现协调。但如果是以内涵型扩大再生产实现的经济增长，就不一定会增加就业。如果就业增加带来的经济增长伴随着社会平均劳动生产率的下降，不仅造成资源浪费，还会妨碍以后的经济增长，这是不可取的。因此，就业增加所带来的经济增长伴随着社会平均劳动生产率提高才是我们期望的结果。

由此可见，如何在货币政策最终目标的矛盾中做出最佳选择，是各国中央银行以及金融监管当局应该重点考虑的问题。

第二节　货币政策工具

货币政策工具是中央银行为了实现货币政策最终目标而采取的各种措施和手段。中央银行为了实现货币政策最终目标，不仅要通过货币政策中间目标来传导，而且还需要强有力的货币政策工具。货币政策工具主要包括一般性货币政策工具和选择性货币政策工具。

一、一般性货币政策工具

一般性货币政策工具是中央银行的"常规武器"，俗称货币政策的"三大法宝"，它包括法定准备金、再贴现和公开市场操作。一般性货币政策工具对金融活动的影响是普遍的、总体的，没有针对性和选择性，实施对象是整体经济，而非个别部门或企业。

（一）法定准备金制度（legal deposit reserve）

法定准备金是中央银行规定商业银行按照一定比率缴纳的存款准备金。中央银行通过控制法定准备金率改变货币乘数，控制商业银行的信用创造能力，从而间接控制社会货币供应量。

1. 法定准备率的作用

法定准备金是力度较大的政策工具，法定准备率的调整一般会产生很大影响：一是影响货币乘数。根据信用创造原理，准备率越高，银行存款创造的信用规模越小，派生存款数量就越小；二是影响超额准备金，从而影响商业银行创造信用的基础。调整法定准备率，如果基础货币和准备金总额不变，则超额准备金改变，货币乘数扩张或缩小。

假定商业银行吸收存款100万元，如果法定准备金率为15%，则商业银行应上缴中央银行法定准备金15万元，剩下85万元可以放贷。如果中央银行紧缩银根，将法定准备率提高到16%，则商业银行应上缴中央银行法定准备金16万元，剩下84万元可以放贷，比原来少放贷1万元。由于货币乘数效应，商业银行可以派生出原始存款若干倍的贷款，提高法定准备金率，导致货币乘数降低，就可收缩银根。反之，降低法定准备金率，导致货币乘数提高，就可放松银根，信贷扩张。

法定准备率政策对货币供应量具有极强的影响力，力度大、速度快、效果明显，是中央银行收缩和放松银根的有效工具，但也存在较大的负面影响。一是对经济的震动太大，存款准备金比率的微小变动都会通过银行信用的收缩或扩张产生放大作用，导致经济的剧烈波动，因此，它难以成为日常使用的货币政策工具；二是容易使中小银行陷入流动性困境，如果中小银行的超额准备金不足，一旦法定存款准备金比率调高，极易造成中小银行的流动性不足，引发流动性风险，造成整个金融市场的不稳定。基于法定准备率的变动冲击力过大，因此，该政策工具在一般只在少数情况下使用。

2. 美国的法定准备金制度

银行交纳存款准备金，最早实施于英国。但美国是世界上第一个用法律形式确立法定准备金制度的国家。1931年，美国联邦储备体系为了加强对货币供应量的控制，向国会提出变动准备率的授权请求。1933年，美国国会授权联邦储备体系变动准备率。1935年，美国国会又修订了《联邦储备法》加以确认。以后，德国、英国、日本等国也相继采用这种方法。目前大部分国家，都赋予了中央银行调整法定存款准备金比率的权限。

从20世纪30年代起，美联储便拥有了改变法定准备金率的权力。作为一种强有力的货币政策工具，变动法定准备金率对货币供应的影响如此之大，以至美联储很少动用这一工具。美国现行法定准备金制度主要有以下几个特点：（1）准备金不付利息，对超额准备和结算账户付息；（2）准备金包括库存现金和在中央银行的存款；（3）对不同银行计提不同比例的准备金；（4）按照一段时间存款的平均余额计提，而不是按日计提准备金。

20世纪80年代以来，随着《巴塞尔协议》的实施，关于资本充足率的监管要求已经覆盖了准备金的功能。因此，准备金制度的作用逐步弱化，许多国家的中央银行在逐步降低甚至取消法定存款准备金。1990年12月，美联储取消了定期存款的法定准备金。1992年4月，加拿大取消了所有2年期以上存款的法定准备金。此外，瑞士、新西兰、澳大利亚的中央银行已完全取消了法定准备金。之所以如此，原因是法定准备金如同对银行进行征税，因为中央银行对准备金不支付利息，银行不仅没有收益，还要蒙受放贷可能收取的利息损失。此外，不同的法定准备率，意味着不同的税负。对不同类型的金融机构，适用不同的法定准备率，造成它们各自承受的成本大不相同，从而影响金融机构之间的公平竞争。

3. 我国的法定准备金制度

我国的法定准备金制度是在 1984 年中国人民银行专门行使中央银行职能后建立起来的，近 30 年来，存款准备金率经历了多次调整。

1984 年，中国人民银行按存款种类首次规定了我国金融机构的法定存款准备金率：企业存款为 20%，农村存款为 15%，储蓄存款为 25%。过高的法定存款准备率使当时的商业银行资金严重不足，人民银行不得不通过再贷款的形式将资金返还给商业银行。商业银行一方面向中央银行缴纳高额准备金，另一方面又向中央银行申请再贷款，这是不正常的。所以，中国人民银行从 1985 年开始将法定存款准备率统一调整为 10%。

1987 年和 1988 年，中国人民银行为适当集中资金，支持重点产业和项目的资金需求，也为了紧缩银根，抑制通货膨胀，两次上调了法定准备率。1987 年从 10% 上调至 12%，1988 年 9 月又进一步上调为 13%。

由于我国法定准备金存款不能用于支付和清算，按规定，金融机构还必须在中国人民银行开设一般存款账户，统称"备付金"（即超额准备）存款账户，用于资金收付。1989 年，中国人民银行对金融机构的"备付金率"（即超额准备率）做了具体规定，要求保持在 5% ~ 7%。1995 年，中国人民银行根据各家银行的经营特点重新确定了备付金率，工行、中行不低于 6%，建行不低于 5%，农行不低于 7%。

1998 年 3 月，经国务院同意，中国人民银行对存款准备金制度再次进行改革，主要内容是：将原来各金融机构在中国人民银行的准备金存款和备付金存款两个账户合并，统称为"准备金存款"账户；法定存款准备率从 13% 下调到 8%，超额准备金由各金融机构自行决定。实行统一缴存存款准备金，每日营业结束的准备金存款不得低于法定比率，从而恢复了准备金存款的支付、清算功能，增强了金融机构资金自求平衡、自我发展的能力，同时有利于中央银行建立间接调控机制。

2004 年 4 月起，中国人民银行开始推行差别存款准备率制度，差别存款准备率制度与资本充足率制度相辅相成，有利于完善货币政策传导机制。差别存款准备率制度实施对象为存款类金融机构；确定差别存款准备金率的主要依据是金融机构的资本充足率、金融机构不良贷款比率、金融机构内控机制状况、发生重大违规及风险情况、可能危害支付系统安全的风险情况。

（二） 再贴现政策 （rediscount）

再贴现政策是中央银行通过直接调整或制订票据的再贴现率，干预和影响市场利率以及货币市场的供给和需求，从而调节货币供应量的一种货币政策。它包括再贴现率的调整和对申请再贴现金融机构资格的审查。

再贴现政策是国外中央银行最早使用的货币政策工具。早在 1873 年，英国就用该政策调节信用，美国的再贴现制度始于 20 世纪 20 年代。不过，早期的再贴现业务是一种纯粹的信用业务。商业银行通过将其持有的未到期的商业票据在中央银行办理再贴现，获得一定的资金，解决暂时的资金短缺问题。随着中央银行职能的不断完善和调节宏观经济作用的日益加强，再贴现业务逐步演变成调节货币供应量的货币政策工具。

1. 再贴现政策的作用

再贴现政策发挥作用的基本前提是票据业务必须成为经济主体融资的主要方式之一，并且商业银行主要以再贴现方式向中央银行借款。作为一种传统的货币政策工具，再贴现政策的作用主要包括：（1）中央银行调整再贴现率，可以影响商业银行等存款货币银行的超额准备金持有量和资金成本，从而影响商业银行的融资决策；（2）再贴现政策可以影响和调整商业银行信贷资金结构；（3）再贴现率的调整将会影响公众预期，具有"告示性效应"，即向银行和公众宣传中央银行的政策意向。

但再贴现政策仍然存在一定的局限性。一方面，中央银行主观上想通过调整再贴现率影响商业银行的贷款量和融资成本，但借款的决定权在商业银行，中央银行处于被动地位。中央银行不能强迫或阻止商业银行申请再贴现，商业银行还能从其他渠道获得资金。货币市场的发展，商业银行对再贴现的依赖性大大降低，再贴现政策只能影响前来贴现的银行，对其他银行只是间接地发生作用。另一方面，贴现率虽然易于调整，但缺乏弹性，如果经常调整会引起市场利率的经常性波动，从而影响商业银行的经营预期，使企业或商业银行无所适从。

2. 美国的再贴现政策

美国联邦储备体系向银行发放贴现贷款的设施，称为贴现窗口。贴现窗口是联邦储备体系影响贴现贷款的最主要平台。美联储可以通过两个途径影响贴现贷款的规模：一是影响贷款的价格（即贴现率）；二是通过它对贴现窗口的行政管理来影响贷款的数量。

美联储对银行的贴现贷款有三类：（1）调节性信贷。这是最常见的一种贴现贷款形式，目的是帮助银行解决因临时性存款流出可能带来的短期流动性需要，借得方便（只需一个电话），归还也快（一般的下个营业日结束时就得归还）。（2）季节性信用。用于满足那些位于度假和农业区域、具有季节性特点的少数银行的季节性资金需要。（3）扩充性信用。主要用于因企业破产、自然灾害和决策失误而造成流动性严重困难的存款机构，不要求迅速归还。从贴现窗口借款，银行要承担三类成本：贴现率所代表的利息成本；为申请贴现贷款而接受联储信誉调查的成本；因过于频繁地申请贴现贷款，将来的申请可能被拒绝的成本。

3. 我国的再贴现政策

我国的再贴现政策大致经历了四个阶段：（1）通过办理贴现、再贴现以推广使用商业票据结算，帮助企业解决债务拖欠及三角债问题；（2）把再贴现作为调整信贷结构的一种手段，对某些行业、部门或商品实行信贷倾斜政策；（3）1996年，再贴现政策已由单纯的结算手段以及调整信贷结构的手段，转变成货币政策工具体系中的重要组成部分。

（三）公开市场操作（open market operations）

公开市场操作指中央银行在证券市场上公开买卖各种政府债券，控制货币供应量及影响利率水平的行为。公开市场操作主要是通过影响商业银行体系的实有准备金，从而影响商业银行信贷量的扩大和收缩，最终影响货币供应量。同时，通过影响证券市场价格的变动，影响市场利率水平。中央银行根据经济形势的变化，需要收缩银根时卖出证券，反之买进证券。

1. 公开市场操作的方法

中央银行出售证券，购买者无论是商业银行还是其他部门或个人，经过票据交换和清算后，必然导致银行体系的准备金减少，通过货币乘数的作用，使商业银行贷款规模缩小，银根紧缩，货币供给量减少。同时，中央银行大量出售证券，会引起证券价格下跌，市场利率提高，提高融资成本，抑制投资。反之，中央银行购进证券，会引起信贷扩张，货币供给量增加，市场利率下降，刺激投资。

公开市场业务与其他货币政策工具相比具有很强的优越性，主要表现在：（1）主动权完全掌握在中央银行手中，中央银行可以根据不同情况和需要，随时主动出击；（2）可以适时适量地进行调节，中央银行既可以大量买卖有价证券，也能小额买卖来微调，非常灵活；（3）中央银行可以根据金融市场的信息不断调整，甚至能迅速进行逆向操作，及时改正货币政策执行中的错误，因而能产生连续性效果。

但公开市场业务仍然存在一定的局限性：一是需要有较发达的证券市场，包括证券的种类和规模、适当的期限结构和健全的规章制度；二是必须与其他货币政策工具配合使用，尤其是存款准备金制度，如果没有存款准备金制度，就不能通过改变商业银行的超额准备来影响货币供给量，公开市场操作也就失去了政策效果。

2. 美国的公开市场操作

公开市场操作早在19世纪初就被英格兰银行所采用，当时的英格兰银行只是为了维持国库券的价格而买进国库券。1913年，美国也采用该方法来维持财政收支平衡。直到20世纪30年代大萧条后，美国联邦储备委员会发现公开市场操作可以极大地影响信用环境，于是公开市场操作成为美国控制和调节货币供给量和利率的主要工具。1935年，美国国会颁布银行条例，正式建立公开市场委员会，以协调和指导公开市场操作。

美国公开市场操作的决策机构是美联储的公开市场委员会，不过，实际操作是由纽约联邦储备银行的交易部完成。公开市场买卖的对象主要是短期财政证券、联邦机构债券以及承兑票据，其中以美国国库券最为重要。

3. 我国的公开市场业务

我国的公开市场操作包括人民币操作和外汇操作两部分。外汇公开市场操作于1994年3月启动，人民币公开市场操作于1998年5月恢复交易，规模逐步扩大。1999年以来，公开市场操作已成为中国人民银行货币政策日常操作的重要工具，对于调控货币供应量、调节商业银行流动性水平、引导货币市场利率走势发挥了积极的作用。中国人民银行从 1998 年开始建立公开市场业务一级交易商制度，选择了一批能够承担大额债券交易的商业银行作为公开市场业务的交易对象。这些交易商可以运用国债、政策性金融债券等作为交易工具与中国人民银行开展公开市场业务。

从交易品种看，中国人民银行公开市场业务债券交易主要包括回购交易、现券交易和发行中央银行票据。其中回购交易分为正回购和逆回购两种。正回购为中国人民银行向一级交易商卖出有价证券，并约定在未来特定日期买回有价证券的交易行为。正回购为央行从市场收回流动性的操作，正回购到期则为央行向市场投放流动性的操作；反之则是逆回购。逆回购为央行向市场上投放流动性的操作，逆回购到期则为央行从市场收回流动性的操作。

现券交易分为现券买断和现券卖断两种，前者为央行直接从二级市场买入债券，一次性地投放基础货币；后者为央行直接卖出持有债券，一次性地回笼基础货币。中央银行票据即中国人民银行发行的短期债券，央行通过发行央行票据可以回笼基础货币，央行票据到期则体现为投放基础货币。

表 12-1 归纳了一般性货币政策工具的应用条件及操作方向。

表 12-1　　　　　　　　　　　一般性货币政策工具及其应用

政策工具 ＼ 经济形势	通货膨胀 （总需求＞总供给）	经济萧条 （总需求＜总供给）
存款准备金政策	提高法定存款准备金比率	降低法定存款准备金比率
再贴现政策	提高再贴现率	降低再贴现率
公开市场操作	卖出证券，回笼基础货币	买进证券，投放基础货币

二、选择性货币政策工具

选择性的货币政策工具指中央银行针对个别部门或企业、特殊经济领域或特殊用途的信贷进行调节而选择性地使用的货币政策工具。它包括直接信用控制、间接信用控制、不动产信用控制、消费信贷控制、证券市场信用控制等。

（一）直接信用控制

直接信用控制指中央银行根据有关法令从内部结构和数量两方面，对商业银行创造信用业务进行直接干预的管制。这种控制手段随着市场经济的发展将会有选择地使用，目前可供使用的直接信用控制手段主要有以下几种：

（1）信用分配政策。指中央银行根据金融市场的供求状况和经济发展的需要对各商业银行的信用规模进行分配和限制的措施。

（2）利率管制政策。又称"利率上限管制"，指金融监管当局对金融市场上某些金融产品的利率进行管制的政策，一般是对存贷款利率的管制。但利率管制政策不能经常使用，因为它扭曲了货币资金供求的真实状况，阻碍利率自发地调节货币资金供求，不利于资源的合理配置。

（3）流动性比率管制政策。指中央银行通过规定商业银行的流动性资产与负债的比率来限制商业银行信用扩张的一种管制措施。

（4）直接干预政策。指中央银行直接对商业银行的信贷业务进行干涉，如规定银行的业务经营范围、放款的额度，规定吸收存款的法定存款准备金比率等。

（5）特别准备金政策。它是指中央银行在特殊条件下，规定商业银行在进行贷款时必须追加提留的坏账特别准备金。

（二） 间接信用控制

间接信用控制指中央银行运用直接信用控制手段以外的手段对商业银行的信贷活动进行的控制。

（1）道义劝告。美联储制定的使用贴现窗口的规则，通常称为"道义劝告"，指中央银行利用其声望和地位，对商业银行和其他金融机构发出通告、指示或与各金融机构的负责人进行面谈，交流信息，解释政策意图，使商业银行和其他金融机构自动采取相应措施来贯彻中央银行的政策。

（2）窗口指导。1954 年，日本首先开始采用这种手段，并称其为"窗口指导"，后来推广到欧美各国。它是指中央银行根据产业行情、物价趋势和金融市场动向，指导商业银行贷款的重点投向和贷款变动数量等。

（三） 不动产信用控制

不动产信用控制指中央银行对商业银行等金融机构向客户提供不动产抵押贷款的管理措施。主要内容包括：一是对不动产贷款规定最高限额；二是规定不动产贷款的最长期限；三是规定首付最低限额；四是规定分期付款的每期最低金额。

（四） 消费信贷控制

消费信贷控制指中央银行对不动产以外各种耐用消费品的销售融资予以控制的政策。主要内容是根据经济的不同周期，规定消费信贷最低首付款的数额、最长期限以及限定消费信贷的范围。

（五） 证券市场信用控制

证券市场信用控制指中央银行对有关有价证券交易的各种贷款进行限制，目的在于限制借款购买有价证券的比重。比如规定应支付的保证金限额，一方面为了控制证券市场的信贷资金需求，稳定证券市场价格；另一方面是为了调节信贷供给结构，通过限制大量资金流入证券市场，将较多的资金引导至生产和流通领域。

➤ 专栏阅读与分析

美联储为"9·11"事件所采取的货币政策

2001 年 9 月 11 日，恐怖组织对美国世贸中心大楼的袭击，不但使美国的航空与保险业陷入困境，而且也扰乱了美国支付与金融体系的正常运行，从而对整个国民经济带来严重的后果。

一方面，企业与个人对流动性的需求大幅增加；另一方面，不确定性的增加和资产价格的下降也削弱了银行和其他金融机构的贷款意愿。这一切，对已陷入衰退的美国经济来说，无异于雪上加霜。为了最大限度地减少"9·11"事件对经济复苏的不利影响，美联储通过多种渠道，采取了有力的措施以图恢复市场信心和保证金融与支付体系的正常运行：

1. 美联储通过其在纽约的交易中心以回购协议的方式为市场注入资金。2001 年 9 月 12 日，美联储持有的有价证券全额高达 610 亿美金，在此之前，美联储日平均证券余额仅为 270 亿美金。

2. 美联储通过再贴现直接将货币注入银行体系。9 月 12 日的再贴现余额高达 450 亿美金，远远超过在此之前的 5 900 万美金的日平均余额。

3. 美联储联合通货监理局劝说商业银行调整贷款结构，为出现临时性流动性问题的借款人发放专项贷款。并声称，为帮助商业银行实现这一目的，美联储随时准备提供必要的援助。

4. 在 9 月 17 日清晨，联邦公开市场委员会又进一步将联邦基金利率的目标利率定为 3%，下降了 0.5 个百分点。

资料来源：新浪网—新浪财经. http://finance. sina. com. cn.

阅读上述案例资料思考：

(1) 美联储通过哪些手段增加了货币供应量？

(2) 美联储降低利率的目的是什么？

第三节　货币政策的传导机制

货币政策传导机制指货币管理当局在确定货币政策最终目标后，从操作货币政策工具到实现货币政策最终目标之间，所经过的各种中间环节相互之间的有机联系及因果关系的总和。这一机制通常包含两个方面：一是内部传导机制。即从货币政策工具的选定、操作到金融体系货币供给收缩或扩张的内部过程；二是外部传导机制。即由中间目标发挥外部影响对总支出产生作用的过程。对货币政策传导机制的理论分析，有凯恩斯学派的利率传导机制型论、货币学派的传导机制理论、莫迪利安尼的财富调整论、米什金的货币学派传导机制理论。其中，最具代表意义的是凯恩斯学派的利率传导机制理论和货币学派传导机制理论。

一、货币政策的中间目标

货币政策目标的实现，预期效果是否理想，有一个漫长过程，存在一些中间环节。因此，中央银行在设定货币政策最终目标的同时，还要设定货币政策的中间目标。货币政策中间目标的设定，为中央银行实现货币政策最终目标提供了一个追踪的指标，它可以显示货币政策实施的进度，可供中央银行随时进行观察和调整。中央银行通过观察和调整这些中间目标，可以达到间接控制最终目标，实现货币政策预期效果之目的。

（一）中间目标的选择标准

货币政策的中间目标也称货币政策的中介目标，它是中央银行为了实现其货币政策的最终目标而设置的，可供观察且具有传导作用的中间变量指标。货币政策的最终目标从开始启动到最终实现有一个较长过程，一般需要 9～12 个月，这么长的时间很难保证各项经济指标都能朝着预期的最终目标发展。因此，各国的中央银行为了不使自己陷入十分被动的境地，纷纷设置一些可供观察并具有传导作用的中间变量指标。这些指标不仅与货币政策最终目标紧密相关，而且在短期内能够迅速显现出来，中央银行只需通过观测和调整这些中间变量指标，就可以达到间接控制的目的，从而实现最终目标。

货币政策的中间目标并不是任意确定的，一般应符合以下标准：

（1）可控性。指中央银行通过各种货币政策工具的运用能够有效地控制和调节；

（2）可测性。指可预测、可度量，即中间目标的选定便于中央银行能迅速和准确地获取资料，方便中央银行进行判断与预测；

（3）相关性。指中间目标必须与货币政策最终目标之间具有高度的相关关系；

（4）抗干扰性。指中间目标较少受其他因素的干扰，如财政政策、政治因素、体制因素等。

（二）可供选择的中间目标

1. 超额准备金

超额准备金，指商业银行缴存中央银行法定存款准备金以外的准备金。超额准备金是商业银行扩大贷款规模，增加货币供应量的基础，也是货币政策传导的必经之路。超额准备金对商业银行的资产业务规模有直接决定作用。超额准备金增加，意味着市场银根放松；超额准备金减少，则意味着市场银根抽紧。例如，中央银行可以通过变动法定存款准备率或通过公开市场业务的操作来增加或减少超额准备金，达到放松或紧缩银根以及调节货币供给量的目的。

2. 基础货币

基础货币又称高能货币，由各商业银行的存款准备金和流通中的现金构成，它是货币供应量的基础。作为中间变量指标，首先，它具有可测性。基础货币表现为中央银行的负债，其数额多少随时反映在中央银行的资产负债表上，中央银行很容易掌握这些资料。其次，它具有可控性。基础货币中的流通中的现金中央银行可以直接控制；存款准备金中央银行通过再贴现、再贷款以及法定存款准备金比率进行间接控制。同时，基础货币的增加或减少通过乘数作用，会引起货币供应量成倍增加或减少，从而达到调节经济的目的。但是，基础货币作为货币政策的中介目标，会受到一些非政策性因素的干扰，比如现金漏损率、定期存款占活期存款的比率等，这些因素会影响货币乘数的大小，从而使中央银行无法准确地控制基础货币进而控制货币供应量。

3. 货币供应量

货币供应量由流通中的现金和银行存款构成。货币供应量是目前各国中央银行认为最适宜的货币政策中间目标，因为它不仅能直接影响总需求水平，而且便于中央银行控制和操作。货币供应量作为中间目标，具有下列优势：（1）货币供应量与经济活动密切相关。货币供应量与经济运动方向一致，即经济繁荣时，货币供应量增加，经济萧条时，货币供应量减少。（2）具有可控性。经济繁荣时，中央银行为防止通货膨胀会减少货币供给量；经济萧条时，中央银行会增加货币供给量以刺激经济。（3）具有可测性。尽管货币供应量有多个层次的划分，但中央银行总可以找准一个层次的货币供应量进行具体分析，通过分析、观测，最后进行调节。（4）具有抗干扰性。例如，在需求过大和通货膨胀的情况下，中央银行为了抑制总需求，决定将货币供应量增长率从12%降为10%。但由于通货膨胀预期和非政策性因素的影响，货币供应量增长率可能没有下降反而上升到15%，这种情况下，中央银行还会继续强化紧缩银根的措施。

4. 利率

利率之所以成为货币政策的中间目标，是因为利率是一个内生变量，它的变动既影响经济活动又受经济活动中其他变量的影响。选择利率作为中间目标，具有下列优点：（1）利率与经济活动密切相关。经济繁荣时，货币资金需求增加，利率上升；反之，经济衰退时，利率下降。（2）可传导性。货币供应量的变动可通过利率传导到生产和投资领域，货币供应量的增减会影响利率的上升或下降，进而影响企业投资、政府支出等。（3）可控制性。中央银行可以通过对基准利率的控制影响整个金融市场的利率水平。

二、货币政策传导机制的理论分析

(一) 凯恩斯学派的利率传导机制理论

凯思斯学派的利率传导机制理论分析有三个假设前提条件：(1) 失业是经济社会中的常态，而充分就业是例外；(2) 货币是一个内生变量，影响实物经济的产出和就业；(3) 投资利率弹性充足。即利率变化对投资所起的作用，取决于企业对资本边际效益与市场利率的比较。如果资本边际效益大于市场利率，可以刺激企业投资；反之则减少投资。同时，操作货币政策工具时，假定其他部门保持不变，只研究货币市场和产品市场的均衡。

在货币市场，凯思斯认为货币供给必须与货币需求保持平衡，而货币需求是人们对金融资产的需求。金融资产分为两种：一是货币资产，属于不生息资产，具有充分的流动性；二是非货币资产（债券资产），属于生息资产，流动性较差。当其他经济变量发生改变时，两种资产的结构会随之而发生改变。

在产品市场，凯思斯认为社会的总收入必须与社会的总支出保持均衡，如果不考虑国际贸易，社会的总支出由消费、投资、政府支出三部分构成。

当货币供应量发生变动时，根据以上假设前提条件，货币政策传导的过程是：

$$R\uparrow \to M\uparrow \to r\downarrow \to I\uparrow \to E\uparrow \to Y\uparrow$$

其中，R 为超额准备金；M 为货币供应量；r 为利率；I 为投资；E 为社会总支出；Y 为社会总收入。

凯思斯学派的利率传导机制理论思路是：当中央银行采取扩张的货币政策时，商业银行体系的超额准备金增加，放款能力增加，货币供应量增加。货币供给相对于货币需求突然增加后，利率下降，而投资与利率反向相关，因此投资增加。如果消费倾向为已知量，通过乘数作用，社会总收入将会增加。

凯思斯学派认为：货币供应量的增加肯定会影响物价，但在社会未实现充分就业之前，首先影响的是产量。达到充分就业之后，货币供给的增加就会影响物价。因为当社会处于大量失业状态时，货币供应量增加引起社会总需求增加，社会总需求增加引起社会产量、就业和收入的增加，此时，商品的短期供应弹性很大，因此投资增加，产出增加，就会直接增加商品的供应，而不会提高边际成本。正如凯思斯所说："当货币数量增加时，若还有失业现象，则物价丝毫不受影响，就业量则随有效需求同比增加。"但随着货币供应量的增加、生产的扩大，未被充分利用的生产资源和过剩劳动力逐渐减少，这时商品的短期供应弹性下降甚至趋于零，如果继续增加需求，商品的边际成本会上升，物价会随着货币供应量的增加同比例上涨。

若中央银行采取紧缩性货币政策时，其传导过程正好相反。

凯思斯学派的利率传导机制理论的特点如下：(1) 从局部均衡分析入手，货币供应量的变动首先改变货币市场的均衡，然后改变利率，通过利率变动，改变产品市场的均衡。（2）货币政策的效果取决于三个因素：一是货币需求的利率弹性，即一定量的货币供应变动使利率发生变动的程度；二是投资的利率弹性，即一定的利率变动对投资的影响程度；三是取决于货币乘数大小。（3）整个理论中，利率是整个传递机制的核心。货币供应量增加以后，利率是否随之而降低，以及降低的程度，都决定了货币政策是否有效以及有效程度。如果货币供应量增加，不能对利率产生影响，即存在"流动性陷阱"，则货币政策无效。

（二）货币学派的货币传导机制理论

货币学派的货币传导机制理论分析的假设前提为：（1）货币需求具有内在的稳定性；（2）货币需求函数中不包含货币供给因素，货币供给为外生变量。

根据以上假定，货币学派认为利率在货币传导机制中不是最重要的，更强调货币供应量在整个传导机制上的直接效果。其货币政策传导的过程是：

$$R \uparrow \rightarrow M \uparrow \rightarrow E \uparrow \rightarrow I \uparrow \rightarrow Y \uparrow$$

其中，R 为超额准备金；M 为货币供应量；E 为社会总支出；I 为投资；Y 为社会总收入。

货币学派的货币传导机制理论思路是：当中央银行采取扩张货币政策措施时，商业银行体系的超额准备金增加，放款能力增加，货币供应量增加。货币需求一定，当货币供给量增加，超过货币的需求时，公众会发现他们所实际持有的货币资产比他们原来希望或可能持有的货币资产多，于是公众的第一反应是，立即将这部分多余的货币用于购买各种资产，购买金融资产如债券、股票等，购买实物资产如汽车、房产、其他消费品等。支出的增加意味着需求增加，引起资产或者商品的价格上涨。价格上涨将刺激投资，从而导致收入增加。

货币学派认为，当人们的收入水平增加后，又会鼓励人们扩大开支，支出增加，资产价格上升，最后货币供应量的变动对收入和支出的影响，通过全面的物价上涨表现出来，直到货币供应量的实际价值降到与人们的实际需求相一致，在新的水平上达到新的均衡。

若中央银行采取紧缩性货币政策时，其传导过程正好相反。

货币学派的货币传导机制理论的特点：（1）强调货币供给量的变化对支出、收入的直接影响；（2）在货币政策的传导中，特别注意区分名义货币量和实际货币量；（3）短期内，货币供给量的变化对价格和实际产出均有影响，但长期只会影响物价。

综上所述，以上两种最具代表意义的货币传导机制理论仍然存在一定的分歧。

第一，凯恩斯学派非常重视利率在货币政策传导机制中的作用，认为货币供应量增加以后，除非利率下降，否则货币政策无效。而货币学派认为货币供应量增加的初期，利率会随之降低，但不久货币收入的增加和物价的上涨就会使名义利率上升，而实际利率并未上升。因此，货币政策的影响主要不是通过利率间接地影响投资和收入，而是因为货币供应量超过了人们所需要的真实现金余额，从而直接地影响到社会的支出和货币收入。所以，货币学派认为，中央银行在决定货币政策时，应把注意力集中到货币供应量上。

第二，凯恩所学派认为，直接对产量、就业和国民收入产生影响的是投资，而货币对国民收入等因素的影响是间接的。货币供应量增加以后，首先影响的是利率，利率下降，资本边际效率提高，投资增加，由于投资乘数作用，国民收入增加。货币学派却认为，货币供应量的变动与名义国民收入的变动有着直接联系。

第三，凯恩斯学派认为，货币传导机制是通过资本市场影响商品市场的。例如当中央银行通过公开市场买进债券时，投放货币，结果是货币供应量增加，有价债券价格上升，股票价格上涨，利率下降。股票的价格上涨，必然会促使股票的发行，增加投资，从而又促使投资品价格上涨，产量随之增加。投资增加，由于投资乘数作用，消费增加，国民收入增加。货币学派认为，货币传导机制可以在货币市场和商品市场同时发生，受到影响的资产不仅是金融资产，也包括耐用消费品、房屋等真实资产。例如当中央银行在公开市场上买进债券时，有价债券、股票等金融资产的价格会上涨，利率将下降。结果是相对地降低了耐用消费品和房屋等真实资产的价格，从而增加了人们对这类真实资产的需求，使其价格上涨，并且会波及其他的一些真实资产。如此循环下去，又增加了新的货币需求，最终将使整个社会的名义收入提高。

第四节　货币政策效应

货币政策效应即货币政策的有效性，是指货币政策在稳定货币币值并促进经济增长方面的作用大小和有效程度，即货币政策的实施在多大程度上以尽可能低的通货膨胀获取尽可能高的经济增长。货币政策是否有效，主要取决于三个条件：一是货币能否有效地影响产出；二是货币与产出之间是否存在稳定的联系；三是货币当局能否有效地控制货币量的多少。

一、货币政策效应的影响因素

提出正确的货币政策目标固然重要，但能否实现货币政策的目标是货币政策成功与否的关键。货币政策在实施过程中，要受诸多因素的影响，因此货币政策效应往往是一种综合性的结果。

（一） 货币政策的时滞

货币政策时滞是指货币政策从制定到获得效果经过的全部时间。如果收效太迟或难以确定何时取得效果，货币政策本身能否实施就成了问题。

一般情况下，货币政策的时滞包括内部时滞和外部时滞两部分。内部时滞是指从政策制定到货币当局采取行动的这段期间，包括认识时滞和行动时滞（也称决策时滞）。内部时滞的长短取决于货币当局对经济形势发展的预见能力及制定政策的次序和行动的决心。外部时滞又称为影响时滞，是指货币当局采取行动开始直到对政策目标产生影响为止的这段过程。外部时滞主要由客观的经济和金融条件决定，不论是货币供应量还是利率，它们的变动都不会立即影响到政策目标。

时滞是影响货币政策效应的重要因素，如果货币政策可能产生的大部分影响能较快地有所表现，那么货币当局就可根据初期的预测值，考察政策效果，并及时作出相应调整，从而更好地实现预期目标。如果政策的大部分效果要在较长的时间内才能有所体现，而经济形势在此期间发生了很大变化，就很难判断货币政策的效果。

（二） 货币流通速度的影响

货币流通速度是对货币政策有效性产生影响的另一主要因素。货币流通速度的细微变动，政策制定者如果未能预料或者估算出现些许差错，都可能严重影响货币政策的效果。但在实际生活中，对货币流通速度变动的估算，很难不发生误差，因为影响货币流通速度的因素太多，从而影响了货币政策的有效性。

（三） 微观经济主体的预期

货币政策有效性面临的另一个挑战是微观经济主体的正确预期。某项货币政策实施后，各微观经济主体会根据可能获得的各种信息预测政策的后果，从而很快作出对自己有利的行为调整。这种调整往往对货币政策产生抵消作用，使货币政策效果打折扣。例如，政府为了刺激经济采取宽松的货币政策时，公众立刻预期社会总需求增加和物价上涨。因此，企业会提高商品的价格，工人要求增加工资，结果导致企业资本边际效率下降、产品滞销，产出并未增长。当然，公众的预测不一定正确，即使非常准确，经济行为调整也需要时间。因此，货币政策仍然有效，但由于各微观经济主体对政策的预期，会使其效果受到影响。

二、"相机抉择" 与 "单一规则"

"相机抉择（discretionary）"由凯恩斯学派提出。他们认为，市场经济并不能自发调节达到均衡，而货币政策的时滞都是短暂的，中央银行应该根据具体情况，运用不同工具，采取相应措施来稳定经济。中央银行一旦确定目标，就要迅速采取行动，一旦情况发生变化，要及时作出反应，采取新的对策权衡处理。

"相机抉择"主张当经济萧条时，采取扩张性货币政策，刺激有效需求，增加就业机会，推动经济增长；反之，当经济增长过快，出现通货膨胀时，采取紧缩性货币政策，抑制有效需求，限制投资和消费增长。这种货币政策模式也被称为"反周期货币政策"。

这一政策主张遭到其他学派，特别是以弗里德曼为首的货币学派的猛烈批评。货币学派认为，由非货币因素造成的经济变动是很不规则的，这就使得"相机抉择"的货币政策不具有"反周期"的性质。此外，由于经济干预的时滞原因，反周期的干预会导致周期波动的加剧。因此，以弗里德曼为代表的货币学派主张放弃"相机抉择"的货币政策，代之以"单一规则"。

"单一规则"由以弗里德曼为代表的货币学派提出。当政府要实现特定货币政策目标时，最关键的是控制货币供应量。货币学派认为，控制货币供应量的最佳选择是中央银行公开宣布，并长期维持一个固定的或稳定的货币供应增长率，而不应该运用各种权力和工具，企图操纵控制各种经济变量，即主张"单一规则"。

货币学派认为，公开宣布货币供应增长率可以避免公众预期心理引起的紊乱，同时也将货币当局的行为置于公众的监督之下。长期维持一个固定的或稳定的货币供应增长率，可以以其自身的稳定性抵御来自其他方面的干扰，保证币值的稳定。同时，货币学派相信市场机制的自发调节力量，认为在经济繁荣、需求过旺时，固定货币增长率低于货币需求增长率，市场具有自动收缩经济过度膨胀的能力；而在经济不景气、需求不足的时候，固定货币增长率高于货币需求增长率，市场具有自动刺激经济恢复的能力。此外，货币学派还强调要实现"单一规则"必须注意三个问题：一是如何界定货币数量的范围；二是如何确定货币数量的增长率；三是货币数量增长率在年内或季度内允许有所波动。

三、货币政策与财政政策的配合

货币政策是一国宏观经济调控的主要手段，但其他政策手段也同样重要。财政政策、收入政策和产业政策对社会总需求的形成也有着不同程度的影响，尤其是财政政策与货币政策的协调使用是宏观经济调控的核心内容。

当政府单独运用财政政策或货币政策时，其效果往往达不到预期目标。例如政府为了提高收入水平而增加开支，以实施扩张性财政政策时，其目的是为了增加投资，通过投资乘数作用，使收入增加。但政府支出的增加可能并未带来收入的增加，原因在于，政府支出引起收入水平的提高，增加了对货币的交易需求，由于此时没有实施相应的扩张性货币政策，货币需求量大于货币供给量，导致利率上升，利率的上升将减少一部分私人投资，通过投资乘数作用，使得收入减少量数倍于投资减少量。所以，当政府单独运用财政政策时，不仅没有增加收入，反而造成收入的减少。同样，实施紧缩性或扩张性的货币政策也需要财政政策的配合，才能达到预期目标。

当然，财政政策和货币政策的配合不一定必须是同方向的。根据政策目标的需要，可以形成四种不同的政策组合模式：宽松的货币政策和宽松的财政政策；紧缩的货币政策和紧缩的财政政策；宽松的货币政策和紧缩的财政政策；紧缩的货币政策和宽松的财政政策。

货币政策与财政政策究竟采取怎样的搭配方式以及如何协调，取决于一国的经济发展状况及要实现的最终目标。但两个政策目标一定要协调统一，否则会造成政策效应的相悖，以及宏观经济运行的失控。

宽松的货币政策和宽松的财政政策，即"双松"政策：一般适用于社会总需求严重不足、经济处于严重萧条时期。宽松的财政政策是通过减少税收和扩大政府支出规模来增加社会的总需求的；宽松的货币政策是指通过降低法定准备率和再贴现率，在公开市场上买进有价证券，从而扩大银行的信贷支出，增加货币供给量。"双松"政策的结果，必然使社会的总需求扩大，但有可能造成通货膨胀。

➤ 专栏阅读与分析

我国针对 2008 年美国次贷危机影响
采取的"双松"配合政策

2008 年 9 月，随着美国次贷危机升级为世界金融危机，西方主要经济体陷入衰退的风险不断加大，国内地产等重要支柱产业面临大幅调整压力。如何保证中国经济保持平稳较快增长，成为政府宏观调控的首要任务。为此，政府实施了积极的财政政策和适度宽松的货币政策。

2008 年 9 月到年底，中国人民银行连续四次下调存款准备率，大型金融机构的存款准备率从 17.50% 降到 15.5%，与此同时，连续五次下调利率，存款基准利率从 4.14% 降到 2.25%，贷款基准利率从 7.47% 降到 5.31%。央行的"双降"政策表明，政府的工作重点由年初的控制通货膨胀转到保持经济增长。降息有利于降低企业的资金成本，从一定程度上缓解企业成本压力，刺激投资；下调存款准备金率增加了流通中的资金供应量，刺激银行进行信用扩张，一定程度上缓解了企业贷款困难问题。此外，2008 年 11 月，中国人民银行将一年期再贷款利率由 4.68% 下调为 3.60%，再贴现率由 4.32% 下调为 2.97%。

为了刺激股市，2008 年 9 月，政府调整证券（股票）交易印花税征收方式，该为单边征税。2008 年 10 月开始，为了扩大出口，缓解出口企业的压力，财政部和国家税务总局连续四次上调出口退税率。为了刺激房地产行业，扩大内需，政府宣布于 2008 年 11 月起下调房地产交易契税到 1%，免征印花税，同时房贷利率可下调到基准利率的 0.7 倍，首付最低降至两成。2008 年 11 月，国务院确定了扩大内需、促进经济增长的十项措施，并确定在今后两年多时间内安排 4 万亿元财政投资刺激实体经济。

一系列宽松的货币政策和积极财政政策的出台，一方面释放了流动性、刺激了内需、投资和出口，从而促进了经济稳定增长，另一方面在很大程度上缓解投资者对于经济下滑的担忧，有利于稳定市场预期，增强信心。

资料来源：根据新浪网新浪财经整理．http：//finance.sina.com.cn．

紧缩的货币政策和紧缩的财政政策，即"双紧"政策：一般是在社会总需求大于总供给、出现了严重的通货膨胀和经济过热，以致影响到经济稳定运转。紧缩的财政政策是指通过增加税收、削减政府支出规模等来限制消费与投资，抑制社会的总需求；紧缩的货币政策是指通过提高法定准备率和再贴现率，在公开市场上卖出有价证券来压缩信贷支出的规模，减少货币供给量。"双紧"政策的结果，必然使社会总需求缩小，通货膨胀得到控制，但也可能造成经济衰退。

紧缩的财政政策和宽松的货币政策：一般是在总需求与总供给大体平衡，但消费需求相对旺盛，而投资相对不足。紧缩的财政政策通过增税、削减政府支出规模等来抑制社会总需求，防止经济过旺和通货膨胀；宽松的货币政策通过降低法定准备率和再贴现率，在公开市场上买进有价证券等来增加货币供给量。这种政策组合，既可以控制通货膨胀，又能够保持适度的经济增长。

宽松的财政政策和紧缩的货币政策：一般是在国家调整经济结构时采用的搭配方式。宽松的财政政策通过减少税收和扩大政府支出规模来增加社会的总需求，对经济萧条较为有效；紧缩的货币政策通过提高法定准备率和再贴现率，在公开市场上卖出有价证券等来减少货币供给量，避免过高的通货膨胀率。这种政策组合，在保持经济高度增长的同时，尽可能地避免通货膨胀。

以上分析财政政策与货币政策的调节效应时，重点放在两大政策对社会总需求的调节上。其实，无论采取哪种政策措施，其结果都是在调节了总需求的同时调节了总供给，两种政策共同作用、相互补充。但由于两种政策的时滞不同，对总支出、产量和物价等产生影响的时效便不同，所以，两大政策应相互配合、协调使用才能取得理想的效果。

➢ 本章小结

1. 货币政策是指中央银行为了实现一定的宏观经济目标而采取的各种控制和调节货币供给量的方针和措施的总称。通常，将货币政策的运作分为扩张型的货币政策和紧缩型的货币政策。货币政策是一个体系，包括货币政策目标、政策工具和政策效果三个部分。

2. 货币政策目标是中央银行通过实施各种控制信用和货币供给量的手段所要达到的最终目的。货币政策的最终目标会和一国的宏观经济目标保持一致。

货币政策最终目标通常包括稳定物价、充分就业、经济增长和国际收支平衡四方面的内容。

3. 货币政策工具是中央银行为了实现货币政策的目标而采取的手段。它分为一般性货币政策工具、选择性货币政策工具和其他货币政策工具。一般性货币政策工具主要包括法定存款准备金率、再贴现政策和公开市场业务，即货币政策的"三大法宝"。

4. 从货币政策工具的实施到目标的实现这一过程就是货币政策的传导过程。对货币政策传导的分析和研究，西方主要有凯恩斯学派的传导机制理论和货币学派的传导机制理论。凯恩斯学派主张在货币政策的传导过程中利率处于核心的地位，而货币学派认为在货币政策传导机制中起重要作用的是货币供给量。

5. 在货币政策从实施到目标的实现这一过程中，对中介目标的设定是一个重要的步骤，选择好了合适的中介目标就能较为准确地反映货币政策的实行情况。中介目标的选择标准为可测性、可控性、相关性和抗干扰性。

6. 货币政策的效果受货币政策时滞、货币流通速度、微观主体预期等多种因素的影响。

➤ 关键术语

货币政策 货币政策最终目标 货币政策中间目标 法定准备金制度 再贴现政策 公开市场业务 货币政策传导机制 货币政策时滞 相机抉择 单一规则

➤ 思考与练习

1. 分析货币政策的最终目标之间的矛盾与统一关系。
2. 分析我国货币政策调控中频繁使用法定准备金工具的原因。
3. 解释一般性货币政策工具的特点及其作用。
4. 分析比较凯恩斯学派利率传导机制理论与货币学派的货币传导机制理论有何不同？
5. 货币政策为什么要和财政政策配合？两者配合有哪几种结合模式？

➤ 进一步学习的资源

[1] 宋鸿兵. 货币战争 [M]. 北京：中信出版社，2007.

[2] 向松祚，邵智宾. 伯南克的货币理论和政策哲学 [M]. 北京：北京大学出版社，2008.

[3] [美] 瓦什. 货币理论与政策 [M]. 北京：中国人民大学出版社，2001.

CHAPTER 13

第十三章 外汇、汇率与国际收支

> ➤ **本章导入**

在经济金融国际化背景下，两国货币的兑换比率经常波动，资本跨国频繁流动，国际贸易收支不平衡成为国家利益之争的焦点之一。本章将为你介绍外汇与外汇管制、汇率与汇率制度、国际收支等一国对外经济的基本问题。

> ➤ **学习本章后，你将有能力**

- ■ 认识外汇、汇率、国际收支等概念
- ■ 区分直接标价法和间接标价法
- ■ 理解影响汇率、国际收支的基本因素
- ■ 懂得如何分析国际收支状况
- ■ 弄清楚人民币汇率制度的特点
- ■ 了解国际货币制度演变与国际资本流动效应

第一节 外汇与汇率

国与国之间的商品交易及其他经济往来必然会引起货币收付，这种国际间的支付必须以一定的货币、按一定的兑换比率进行，这样就产生了外汇与汇率的问题。

一、外汇

外汇的概念分为动态外汇和静态外汇两方面。

（一）动态的外汇

动态的外汇简称国际汇兑，是指把一国的货币兑换成另一国的货币，借以清偿国际间债权债务关系的行为或活动。

（二）静态的外汇

静态的外汇指的是外币或以外币表示的用于国际间债权债务结算的各种支付手段。作为国际支付手段的外汇必须具备三性：可支付性、可获得性和可兑换性。可支付性是指在国际市场上普遍被接受的支付手段；可获得性是指在任何情况下都能够索偿的支付手段；可兑换性是指可兑换成任何国家货币或其他各种外汇资产的支付手段。静态的外汇又可以从广义和狭义两方面来理解：

1. 广义的外汇

国际货币基金组织的解释为："外汇是货币行政当局以银行存款、财政部库券、长短期政府证券等形式所持有的国际收支逆差时可以使用的债权。"

我国于 2008 年新修订的《中华人民共和国外汇管理条例》第三条规定：外汇，是指以外币表示的可以用作国际清偿的支付手段和资产，具体包括以下五项内容：（1）外国货币，包括纸币、铸币；（2）外币支付凭证，包括票据、银行存款凭证、邮政储蓄凭证等；（3）外币有价证券，包括政府债券、公司债券、股票等；（4）特别提款权；（5）其他外汇资产。

2. 狭义的外汇

狭义的外汇就是我们通常所说的外汇，是指以外币表示的可以直接用于国际结算的支付手段。根据狭义外汇的定义，外币现钞、外币有价证券、黄金、特别提款权等不能视为外汇，因为它们不能直接用于国际结算。狭义外汇的应是外币支付凭证，包括票据、银行存款凭证、邮政储蓄凭证等，国外银行存款是狭义外汇的主体。常用外汇见表 13–1：

表 13–1　　　　　　　　　常用自由货币标准代码

货币代码	货币名称	货币代码	货币名称
USD	美元	CAD	加拿大元
EUR	欧元	AUD	澳大利亚元
GBP	英镑	NZD	新西兰元
JPY	日元	HKD	港币
CHF	瑞士法郎	MOP	澳门元
SEK	瑞典克朗	THB	泰铢
NOK	挪威克朗	KRW	韩元

二、汇率及标价

（一）汇率

汇率又称汇价，是各国货币之间相互交换时换算的比率，即一国货币单位用另一国货币单位所表示的价格。汇率具有双向表示的特点：既可以用本国货币表示外国货币的价格，也可以用外国货币表示本国货币的价格。

（二）汇率的标价方法

1. 直接标价法

它是指以一定单位的外国货币作为标准，折成若干数量的本国货币来表示汇率的方法。在直接标价法下，以本国货币表示外国货币的价格。世界上的绝大多数国家都采用直接标价法。我国的人民币汇率也采用直接标价法。

在直接标价法下，一定单位的外国货币折算的本国货币的数额增大，说明外国货币币值上升，或本国货币币值下降，称为外币升值，或称本币贬值。在直接标价法下，外币币值的上升或下跌的方向和汇率值的增加或减少的方向正好相同。

例如：某日我国人民币市场汇率为：USD1 = CNY6.2980，次日汇率为 USD1 = CNY7.3060。说明美元币值上升，人民币币值下跌。

2. 间接标价法

它是指以一定单位的本国货币为标准，折算成若干数额的外国货币来表示汇率的方法。也就是说，在间接标价法下，以外国货币表示本国货币的价格。目前美国、英国、欧元区、澳大利亚、新西兰等采用间接标价法。但美元对英镑仍沿用直接标价。

在间接标价法下，一定单位的本国货币折算的外国货币数量增多，称为外币贬值，或本币升值。一定单位的本国货币折算的外国货币数量减少，称为外币升值，或本币贬值。外币币值的上升或下跌的方向和汇率值的增加或减少的方向相反。

3. 美元标价法

美元标价法以一定单位的美元为标准来计算应兑换多少其他货币的汇率表示方法。随着国际金融市场之间外汇交易量的猛增，为了便于国际间进行外汇交易，银行间的报价，都是以关键货币美元为标准来表示另一国货币的价格。其目的是为了简化报价并广泛地比较各种货币的汇价。若要得到两种非美元货币的汇率，需要经过套算得出。

无论哪种标价法，数量固定不变的货币，称为"标准货币"、"基准货币"，数量不断变化的货币，称为"标价货币"、"计价货币"。

三、汇率的种类

汇率的种类很多，有各种不同的划分方法，特别是在实际业务中，从不同角度来划分，就有各种不同的汇率。

（一）按银行买卖外汇的角度划分

1. 买入汇率

是银行从客户或其他银行买入外汇时所使用的汇率。它又称为买入价。

2. 卖出汇率

是银行向客户或其他银行卖出外汇时所使用的汇率。它又称为卖出价。外汇银行等金融机构买卖外汇是以盈利为目的，其卖出价与买入价的差价就是其收益，因此银行的外汇卖出价必然高于其买入价。一般买卖之间的差价率约在1‰~5‰不等。

由于国际间牌价数字的标价排列总是前一数字小，后一数字大，因而在不同的标价法下，买卖价的排列顺序也就不同。在直接标价法下，汇价的前一数字为买入价，后一数字为卖出价。如在日本东京外汇市场，USD1 = JPY108.05 – 108.15，则 USD1 = JPY108.05 是银行买入美元的价格，USD1 = JPY108.15 是银行卖出美元的价格。对于直接标价法，在间接标价法下，汇价的前一数字为卖出价，后一数字为买入价。如在美国纽约外汇市场，USD1 = HKD7.7330 – 7.7335，则银行买入 7.7335 港元需付出 1 美元，而卖出 7.7330 港元收入 1 美元。

3. 中间汇率，又称中间价

是买入价与卖出价的算术平均数，即中间价 =（买入价 + 卖出价)/2。此汇率不适用于一般顾客，金融类报刊报道外汇行情信息时常用中间汇率。

4. 现钞汇率

它是指银行买卖外汇现钞所使用的汇率，也有买入价与卖出价之分。一般来讲，外汇现钞的买入价比外汇汇票等支付凭证的价格低。因原则上外汇不能在本国流通，银行购入外币支付凭证以后，通过航邮划账，可以很快存入外国银行获得利息或调拨动用。银行买入现钞后，要经过一段时间，积累到一定数额后，才能将其运送到外国银行，在此期间，买进现钞的银行要承受一定的利息损失；而且现钞运送到国外过程中，还要支付运费、保险费等。因此，外汇现钞的买入汇率要低于一般外汇支付凭证的买入汇率。同样，外汇现钞卖出汇率一般高于或等于汇票卖出汇率。

（二）按制定汇率的方法划分

1. 基本汇率

是指本国货币与关键货币的汇率。由于各国的货币制度不同，在制定汇率时，必须选择某一国家的货币作为关键货币。关键货币应是本国国际收支中使用较多、在外汇储备中所占比重较大且国际上普遍可以接受的货币。由于美元是国际收支中使用较多的货币，且被广为接受，所以绝大多数国家都把美元作为制定汇率的关键货币，因此常把对美元的汇率作为基本汇率。

2. 套算汇率

又称为交叉汇率。是指两种货币通过第三种货币的中介而推算出来的汇率。套算汇率的应用有两种情况：第一，由于世界主要外汇市场只公布各种货币对美元的汇率，而不能直接反映其他货币之间的汇率，因此要求其他货币之间的汇率，必须通过其对美元的汇率进行套算。第二，各国在制订出基本汇率后，对其他国家货币的汇率就可通过基本汇率套算出来。如某日在纽约外汇市场的汇率报价为 USD1 = JPY108.50，USD1 = CNY8.0140，由此可套算出人民币元对日元的汇率为 CNYl = JPY13.5388，即 108.50/8.0140 得出。

（三） 按外汇买卖的交割期限划分

1. 即期汇率

也叫现汇汇率。是指买卖外汇双方在成交当天或两天以内办理交割的汇率。交割是指外汇业务中两种货币的对应实际收付行为。

2. 远期汇率

远期汇率是指外汇买卖双方预约在将来某日期进行交割，而事先由买卖双方签订合同，达成协议的汇率。到了交割日期，不管汇率是否有变化，都按预先约定的汇率进行交割。远期交割的期限可以是 1 个月、3 个月、6 个月、1 年，比较常见的是 3 个月期，采用远期汇率进行远期外汇买卖的主要目的是避免或减轻外汇汇率波动所带来的风险。

远期外汇的汇率与即期汇率相比是有差额的，这种差额叫远期差价。差额是用升水、贴水或平价来表示，升水是表示远期汇率比即期汇率贵，贴水表示远期汇率比即期汇率便宜，平价表示两者相等。

（四） 按银行外汇汇付方式划分

1. 电汇汇率

是指经营外汇业务的本国银行，在卖出外汇收到本币的当天，即以电报或电传委托其国外分支机构或代理行付款给收款人所使用的一种汇率。由于电汇收付快捷，银行不能占用客户的资金头寸，所以电汇汇率最高。但在汇率波动日益频繁的今天，电汇汇率已成为基本汇率，当前各国公布的外汇牌价，除另有注明外，一般都是电汇汇率。

2. 信汇汇率

是指以信汇方式卖出外汇时的价格。信汇是由经营外汇业务的银行开具付款委托书，用信函方式寄给国外代理行付款给指定收款人的汇款方式。由于付款委托书的邮递需要一定的时间，银行在这段时间可占用客户的资金，而且信函邮寄费相对较低，因此信汇汇率比电汇汇率低，但使用较少。

3. 票汇汇率

是指银行以票汇方式卖出外汇时的价格。票汇是指银行在卖出外汇时，开立一张由其国外分支机构或代理行付款的汇票交给汇款人，由其自带或寄往国外凭票取款。由于票汇从卖出外汇到支付外汇有一定的时间间隔，银行可以在此期间占用客户资金，获取利息，故票汇汇率较电汇汇率低。

（五） 按汇率制度划分

1. 固定汇率

是指两国货币的汇率基本固定，汇率的波动被限制在较小的幅度之内。在固定汇率制度下，如果政府因为特殊情况而无法维持原来的汇率水平时，就会对汇率进行调整，如果将本币币值上调，则称为法定升值；如果将本币币值下调，则称为法定贬值。

2. 浮动汇率

是指一国货币当局不规定本国货币与另一国货币的官方汇率，听任外汇市场的供求来决定的汇率。外币供过于求时，外币就贬值，本币就升值，外币的汇率就下浮；外币供不应求时，外币就升值，本币就贬值，外币的汇率就上浮。实行浮动汇率制的国家，往往根据各自经济政策的需要，对汇率变动进行干预或施加影响。

（六） 按照对汇率的管理宽严划分

1. 官方汇率

是指国家货币管理当局（中央银行或外汇管理当局）所规定的汇率。在实施比较严格的外汇管制的国家，禁止自由外汇市场的存在，规定一切交易都按其公布的汇率进行。许多发展中国家属这种类型。在外汇管理较宽松的国家，官方汇率只是起中心汇率作用。

2. 市场汇率

是指在自由外汇市场上买卖外汇的实际汇率，且随外汇市场的外汇供求进行上下波动。政府要想对其汇率进行调节，就必须对外汇市场进行干预。目前西方发达国家都采取市场汇率。我国自1994年1月1日起，人民币实行有管理的单一浮动汇率后，也开始向市场汇率过渡。

四、影响汇率的主要因素

影响汇率变化的因素主要来自两个方面：一是各国货币所代表的实际价值；二是外汇市场上的供求关系。以下是在纸币流通条件下影响外汇市场供求及汇率变动的主要因素。

（一） 通货膨胀率差异

如果一国通货膨胀率高于他国，则较高的通货膨胀率会削弱本国商品在国际市场上的竞争能力，引起出口的减少，同时，提高外国商品在本国市场上的竞争能力，造成进口增加。因而会造成贸易收支的逆差，对外汇的需求较大，该国货币在外汇市场上就会趋于贬值；反之，则会趋于升值。

（二）利率差异

如果一国的利率水平相对于他国提高，就会刺激国外资金流入增加，本国资金流出减少，由此改善资本项目收支，提高本国货币的汇价；反之，如果一国的利率水平相对于他国下降，则会恶化资本项目收支，降低本币的汇价。

（三）经济增长率差异

国内外经济增长率差异对汇率变动的影响是比较复杂的。一方面，一国经济增长率高，意味着收入上升引起的进口支出的大幅度增长；另一方面，往往也意味着生产率提高很快，有利于增加出口，抑制进口。一般来说，高经济增长率在短期内不利于本国货币在外汇市场的行市，但长期来看，却有力地支持着本国货币的升值。

（四）中央银行对外汇市场的干预

各国货币当局为保持汇率稳定，或有意识地操纵汇率的变动以服务于某种经济政策目的，都会对外汇市场进行直接干预。这种通过干预直接影响外汇市场供求的情况，虽无法从根本上改变汇率的长期走势，但对汇率的短期走向会有一定的影响。

（五）政治因素

如果全球形势趋于紧张，则会导致外汇市场的不稳定，一些货币的非正常流入或流出将发生，最后可能的结果是汇率的大幅波动。政治形势的稳定与否关系着货币的稳定与否，通常意义上，一国的政治形势越稳定，则该国的货币汇率越稳定。

（六）投机行为

国际金融市场上的投机行为将导致不同货币的流动，从而对汇率产生影响。当人们分析了影响汇率变动的因素后得出某种货币汇率将上涨，竞相抢购，遂把该币上涨变为现实。反之，当人们预期某种货币将下跌，就会竞相抛售，从而使汇率下浮。

五、汇率变动对经济的影响

汇率的变化表现为货币的贬值与升值。汇率变动对一国的国际收支和国内经济都会产生重要的影响。以下以一国货币贬值为例说明汇率变动对一国国际收支和国内经济的影响。

（一）汇率变动对一国国际收支的影响

1. 汇率变动对进出口的影响

当一国货币汇率下降时，由于外汇能够兑换更多的该国货币，从而能够购买更多的该国商品，所以该国的出口量会增加；同时，该货币只能兑换更少的外汇，从而只能购买更少的外国商品，该国的进口量会下降。出口的扩大、进口的减少，有利于货币贬值国家改善贸易收支。反之，一国货币对外升值其结果则与上述情况相反。

2. 汇率变动对资本国际流动的影响

当一国货币贬值而未贬值到位时，国内资本的持有者和外国投资者为避免货币进一步贬值而蒙受损失，会将资本调离该国，进行资本逃避。若该国货币贬值，并已贬值到位，在具备投资环境的条件下，投资者不再担心贬值受损，外逃的资本就会抽回国内。

3. 汇率变动对外汇储备的影响

一方面，本国货币汇率变动通过资本流动和进出口贸易额的增减，直接影响本国外汇储备的增加或减少。另一方面，储备货币贬值，使持有储备货币国家的外汇储备的实际价值遭受损失。而储备货币国家则因储备货币贬值而减少了债务负担，又可从中受益。

（二）汇率变动对一国国内经济的影响

1. 汇率变动对国内物价的影响

一国货币对外贬值会导致国内物价水平上升。因为一国货币贬值，一方面有利于出口，国内商品供应相对减少，货币供给增加，促进物价上涨；另一方面进口原材料的本币成本上升，从而带动国内与进口原材料有关的商品价格上涨。若一国的货币升值，其结果一般相反。

2. 汇率变动对国内生产总值的影响

一国货币对外贬值通常会使该国产量增加。一方面主要是通过外贸乘数的作用导致产量增加。当货币贬值提高了该国的国际竞争能力和扩大了市场之后，该国产量便会增加。另外，贬值带来的贸易顺差使该国外汇储备增加，它可用于购买先进技术设备和国内紧缺的原材料，为经济增长创造物质条件。

3. 汇率变动对就业的影响

一国货币对外贬值往往有助于创造更多的就业机会。第一，贬值有助于经济增长，而在此过程中就业机会将会增加。第二，贬值能够吸引外资流入，这也有助于该国就业增加。第三，当贬值引起国内物价上涨后，在一定的时期内，工资上升可能滞后于物价上升，从而实际工资下降，这有助于企业雇用更多的劳动力。

六、汇率制度

汇率制度又称汇率安排，是一国货币当局对本国汇率变动的基本方式所作的一系列安排和规定。

（一）汇率制度的种类

1. 固定汇率制度

固定汇率制度是指是货币当局把本国国币兑换其他货币的汇率加以固定，并把两国货币比价的波动幅度控制在一定的范围之内。固定汇率制主要经历了两个阶段：一是金本位制下的固定汇率制；二是布雷顿森林体系下的固定汇率制。

金本位制度下的固定汇率制是典型的固定汇率制，而布雷顿森林体系下的固定汇率制，即纸币流通条件下的固定汇率制，严格来说只能称为可调整的钉住汇率制度。钉住汇率制度是指一国采取使本国货币同某一外国货币或一篮子货币保持固定汇率，而对其他货币采用浮动汇率的汇率制度。

（1）固定汇率制度的优点

由于在固定汇率制下两国货币比价基本固定，这就便于经营国际贸易、国际信贷与国际投资的经济主体进行成本和利润的核算，也使其面临的汇率波动风险损失较小，从而有利于国际经济交易的进行与开展，从而有利于世界经济的发展。

（2）固定汇率制度的缺点

第一，汇率基本上不能发挥调节国际收支的经济杠杆作用。汇率变动有着影响国际收支的经济作用，既然货币比价基本固定或汇率的波动范围被限制在一定幅度之内，汇率自然就基本不能发挥其调节国际收支的经济杠杆作用。

第二，固定汇率制有牺牲内部平衡之虞。由于汇率基本不能发挥调节国际收支的经济杠杆作用，当一国国际收支失衡时，就需采取紧缩性或扩张性财政货币政策，这会使国内经济增长受到抑制和失业扩大化，或者使通货膨胀与物价上涨严重化。

第三，易引起国际汇率制度的动荡与混乱。当一国国际收支恶化，该国最后有可能采取法定贬值的措施，这会引起同该国有密切经济关系的国家也采取法定贬值的措施，从而导致外汇市场和整个国际汇率制度的动荡与混乱。

2. 浮动汇率制度

浮动汇率制度是指汇率不受平价的限制，随外汇市场供求状况变动而波动的汇率制度。浮动汇率从不同的角度可以分成很多种。

按政府是否干预划分：自由浮动和管理浮动。自由浮动又称清洁浮动，是指一国政府对汇率不进行任何干预，汇率完全由市场供求决定。管理浮动又称肮脏浮动，是指一国政府对外汇市场进行干预，以使汇率朝有利于己的方向浮动。在现行货币体系下，各国实行的实际上都是管理浮动。

（1）浮动汇率制度的优点：

第一，汇率能发挥其调节国际收支的经济杠杆作用。一国的国际收支失衡，可以经由汇率的上下浮动而加以调整。

第二，只要国际收支失衡不是特别严重，就没有必要调整财政政策和货币政策，从而不会以牺牲内部平衡来换取外部平衡的实现。

第三，减少了对储备的需要。在浮动汇率制度下，各国货币当局没有干预外汇市场和稳定汇率的义务，这一方面使逆差国避免了外汇储备的流失，另一方面又使各国不必保持太多的外汇储备，从而能把节省的外汇资金用于本国经济的发展。

（2）浮动汇率制度的缺点：

第一，汇率频繁与剧烈地波动，使进行国际贸易、国际信贷与国际投资等国际经济交易的经济主体难以核算成本和利润，并使他们面临较大的汇率波动所造成的外汇风险损失。

第二，为外汇投机提供了土壤和条件，助长了外汇投机活动，这必然会加剧国际金融市场的动荡与混乱。

（二）人民币汇率制度

1. 汇率调控的方式

实行以市场供求为基础、参考一篮子货币进行调节、有管理的浮动汇率制度。这里的"一篮子货币"，是指按照我国对外经济发展的实际情况，选择若干种主要货币，赋予相应的权重，组成一个货币篮子。同时，根据国内外经济金融形势，以市场供求为基础，参考一篮子货币计算人民币多边汇率指数的变化，对人民币汇率进行管理和调节，维护人民币汇率在合理均衡水平上的基本稳定。

2. 中间价的确定和日浮动区间

中国人民银行于每个工作日闭市后公布当日银行间外汇市场美元等交易货币对人民币汇率的收盘价，作为下一个工作日该货币对人民币交易的中间价格。2007年以前，每日银行间外汇市场即期美元对人民币的交易价浮动幅度为3‰，2007年扩大至5‰，2012年4月16日起又进一步扩大至1%。

七、外汇管制和我国的外汇管理

（一）外汇管制

外汇管制又称外汇管理，它是一国为了防止资金外逃或流入，维持国际收支平衡和本国货币汇率水平稳定，通过法律、法令、条例等形式对外汇资金的收入和支出、输出、存款和放款，对本国货币的兑换及汇率所进行的管理。

外汇管制的基本方式有：

1. 对出口外汇收入的管制

在出口外汇管制中，最严格的规定是出口商必须把全部外汇收入按官方汇率结售给指定银行。出口商在申请出口许可证时，要填明出口商品的价格、数量、结算货币、支付方式和支付期限，并交验信用证。

2. 对进口外汇支出的管制

对进口外汇的管制通常表现为进口商只有得到管汇当局的批准，才能在指定银行购买一定数量的外汇。管汇当局根据进口许可证决定是否批准进口商的买汇申请。有些国家将进口批汇手续与进口许可证的颁发同时办理。

3. 对非贸易外汇的管制

非贸易外汇涉及除贸易收支与资本输出入以外的各种外汇收支。

对非贸易外汇收入的管制类似于对出口外汇收入的管制，即规定有关单位或个人必须把全部或部分外汇收入按官方汇率结售给指定银行。

对非贸易外汇支出的管制显著严于对非贸易外汇收入的管制。各国通常规定购买非贸易外汇的限额、控制购买非贸易外汇的间隔时间和控制对外支付的时间，来进行非贸易外汇支出管制。政府有时还通过征收外币兑换税和外币兑换附加费来加强对非贸易外汇支出的管制。

4. 对资本输入的外汇管制

发达国家采取限制资本输入的措施通常是为了稳定金融市场和稳定汇率，避免资本流入造成国际储备过多和通货膨胀。它们所采取的措施包括：对银行吸收非居民存款规定较高的存款准备金；对非居民存款不付利息或倒收利息；限制非居民购买本国有价证券等。

发展中国家也采取某些限制资本输入的措施，以稳定本国金融市场和国民经济，避免债务负担过大或避免外资操纵本国的经济命脉。可以采取的措施包括：限制居民借用外国资金，特别是对短期资金融通实施严格的审批制度；限制非居民购买本国有价证券，特别是限制非居民进入本国的股票市场；规定外商直接投资的部门，以及在企业中外资股份和本国股份各占多大比例等。

5. 对资本输出的外汇管制

发达国家一般采取鼓励资本输出的政策，但是它们在特定时期，如面临国际收支严重逆差之时，也采取一些限制资本输出的政策，其中主要措施包括：规定银行对外贷款的最高额度；限制企业对外投资的国别和部门；对居民境外投资征收利息平衡税等。

发展中国家一般对资本输出实行比较严格的外汇管制。它们采取的主要措施包括：限制企业对外提供贸易融资的额度和期限；限制银行向非居民提供贷款；禁止或限制私人购买和持有外国有价证券；限制居民对外直接投资的地区、部门和额度，规定了比较严格的审批手续等。

6. 对黄金、现钞输出入的管制

实行外汇管制的国家一般禁止个人和企业携带、托带或邮寄黄金、白金或白银出境，或限制其出境的数量。对于本国现钞的输入，往往实行登记制度，规定输入的限额并要求用于指定用途。对于本国现钞的输出则由外汇管制机构进行审批，规定相应的限额。不允许货币自由兑换的国家禁止本国现钞输出。对外国现钞出境实行严格的限制；对外国现钞入境实行登记制度，要求存放在指定银行或按官方汇率兑换成本国货币。

（二）我国的外汇管理

我国外汇管理体制大致经历了这样几个阶段：

1. 1979 年以前我国实行高度集中的外汇管理体制

一切外汇收支由国家管理，一切外汇业务由中国银行经营。

2. 1979～1993 年外汇管理体制改革

1979 年 3 月国家外汇管理局成立，1980 年 12 月颁布了《中华人民共和国外汇管理暂行条例》，这个时期我国外汇管理体制的特点是：实行外汇额度留成制度；人民币汇率实行有浮动的官方汇率和调剂市场汇率并存的双重汇率制。外汇分配实行计划分配和市场配置两个渠道。

3. 1994 年的外汇管理体制改革

主要有以下几个方面的内容：（1）从 1994 年 1 月 1 日起，实现汇率并轨，取消人民币官方汇率，实行以市场供求为基础、单一的、有管理的浮动汇率制；（2）实行银行结汇、售汇制；（3）建立银行间外汇市场，改进汇率形成机制；（4）取消境内外币计价结算，禁止外币在境内流通。

4. 我国外汇管理体制改革的深化新发展

（1）2005 年前外汇管理的措施。2001 年我国正式加入世界贸易组织，针对形势变化，这一时期的管理措施包括：一是改革外汇账户管理，扩大企业灵活使用外汇的自主权；二是简化进出口核销管理，支持跨国公司服务贸易收付汇；三是稳妥地推进资本项目可兑换，促进资本合理流动；四是进一步放款个人购汇用汇限制，支持香港特区、澳门特区银行试行办理个人人民币业务。

（2）人民币汇率形成机制的改革。自 2005 年 7 月 21 日起，实行以市场供求为基础、参考一篮子货币进行调节、有管理的浮动汇率制度。人民币汇率不再盯住单一美元，而是按照我国对外经济发展的实际情况，选择若干种主要货币，赋予相应的权重，组成一个货币篮子。

（3）近年外汇管理政策和措施。2006 年 4 月，国家外汇管理局发布了《关于调整经常项目外汇管理政策的通知》，对经常项目外汇账户、服务贸易和居民个人购汇三方面的管理政策进行了调整。继续大力支持"走出去"发展战略，有序拓宽资本流出渠道，控制投机资金流入。2008 年 8 月 1 日，新修订的《中华人民共和国外汇管理条例》取消了强制结汇规定。

第二节 国 际 收 支

一、国际收支

根据国际货币基金组织（IMF）的解释，国际收支是指在一定时期内一国（或地区）的居民与非居民之间的经济交易的系统记录。正确理解国际收支这个概念，应从以下几个方面来把握：

（一）居民和非居民

只有居民和非居民之间的经济交易才是国际经济交易。划分居民与非居民的标准是经济利益中心所在地，或收入来源地。IMF 作了如下规定：法人居民，指在本国从事经济活动的企业、非营利机构和各级政府机构，但官方外交使节、驻外军事人员等一律是所在国的非居民；自然人居民，指那些在本国从事经济活动的时间超过一年以上的个人。国际性机构如联合国、国际货币基金组织等是任何国家的非居民。

（二）经济交易

IMF 所给出的国际收支概念包含全部国际经济交易，是以交易为基础，并不是以收支为基础。国际收支涉及的一些国际交易可能并不涉及货币支付，有些交易也根本无须支付。那些不引起现金支付的交易，如补偿贸易、易货贸易、实物形式的无偿援助以及清算支付协定下的记账贸易等，也都属于国际收支范畴。

（三）流量概念

国际收支是一个流量概念，需要指出它是属于哪个时期的。国际收支和国际借贷是两个不同但易混淆的概念。国际借贷也被称作国际投资状况，是指一定时点上一国居民对外资产和对外负债的汇总。是一个存量概念。

二、国际收支平衡表

国际收支平衡表是一国对其一定时期内的国际经济交易，根据交易的特性和经济分析的需要，分类设置科目和账户，并按复式簿记的原理进行系统记录的报表。IMF 规定各会员国必须定期报送本国的国际收支平衡表。IMF 出版了《国际收支手册》，制订了国际收支平衡表的标准格式。

（一）复式记账原则

国际收支平衡表按照"有借有贷，借贷相等"的复式记账原则编制。任何一笔交易要求同时作借方记录和贷方记录。记入借方的项目包括：一切支出项目或资产增加、负债减少的项目；记入贷方的项目包括：一切收入项目或负债增加、资产减少的项目。借贷两方金额相等。如果交易属于单向转移，记账的项目只有一方，不能自动成双匹配，就要使用某个特种项目记账以符合复式记账的要求。

（二）国际收支平衡表账户设置

1. 经常项目

经常项目主要反映一国与他国之间实际资源的转移，是国际收支中最重要的项目。经常项目包括货物（贸易）、服务、收益和单方面转移（经常转移或无偿转移）四个项目。经常项目顺差表示该国为净贷款人，经常项目逆差表示该国为净借款人。

2. 资本与金融项目

资本与金融项目反映的是国际资本流动，包括长期或短期的资本流出和资本流入。是国际收支平衡表的第二大类项目。资本项目包括资本转移和非生产、非金融资产的收买或出售，前者主要是投资捐赠和债务注销；后者主要是土地和无形资产（专利、版权、商标等）的收买或出售。金融账户包括直接投资、证券投资（间接投资）和其他投资（包括国际信贷、贷款、货币与存款等）。

3. 净差错与遗漏

由于各种国际经济交易的统计资料来源不一，有的数据甚至还来自于估算，加上一些人为的因素（如有些数据须保密，不宜公开）等原因，平衡表实际上就几乎不可避免的会出现净的借方余额或贷方余额。为使国际收支平衡表的借方总额与贷方总额相等，需人为地在平衡表中设立该项目，来抵消净的借方余额或净的贷方余额。

4. 储备资产

储备资产包括黄金、外汇、在基金组织的储备头寸和特别提款权等，特别提款权是以国际货币基金组织为中心，利用国际金融合作的形式而创设的新的国际储备资产。国际货币基金组织（IMF）按各会员国缴纳的份额，分配给会员国的一种记账单位，1970 年正式由 IMF 发行，各会员国分配到的特别提款权（SDR）可作为储备资产，用于弥补国际收支逆差，也可用于偿还 IMF 的贷款。

表 13 - 2 是我国 2010 年的国际收支平衡表：

表 13 - 2　　　　　　　　　中国 2010 年的国际收支平衡表　　　　　　　　单位：亿美元

项目	行次	差额	贷方	借方
一、经常项目	1	3 054	19 468	16 414
A. 货物和服务	2	2 321	17 526	15 206
a. 货物	3	2 542	15 814	13 272
b. 服务	4	− 221	1 712	1 933
1. 运输	5	− 290	342	633
2. 旅游	6	− 91	458	549
3. 通讯服务	7	1	12	11
4. 建筑服务	8	94	145	51
5. 保险服务	9	− 140	17	158
6. 金融服务	10	− 1	13	14
7. 计算机和信息服务	11	63	93	30
8. 专有权利使用费和特许费	12	− 122	8	130
9. 咨询	13	77	228	151
10. 广告、宣传	14	8	29	20
11. 电影、音像	15	− 2	1	4
12. 其他商业服务	16	184	356	172
13. 别处未提及的政府服务	17	− 2	10	11
B. 收益	18	304	1 446	1 142
1. 职工报酬	19	122	136	15
2. 投资收益	20	182	1 310	1 128
C. 经常转移	21	429	495	66
1. 各级政府	22	− 3	0	3
2. 其他部门	23	432	495	63
二、资本和金融项目	24	2 260	11 080	8 820
A. 资本项目	25	46	48	2
B. 金融项目	26	2 214	11 032	8 818
1. 直接投资	27	1 249	2 144	894
1.1 我国在外直接投资	28	− 602	76	678
1.2 外国在华直接投资	29	1 851	2 068	217
2. 证券投资	30	240	636	395
2.1 资产	31	− 76	268	345
2.1.1 股本证券	32	− 84	115	199
2.1.2 债务证券	33	8	154	146
2.1.2.1（中）长期债券	34	19	128	110
2.1.2.2 货币市场工具	35	− 11	25	36
2.2 负债	36	317	368	51
2.2.1 股本证券	37	314	345	32

项目	行次	差额	贷方	借方
2.2.2 债务证券	38	3	22	19
2.2.2.1（中）长期债券	39	3	22	19
2.2.2.2 货币市场工具	40	0	0	0
3. 其他投资	41	724	8 253	7 528
3.1 资产	42	－1 163	750	1 912
3.1.1 贸易信贷	43	－616	5	621
长期	44	－43	0	43
短期	45	－573	4	578
3.1.2 贷款	46	－210	197	407
长期	47	－277	0	277
短期	48	66	197	131
3.1.3 货币和存款	49	－580	303	883
3.1.4 其他资产	50	244	245	1
长期	51	0	0	0
短期	52	244	245	1
3.2 负债	53	1 887	7 503	5 616
3.2.1 贸易信贷	54	495	583	88
长期	55	35	41	6
短期	56	460	542	81
3.2.2 贷款	57	791	5 860	5 069
长期	58	100	264	163
短期	59	691	5 596	4 906
3.2.3 货币和存款	60	603	1 038	435
3.2.4 其他负债	61	－3	22	25
长期	62	－4	1	5
短期	63	1	22	20
三、储备资产	64	－4 717	0	4 717
3.1 货币黄金	65	0	0	0
3.2 特别提款权	66	－1	0	1
3.3 在基金组织的储备头寸	67	－21	0	21
3.4 外汇	68	－4 696	0	4 696
3.5 其他债权	69	0	0	0
四、净误差与遗漏	70	－597	0	597

由上表可见，我国 2010 年的货物贸易顺差为 2 542 亿美元，外汇储备余额为顺差 4 696 亿美元，而国际收支总差额为顺差 4 717 亿美元。

三、国际收支不平衡的原因

国际收支出现顺差或逆差，也就是国际收支不平衡的现象是经常的、绝对的。根据影响国际收支失衡的主要原因，国际收支不平衡被分成五种基本类型。

（一）周期性不平衡

周期性不平衡指一国经济周期波动会引起该国国民收入、价格水平、生产和就业发生变化而导致的国际收支不平衡。在经济发展过程中，各国经济不同程度地处于周期波动之中，周而复始地出现繁荣、衰退、萧条、复苏。在经济衰退阶段，国民收入减少，总需求下降，物价下跌，会促使出口增长，进口减少，从而出现顺差；而在经济繁荣阶段，国民收入增加，总需求上升，物价上涨，则使进口增加，出口减少，从而出现逆差。

（二）货币性不平衡

货币性不平衡指一国货币增长速度、商品成本和物价水平与其他国家相比，如发生较大变化而引起的国际收支不平衡。这种不平衡主要是由于国内通货膨胀或通货紧缩引起的。例如，一国发生通货膨胀，其出口商品成本必然上升，使用外国货币计价的本国出口商品的价格就会上涨，就会削弱本国商品在国际市场上的竞争能力，客观上起着抑制出口的作用。相反，由于国内商品物价普遍上升，相比较而言，进口商品就显得便宜，鼓励了外国商品的进口，从而出现贸易收支的逆差。

（三）结构性不平衡

结构性不平衡指当国际分工的结构（或世界市场）发生变化时，一国经济结构的变动不能适应这种变化而产生的国际收支不平衡。世界各国有着各自不同的经济布局和产业结构，从而形成了各自的进出口商品和地区结构，各国的产业、外贸结构综合成国际分工结构。若在某一时期，世界市场对某国的出口需求或对某国进口的供给发生变化，则该国势必要改变其经济结构以适应这种国际变化，即原有的相对平衡和经济秩序受到了冲击。若该国经济结构不能灵活调整以适应国际分工结构的变化，则会产生国际收支的结构性不平衡。

（四）收入性不平衡

收入性不平衡指由于各种经济条件的恶化引起国民收入的较大变动而引起的国际收支不平衡。国民收入变动一是由于经济周期波动所致，二是因经济增长率的变化而产生的。一般来说，国民收入的大幅度增加，全社会消费水平就会提高，社会总需求也会扩大，从而表现为增加进口，减少出口，从而导致国际收支出现逆差；反之当经济增长率较低，国民收入减少时，国际收支出现顺差。

（五）偶然性不平衡

偶然性不平衡是指短期的由非确定或偶然因素引起的国际收支不平衡。如国内外政局动荡、自然灾害等都有可能影响国际收支的变化。例如，由于气候的异常变化一国谷物产量下降，则出口供给减少，进口需求增加，贸易收支逆差。

以上五种原因是影响一国国际收支不平衡的基本因素。一国国际收支的不平衡还会受到其他因素的影响，如国际短期的资本流动等。

四、国际收支失衡的调节

一国国际收支持续出现不平衡，不管是顺差还是逆差，对其经济的协调、健康发展都非常不利，因此，各国政府都非常关心对国际收支不平衡的调节问题。国际收支的调节大体可分为两类，一类是自动调节，另一类是人为的政策调节。

（一）国际收支的自动调节机制

国际收支自动调节是指由国际收支不平衡引起的国内经济变量变动对国际收支的反作用过程。在不同的货币制度下，自动调节机制也有所差异。

1. 国际金本位制度下的自动调节机制

在金本位制下，存在价格铸币流动机制，即国际收支差额会引起黄金的国际流动，导致该国货币供应量相应变动；这会改变各国的物价水平和商品国际竞争能力，并最终使国际收支趋于平衡。

2. 布雷顿森林体系下的自动调节机制

在布雷顿森林体系时期，国际收支市场调节机制主要反映在两个方面：一是国际收支收入调节机制，即国际收支差额会影响国民收入，并通过进口的变化促使国际收支恢复平衡。二是国际收支货币调节机制，即国际收支差额会影响货币供应量，引起利率和价格的变化，从而促使国际收支恢复平衡。

3. 浮动汇率制度下的自动调节机制

在浮动汇率制下，国际收支市场调节机制主要表现为国际收支汇率调节机制，即国际收支差额会引起汇率的变化，并通过后者调节国际收支。

（二）政府调节国际收支的政策措施

1. 外汇缓冲政策

外汇缓冲政策是指一国运用所持有的一定数量的国际储备，主要是黄金和外汇，作为外汇平准基金，来抵消市场超额外汇供给或需求，从而改善其国际收支状况。它是解决一次性或季节性、临时性国际收支不平衡简便而有利的政策措施。

当一国国际收支发生逆差或顺差时，中央银行可利用外汇平准基金，在外汇市场上买卖外汇，调节外汇供求，使国际收支不平衡产生的消极影响止于国际储备，避免汇率上下剧烈动荡，而保持国内经济和金融的稳定。

2. 财政政策和货币政策

财政政策和货币政策是各国政府进行需求管理的主要手段。财政政策主要通过改变税率和政府支出来影响总需求。货币政策主要通过改变再贴现率、调整法定准备率和公开市场业务来调整货币供应量和影响总需求。

如果国际收支发生逆差，政府可实行紧缩性的财政政策。一是可削减政府财政预算、压缩财政支出，由于支出乘数的作用，国民收入减少，国内社会总需求下降，物价下跌，增强出口商品的国际竞争力，进口需求减少，从而改善国际收支逆差；二也可提高税率，国内投资利润下降，个人可支配收入减少，导致国内投资和消费需求降低，在税收乘数作用下，国民收入倍减，迫使国内物价下降，扩大商品出口，减少进口，从而缩小逆差。

当国际收支产生逆差时，政府也可实行紧缩的货币政策，即提高中央银行贴现率，使市场利率上升，以抑制社会总需求，迫使物价下跌，出口增加，进口减少，资本也大量流入本国，从而逆差逐渐消除，国际收支恢复平衡。

3. 汇率政策

汇率政策是指通过调整汇率来调节国际收支的不平衡。这里的"调整汇率"是指一国货币金融当局公开宣布的货币法定升值与法定贬值。

汇率调整政策是通过改变外汇的供需关系，并经由进出口商品的价格变化，资本融进融出的实际收益（或成本）的变化等渠道来实现对国际收支不平衡的调节。当国际收支出现逆差时实行货币贬值，当国际收支出现顺差时实行货币升值。

4. 直接管制

直接管制指政府直接干预国际经济交易的政策措施，包括外汇管制和贸易管制。外汇管制指政府对外汇买卖、国际结算、资本国际流动所规定的一系列限制性措施。贸易管制指政府直接干预进出口所采取的各项政策措施，包括关税政策和进口配额、进口许可证制、一系列技术、卫生、包装标准等构成的非关税壁垒，出口补贴、出口信贷政策、出口退税和外汇留成制等鼓励出口的政策。

实施直接管制措施调节国际收支不平衡见效快，同时不必涉及整体经济。但直接管制会导致一系列行政弊端，如行政费用过大等，同时它往往会激起相应国家的报复。所以，在实施直接管制以调节国际收支不平衡时，各国一般都比较谨慎。

第三节　国际货币制度

国际货币制度，也称国际货币金融体系，是指一组由大多数国家认可的用以确定国际储备资产、汇率制度以及国际收支调节机制的习俗或有法律约束力的规章和制度框架。国际货币制由三个方面的内容构成，具体包括：（1）国际支付原则。即一国对外支付是否受到限制，一国货币可否自由兑换成支付货币，本国货币与其他国家货币之间的汇率如何确定；（2）国际收支调节方式。即各国政府用什么方式弥补国际收支缺口；（3）国际货币或储备资产的确定。即用什么货币作为支付货币，一国政府应持有何种为世界各国所普遍接受的资产作为储备资产。

国际货币制度的演变经历了：国际金本位制度时期（1880～1939年）、布雷顿森林体系时期（1944～1976年），以及牙买加体系时期（1976年至今）。

一、国际金本位制度

国际金本位制度是以黄金为本位币的货币制度。金本位制于19世纪中期开始盛行。在历史上，曾有过三种形式的金本位制：金币本位制、金块本位制、金汇兑本位制。其中金币本位制是最典型的形式。

（一）金本位制度的特点

在金本位制度下，金币可以自由铸造自由流通；黄金可以自由输出输入一国国境；黄金充当国际货币。各国货币的汇率由其含金量决定，每单位的货币价值等同于若干重量的黄金；当不同国家使用金本位时，国家之间的汇率由它们各自货币的含金量之比——铸币平价来决定。国际收支由物价现金流动机制自动调节。

（二）对金本位制度的评价

金本位制度是一种比较稳定的货币制度，对汇率的稳定、国际贸易和资本流动的发展，起到了积极作用。但黄金的生产不足以满足日益增长的生产和贸易需要。到了20世纪，大多数国家因黄金短缺而使价值符号无法兑现。为了维持金本位的黄金准备要求，许多国家限制黄金输出，并开始发行无法兑现的货币符号，从而使金币本位制度难以维持下去。

二、布雷顿森林体系

金本位制崩溃以后，20 世纪 30 年代的国际货币关系一片混乱。第二次世界大战后，为重建国际货币体系，1944 年联合国主持召开了"联合国货币金融会议"，通过了以怀特计划为基础的《国际货币基金协定》和《国际复兴开发银行协定》，总称为布雷顿森林体系。

（一）布雷顿森林体系的主要内容

布雷顿森林体系是一种美元与黄金挂钩、各国货币与美元挂钩的可调整固定汇率的国际货币制度。布雷顿森林体学下建立了一个永久性的国际金融机构，即国际货币基金组织（IMF）。

美元与黄金保持固定比价，各国政府可随时用美元按固定比价向美国政府兑换黄金；各国货币与美元保持可调整的固定比价。IMF 规定了各国货币汇价的波动幅度，即各国货币兑美元的比价一般只能在平价上下各 1% 的幅度内波动；当平价变动超过 10% 时，须经国际货币基金组织批准；IMF 向国际收支逆差国提供短期资金融通，以协助其解决国际收支困难。

（二）对布雷顿森林体系的评价

1. 促进了世界经济的繁荣

布雷顿森林体系结束了国际货币金融领域里的混乱局面；促进了国际贸易和国际投资的发展；弥补了国际收支清偿力的不足，有利于世界经济的稳定和增长。

2. 是一种不平等基础上建立的制度

美国利用美元的国际储备的地位，可以大量创造派生存款，控制其他国家，并获取高额的利息收入，巩固美元的霸权。美国还可以通过发行美元弥补国际收支逆差，向世界其他国家转嫁通货膨胀。

3. 是存在严重内在缺陷的国际货币制度

布雷顿森林体系的致命弱点是没有办法解决"特里芬难题"。

1960 年，美国经济学家罗伯特·特里芬在其《黄金与美元危机——自由兑换的未来》一书中提出"由于美元与黄金挂钩，而其他国家的货币与美元挂钩，美元虽然取得了国际核心货币的地位，但是各国为了发展国际贸易，必须用美元作为结算与储备货币，这样就会导致流出美国的货币在海外不断沉淀，对美国来说就会发生长期贸易逆差；而美元作为国际货币核心的前提是必须保持美元币值稳定与坚挺，这又要求美国必须是一个长期贸易顺差国。这两个要求互相矛盾，因此是一个悖论。"这一内在矛盾称为"特里芬难题"。即基准货币国家美国的国际收支无论是出现顺差还是出现逆差，都会给这一国际货币体系带来困难。

战后，美国以外的西方各国经历了美元荒→美元泛滥→美元危机的过程。美元危机发生以后，又经历了爆发→拯救→再爆发直至布雷顿森林体系完全崩溃。

三、牙买加体系

布雷顿森林体系崩溃后，1976 年 1 月，国际货币基金组织"国际货币制度临时委员会"在牙买加首都金斯敦召开会议，达成"牙买加协议"。该协议从 1978 年 4 月 1 日起生效，在此基础上形成的国际货币制度被称为"牙买加体系"。

(一) 牙买加体系的主要内容

1. 增加 IMF 会员国缴纳的基金份额

增加 IMG 会员国缴纳的基金份额，由原来的 292 亿特别提款权单位，增加了 33.6%。各会员国应缴份额所占的比重也有所改变。

2. 黄金非货币化

废除黄金条款，取消黄金官价，使黄金与货币相分离，让黄金成为单纯的商品。各国中央银行可按市价自由进行黄金交易，取消会员国之间及会员国与 IMF 之间须用黄金支付的义务。

3. 浮动汇率合法化

强调汇率体系的灵活性，使浮动汇率合法化。会员国可自行选择汇率制度，但各国的汇率政策应受基金组织的管理和监督。

4. 关于储备资产

特别提款权（SDR）作为主要国际储备资产和各国货币定值的标准，以及进行国际借贷之用。SDR 可用于政府间结算、偿付国际收支逆差，但不能直接作为国际支付手段用于贸易和非贸易结算。

5. 扩大对发展中国家的资金融通

以出售黄金所得的收入设立"信托资金"，以优惠的条件资助持续发生巨额国际收支逆差的国家，放松贷款条件，延长偿还期限。

(二) 对牙买加体系的评价

该体系基本上摆脱了布雷顿森林体系基准通货国家与附属国家相互牵连的弊端，并在一定程度上解决了"特里芬难题"；同时该体系比较灵活的混合汇率体制，能够灵敏地反映不断变化的经济情况，有利于国际经济运转和世界经济的发展。但该体系所呈现的国际货币多元化趋势下，主要工业国家全都采用浮动汇率制，汇率波动频繁而剧烈，给国际贸易、投资和各国经济带来不利影响。

对于现行的国际货币制度，出现了几种改革的主张。有在现行的牙买加体系上进行调整和改造，加强 IMF 在国际货币制度中的地位等的呼声，也有成立新的更有约束力的国际金融协调机构、重新回到布雷顿森林体系、实行全面的浮动汇率制的观点。但理想的国际货币制度的建立，将是一个漫长的充满斗争的过程。

> **➤ 专栏阅读与分析**

国际货币一体化的实践：欧元的诞生与发展

20 世纪 60 年代末，以美元为中心货币的世界货币体系发生危机后，时任卢森堡首相的皮埃尔·维尔纳发出欧洲货币融合的倡议。这个被称为"维尔纳计划"的倡议被视为通向欧元道路上的第一座里程碑。

1991 年 12 月，欧共体首脑会议通过了《马斯特里赫特条约》。条约计划从 1999 年起实行统一货币。从此，欧共体变成了欧盟。1998 年 5 月 1 日，欧盟布鲁塞尔首脑特别会议确认比利时、法国、德国、意大利、西班牙、荷兰、卢森堡、葡萄牙、奥地利、芬兰和爱尔兰共 11 国为欧元创始国。1998 年 7 月 1 日，欧洲中央银行取代原欧洲货币局，行址设在德国法兰克福。1999 年 1 月 1 日，欧元如期启动，进入账面流通。欧洲中央银行接过确定货币政策的大权，各成员国货币的汇率最终锁定。2002 年 6 月，希腊成为第十二个欧元区国家。2002 年 1 月 1 日，欧元纸币和硬币正式进入欧元区 12 国流通市场。2002 年 7 月，本国货币退出流通，欧元成为欧元区唯一的合法货币。截至 2012 年 6 月加入欧元区的国家有 17 个。

加入欧元区的盟成员国必须达到下列标准：第一，每一个成员国年度政府财政赤字控制在国内生产总值的 3% 以下；第二，国债必须保持在国内生产总值的 60% 以下或正在快速接近这一水平；第三，成员国通货膨胀率≤三个最佳成员国上年的通货膨胀率 + 1.5%；第四，长期名义年利率（以长期政府债券利率衡量）不超过上述通胀表现最好的 3 个国家平均长期利率 2 个百分点；第五，该国货币至少在两年内必须维持在欧洲货币体系的正常波动幅度以内。欧盟对成员国加入欧元区的时间并没有固定的要求，每一个成员国将根据自己国家的情况，按照自己的时间表加入。

金融专家认为，这是第二次世界大战后美元取代英镑成为全球最重要货币以来国际金融中"最重大的进展"，它将改变世界金融力量的格局和国际金融体系。欧盟 30 年不懈的努力打磨成了这一国际金融市场排行第二的新货币。欧元促进了欧洲金融市场的一体化，并成为结构性改变的催化剂。从过渡期进入稳定期后，对世界经济以及中国的改革开放进程产生了显著影响。

资料来源：百度网—百度百科．http：//baike. baidu. com.

第四节　国际资本流动

一、国际资本流动的含义

国际资本流动是指资本在国际范围内的不同国家或地区之间的流动。资本流入指资本从国外流入国内，这意味着本国对外负债增加（即外国在本国的资产增加）；或本国在外国的资产减少（即外国对本国的负债减少）。资本流出指资本从国内流到国外，这意味着本国在外国的资产增加（外国对本国的负债增加），本国对外国的负债减少（外国对本国的资产减少）。

绝大多数情况下，国际资本流动过程是通过直接投资、贷款、有价证券买卖或其他财产所有权的交易来完成。从单个国家的角度看，国际资本流动表现为资本的流入或流出，并直接影响到该国的国际收支状况。在当今世界各国，资本流入和流出往往同时存在，两者在一定时期内所形成的差额称为资本流入（出）净额，集中反映在一国的国际收支平衡表中。

二、国际资本流动的类型

根据资本流动期限的不同，可以将国际资本流动划分为两种类型：长期资本流动和短期资本流动。

（一）长期资本流动

长期资本流动一般是指期限在一年以上的资本流动。按照资本流动方式的不同，长期资本流动包括直接投资、证券投资和国际借贷三种形式。

1. 直接投资

对外直接投资是指某国或地区的境内投资主体在境外以现金、实物、无形资产等方式投资，并以控制国（境）外企业的经营管理权为核心的经济活动。本国在外国的直接投资称对外直接投资，外国在本国的直接投资则称为外商直接投资。

国际直接投资的具体形式很多，包括在外国创办新企业如子公司、附属机构，与多国合营办企业等。

2. 证券投资

证券投资是指在国际证券市场上发行和买卖中长期外币有价证券所形成的国际资本流动。是以股票、债券等证券方式进行的投资。购买证券是资本流出，发行证券是资本流入。

3. 国际借贷

国际借贷是指各国政府、金融机构和个人在国际金融市场上的信贷活动。其具体形式主要包括：政府贷款、国际金融机构贷款、国际银行贷款、出口信贷和项目贷款等。

（二） 短期资本流动

短期资本流动是指期限在一年以内的国际资本流动具体可划分为四种形式：

1. 贸易融通

贸易融资是指由国际贸易引起的货币资金在国际间的流动，这是最传统的短期国际资本流动方式。

2. 保值性资本流动

又称为资本外逃，它是指金融资产的持有者为了资金的安全或保持其价值不下降而在国与国之间进行资金转移所形成的短期资本流动。

3. 银行资本流动

是指各国外汇专业银行之间由于调拨资金而引起的资本国际转移。

4. 投机性资本流动

是指投机者利用国际金融市场上利率差别或汇率差别来谋取利润所引起的资本国际流动。

三、 国际资本流动的特点

在当今金融日益全球一体化的时代，国际资本流动既有作为国内资本流动的延伸，与国内资本流动相互依存、相互转化的特性；又有着作为一个独立的金融范畴而相对独立运动的特点和规律。

（一） 作为国内资本流动延伸的国际资本流动

国际资本来源于国内资本，国内资本是国际资本的出发点和最终回归点，国内资本的供给和需求，决定了国际资本的供给和需求，引致了国际资本的流动，使国际金融市场各个国际金融中心的利率和国内金融资本的利率趋于一致。所以，国际资本流动首先表现出与国内资本流动的不可分割性，二者息息相关。

（二） 国际资本在各个国际金融中心间的移动

国际资本在各个国际金融中心间的迅速移动，已成为当今国际经济和金融领域最重要的现象。从国际资本移动的机理分析，有以下特征：一是国际资本在欧美之间的移动成为主要的渠道。美国的金融政策成为推动这种移动的主要动力，当美国推行紧缩或宽松的经济与货币政策时，就会牵引着国际资本向美国输入或从美国输出。二是国际资本移动对利率和汇率的变化特别敏感。由于利率的变化，即使是细微的变动，都会引起该地区国际证券市场行市的起伏，吸引资本在该地区的进出。三是金融衍生产品的出现与广泛应用使国际资本移动更加便利。四是离岸金融中心的发展使国际资本移动逃避了管制。欧洲货币市场、亚洲货币市场和新兴离岸市场的发展，使国际资本移动进一步跨越了地区的限制和有关国际货币管理当局的管制。资本跳出"国"界，成为名副其实的国际资本，国际资本流动成为一种相对独立的经济现象。

四、国际资本流动对一国经济的影响

国际资本流动在资本输入国、资本输出国以及国际金融市场上都存在着广泛的影响，与利益的分配、风险的产生都有密切的关系。

(一) 国际资本流动产生的正效应——经济效益分析

1. 国际资本流动有利于促进国际贸易的发展

对外援助和投资，有利于改善投资国的政治、经济与贸易环境，有利于其贸易的扩大，同时带动其商品输出。此外，通过对外投资，便于投资者更好地吸收商业情报，提高产品的竞争能力，从而进入东道国的贸易渠道。国际直接投资转向制造业、商业、金融、保险业，尤其是新兴工业部门，使贸易商品结构得到改善。

2. 国际资本流动有利于促进国际金融市场的发展

国际资本在世界各主要金融市场的套汇、套利活动，使国际金融交易中存在的汇率差异和利率差异被迅速拉平，导致世界主要金融市场的价格呈现一体化趋势，有利于加速全球经济和金融的一体化进程。此外，随着保证金交易、透支交易以及金融衍生工具的广泛运用，国际资本流动对国际金融的影响日益扩大。在获取巨额利润的同时，国际资本在客观上增大了国际金融市场的流动性。

3. 国际资本流动会引发财富效应

由于国际资金在各国金融市场之间的流动会使单个国家的证券市场的财富效应扩散，所以重要的金融市场所在国的经济增长通常会通过财富效应推动整个世界经济的繁荣。

4. 国际资本流动在一定程度上有利于解决国际收支不平衡问题

国际收支不平衡的国家，因国际金融市场的发展而得到了利用其国内盈余资金弥补国际收支赤字的便利条件。据世界银行统计，广大非石油输出国的不发达国家、中等发达国家甚至发达国家的国际收支赤字，大部分是通过从国际金融市场筹集资金来弥补的。而像石油输出国、日本等国际收支顺差的国家，也是由于国际金融市场的发展才得到了利用其巨额黑字的机会。

（二）国际资本流动产生的负效应——风险和危害分析

国际资本流动固然能够为世界各国和国际金融市场带来便利和经济效益，但是伴随着国际资本流动也产生着种种风险，而这些风险一旦处理得不好，可能会引起危害和损失。

1. 国际资本流动中的外汇风险

从微观上看，国际资本流动中的外汇风险，通过汇率的不正常波动，加大企业成本与收益核算的难度，从而影响企业的涉外业务；通过改变企业债权债务的外汇价值，加大企业的偿债负担，从而造成企业不能按时偿还到期债务的风险。通过上述两方面的影响，外汇风险可能最终影响到企业的经营战略。从宏观上看，国际资本流动中的外汇风险可能会因改变贸易商品的国际价格而造成一国贸易条件的恶化。

2. 国际资本流动中的利率风险

国际资本流动中，利率是国际货币使用权的价格。国际资本流动中的利率风险，总的来说就是由于国际金融市场的利率变动使借贷主体遭受损失的可能性。国际银行贷款和国际债务是涉及利率风险的国际资本流动的两种主要形式。

➤ 本章小结

1. 外汇与汇率。外汇是指以外币表示的可以直接用于国际结算的支付手段。汇率是一个国家的货币折算成另一个国家货币的比率。汇率有直接标价法和间接标价法，以及美元标价法。影响汇率的因素有通货膨胀、利率、经济增长的差异等；汇率变动后将对一国的国际收支和国内经济产生重要影响；人民币汇率制度采用的是以市场供求为基础的、参考一篮子货币进行调节的，有管理的浮动汇率制。

2. 国际收支与国际收支平衡表。国际收支是指在一定时期内一国（或地区）的居民与非居民之间的经济交易的系统记录。国际收支平衡表度量了一定时期一国与所有其他国家之间全部经济往来，是国际收支核算的重要工具。国际收支失衡分为有周期性失衡、收入性失衡、结构性失衡、货币性失衡和偶发性失衡。对于国际收支进行调节的措施分为自动的调节机制和政府的调节措施两大类。

3. 国际货币制度。国际货币制度是支配各国货币关系的规则以及国际间进行各种交易支付所依据的一套安排和惯例。迄今为止，国际货币制度经历了从国际金本位制到布雷顿森林体系再到牙买加体系的演变过程。

4. 国际资本流动。国际资本流动是指资本从一个国家或地区转移到另一个国家或地区，其状况集中反映在一国的国际收支平衡表的资本项目中。包括长期与短期资本流动；国际资本流动在资本输入国、资本输出国以及国际金融市场上都存在着广泛的影响，与利益的分配、风险的产生都有密切的关系。

➤ 关键术语

外汇 汇率 直接标价法 铸币平价 布雷顿森林体系 特里芬难题 经常账户 资本与金融账户 国际收支平衡表 浮动汇率制度 外汇管制 直接投资

➤ 思考与练习

1. 什么是汇率？你能区分直接标价法和间接标价法吗？

2. 影响汇率变化的因素有哪些？汇率变动对经济有何影响？

3. 分析比较固定汇率制度和浮动汇率制度的优缺点。

4. 有哪些因素会引起国际收支的失衡？

5. 尝试分析我国 2010 年的国际收支平衡表。

6. 目前国际货币体系存在的主要矛盾是什么？有根本的解决途径吗？

7. 分析国际资本流动产生的正负效应。

➤ 进一步学习的资源

［1］刘舒年.国际金融［M］.北京：对外经贸大学出版社，2006.

［2］张莲英，王未卿.国际金融［M］.北京：中国社会科学出版社，2010.

［3］魏淑敏.国际金融［M］.辽宁：大连理工大学出版社，2010.

［4］姜波克.国际金融新编［M］.上海：上海人民出版社，2011.

［5］米希尔·A·德赛.国际金融案例［M］.北京：机械工业出版社，2008.

［6］中国人民银行.http：//www.pbc.gov.cn.

［7］国家外汇管理局.http：//www.safe.gov.cn.

参 考 文 献

［1］黄达．金融学［M］．第二版．北京：中国人民大学出版社，2009．

［2］郑道平，张贵乐等．货币银行学原理［M］．第六版．北京：中国金融出版社，2009．

［3］胡庆康．现代货币银行学教程［M］．上海：复旦大学出版社，2001．

［4］彭兴韵．金融学原理［M］．北京：生活·读书·新知三联书店，2003．

［5］王松奇．金融学［M］．北京：中国金融出版社，2000．

［6］武康平．货币银行学教程［M］．北京：清华大学出版社，1999．

［7］彭信威．中国货币史［M］．上海：上海人民出版社，2007．

［8］［美］托马斯·梅耶等著．林宝清，洪锡熙等译．货币、银行与经济（第六版）［M］．上海：上海三联出版书店，上海人民出版社，2007．

［9］［美］弗雷德里克·S·米什金．货币金融学［M］．第七版．北京：中国人民大学出版社，2006．

［10］［美］彼得·纽曼，［美］默里·米尔盖特，［英］约翰·伊特韦尔编．新帕尔格雷夫货币金融大辞典［M］．第一卷．北京：经济科学出版社，2007．

［11］曾康霖．信用论［M］．北京：中国金融出版社，1993．

［12］姚长辉．货币银行学［M］．北京：北京大学出版社，2002．

［13］李崇淮，黄宪．西方货币银行学［M］．北京：中国金融出版社，1995．

［14］［美］法博齐．金融市场与金融机构基础（原书第4版）［M］．北京：机械工业出版社，2011．

［15］张亦春．金融市场学［M］．北京：高等教育出版社，2008．

［16］［加］约翰·赫尔．期权与期货市场基本原理（原书第7版）［M］．北京：机械工业出版社，2010．

［17］［美］戴维·P·贝尔蒙．金融机构的增值风险管理：充分利用《巴塞尔协议2》以及风险调整绩效测评方法［M］．北京：中国人民大学出版社，2009．

［18］［美］兹维·博迪，罗伯特·C·莫顿．金融学［M］．北京：中国人民大学出版社，2000．

［19］戴相龙等．商业银行经营管理［M］．北京：中国金融出版社，1998．

［20］尚明．当代中国的金融事业［M］．北京：中国社会科学出版社，1989．

［21］刘鸿儒．刘鸿儒论中国金融体制改革［M］．北京：中国金融出版社，2000．

［22］戴相龙.中国人民银行五十年［M］.北京:中国金融出版社,1998.

［23］王贤金.商业银行中间业务［M］.北京:中国金融出版社,1998.

［24］曹龙骐.中央银行概论［M］.四川:西南财经大学出版社,1997.

［25］汪祖杰.现代货币金融学［M］.北京:中国金融出版社,2003.

［26］盛慕杰.中央银行学［M］.北京:中国金融出版社,1990.

［27］王广谦.中央银行学［M］.北京:高等教育出版社,1999.

［28］赵何敏.中央银行学［M］.湖北:武汉大学出版社,1999.

［29］刘锡良.中央银行学［M］.北京:中国金融出版社,1997.

［30］［美］莱昂纳尔·普赖斯,托尼·拉特.现代中央银行［M］.北京:经济科学出版社,2000.

［31］［美］查里斯·R·古斯特.金融体系中的投资银行［M］.北京:经济科学出版社,1998.

［32］俞天一.货币银行学［M］.北京:中国金融出版社,1992.

［33］戴国强.货币银行学［M］.上海:上海财经大学出版社,2001.

［34］邢成,马亚明等.信托经理人培训教程［M］.北京:中国经济出版社,2004.

［35］金志.国际金融信托概论［M］.上海:华东师范大学出版社,1999.

［36］王洪兰,刘志浩.现代信托学［M］.辽宁:东北财经大学出版社,1998.

［37］左毓秀,史建平.信托与租赁［M］.北京:中国经济出版社,2001.

［38］温红梅.金融风险管理［M］.辽宁:东北财经大学出版社,2010.

［39］［加］约翰·赫尔.风险管理与金融机构［M］.北京:机械工业出版社,2010.

［40］饶庆余.现代货币银行学［M］.北京:中国社会科学出版社,1983.

［41］易纲,海闻.货币银行学［M］.上海:上海人民出版社,1999.

［42］黄宪,江春.货币金融学［M］.湖北:武汉大学出版社,2008.

［43］幸理,陈莹.货币银行学［M］.湖北:华中科技大学出版社,2008.

［44］刘舒年.国际金融［M］.北京:对外经贸大学出版社,2006.

［45］张莲英,王未卿.国际金融［M］.北京:中国社会科学出版社,2010.

［46］魏淑敏.国际金融［M］.辽宁:大连理工大学出版社,2010.

［47］姜波克.国际金融新编［M］.上海:上海人民出版社,2011.

［48］米希尔·A·德赛.国际金融案例［M］.北京:机械工业出版社,2008.